벼랑 끝에 나를 세워라

벼랑 끝에 나를 세워라

박형미 자전적 경영 에세이

● ● ●

"성공한 사람들은 항상 벼랑 끝에서 운명에 도전했다"

맑은소리

벼랑 끝에 나를 세워라

2009년 12월 1일 발행

지은이 / 박형미
펴낸이 / 박준기
펴낸곳 / 도서출판 맑은소리
주   소 / 서울시 금천구 가산동 550-1 롯데 IT캐슬 2동 1206호
전   화 / 02-857-1488
팩   스 / 02-867-1484
등   록 / 제10-618호(1991.9.18)

ⓒ 박형미, 2004, Printed in Korea

ISBN 978-89-7952-107-8 03320

성공을 절실히 꿈꾸는 분들에게

엄길청(경기대 교수/경제평론가))

'그녀에게는 뭔가 특별한 게 있다!'

IMF의 상흔이 채 가시지 않은 어느 봄날, 우리 학교 정문 앞에는 빨간 색상이 유난히도 돋보이는 그랜저가 한 대 서 있었다. 조교에게서 '화진화장품'의 특강 스케줄이 있다는 얘기를 듣고 학교 정문을 나서던 내 눈에 들어온 광경이었다. 그런데 알고 봤더니 그 차가 나를 태우러 온 화진화장품의 회사차였다. 나는 깜짝 놀랐다. 대개는 검은색 승용차가 일반적인 우리 기업 사회에서 빨간색 차라니? 그것도 대표이사의 전용차라고 했다.

나는 이 차의 주인이 누군지 몹시 궁금했다. 그리고 몇십 분 후 나는 강서구 등촌동에 있던 이전하기 전의 본사 건물에서 그 차의 주인을 만날 수 있었다. 그가 아니, 그녀가 바로 이 책의 주인공 박형미 부회장이었다. 나와 박 부회장의 만남은 그렇게 시작되었다.

1년이면 적어도 3백 회, 그 동안 5천 회가 넘는 기업체 강의를 해 왔지만 나는 그렇게 힘있는 눈으로 씩씩하게 인사를 나누는 CEO를, 그것도 여성 CEO를 보기는 처음이었다. 의상이며 헤어스타일이 한눈에 보아도 화려함과 카리스마가 돋보이는 마치, 여왕 같은 모습이었다.

강의 시간이 되어 나와 함께 전 직원이 모인 회사 강당에 선 그녀의 모습은 정말 여왕 같았고, 또 강당을 가득 메운 화진 가족들은 그녀를 진심으로 좋아하고 존경하는 듯 했다. 나는 그 자리에서 그녀의 열정을 읽었고 최고의 여성 CEO로서 성공할 수 있다는 가능성을 보았다. 그리고 그녀는 내가 기대했던 대로 훌륭하게 해냈다.

그런 그녀가 오늘 여기에 자신의 고난과 역경을 극복하고 인생역전을 이룬 성공 드라마를 세상사람들에게 내놓는다. 책 속에서도 그녀의 외침은 여전히 우렁차면서 자신이 넘친다. 그리고 그녀는 무엇보다도 희망을 얘기하고 있다.

〈할 수 없다는 정신적 장애〉에서 벗어나라는 일갈로 시작되는 그녀의 성공스토리는 〈이 세상에 누구에게나 악조건이란 없다〉는 외침으로 실의와 좌절에 빠져있는 이 시대의 사람들에게 용기를 얻게 하고 〈내 생각이 머무는 곳에 내 인생이 있다〉는 독백으로 존재와 삶의 이치를 깨닫게 한다. 〈언제나 목소리가 쉬어있는 여자〉 박형미 부회장은 정신무리와 행동무리, 시간무리라는 그녀만의 독특한 지론을 통해 〈벼랑 끝에 나를 세워라〉고 외치며 이 글을 읽는 독자들에게 정신적 에너지를 올인하라고 요구한다.

내가 내 자신을 벼랑 끝에 세우고 능력의 임계점을 뛰어넘어 운명과 과감히 맞설 때 숨겨져 있던 자신의 놀라운 능력이 발휘돼 결국 성공으로 이끈다는 그녀의 〈정신과 행동, 시간무리〉에 대한 지론은 사람의 능력개발이란 무한대라는 것을 새삼 느끼게 해 주며 진정한 승자는 최후에 웃는다면서 독자들에게 〈당신의 꿈을 보여달라〉고 이 책은 말하고 있다.

그리고 마지막으로 〈여성이야말로 이 땅에 마지막 남은 자원〉이라는 박형미 부회장의 주장에 적극 동의하면서 나의 일을 찾아서, 나의 성공을 찾아서 오늘도 자신의 열정을 불태우고 있는 〈성공에 굶주린 이 시대의 사람들〉에게 꼭 한번 읽어 볼 것을 청하고 싶다.

내가 그녀에게 특별한 뭔가가 있다고 말한 이유가 바로 여기에 있다. 나와 같은 경제학을 가르치는 사람들이 경제학의 이론으로는 도저히 설명할 수 없는 그 무엇, 산술적인 것으로 풀 수 없는 위대한 정신세계의 힘을 그녀는 인간의 능력개발에 도입하고 있고, 이로 인해 분명하고도 뚜렷한 성과를 내고 있는 것이다.

그렇다! 이제는 정신이다. 눈에 보이는 것으로 기업을 경영하는 시대는 지나갔다. 세상이 워낙 하루가 다르게 급변하다 보니 기업 경영의 방향도 모범 답안이라는 것이 없고, 낡은 지식이나 과거의 경험에 의존해서는 실패하기 마련이다. 따라서 이제는 눈에 보이지 않는 정신으로 기업을 경영하고 사원들을 무장시키는 새로운 패러다임이 요구되는 시대이다. 그런 의미에서 박형미 부회장의 정신과 행동, 시간의 무리를 통한 인간의 무한한 능력개발은 평범한 직장인에서부터 가정주부, 실

직자는 물론 기업을 경영하는 경영주나 심지어 우리 경제학자에게까지
도 주목의 대상이 되고 있다.

성공한 사람들은 모두가 정신력과 행동, 시간관리에 있어서 평범한
사람보다 몇 배나 더 철저했다. 그렇게 했기에 그들은 성공할 수 있었
으며 그렇게 하지 못한 사람들은 평범하게 살거나 낙오를 한 것이다.

박형미 부회장은 지혜롭고 명석하다. 누구보다 많은 책을 읽고 공부
를 하며 변화를 읽을 줄 아는 마인드가 있다. 그리고 그녀에게는 무쇠
도 녹이고 남을 뜨거운 열정이 있다. 내가 그녀를 존경하는 것도 바로
이 때문이며 이 책을 읽어본 분이라면 내 말의 뜻을 금방 이해하시고도
남을 것이다.

나는 이 책이 박형미 부회장이 그래 왔듯이 어려운 이 시대를 헤쳐나
가는 모든 사람과 성공을 절실히 꿈꾸는 많은 분에게 큰 용기와 삶에
대한 자신감을 불어넣어 주는, 그래서 모두를 성공으로 이끌 성공의 지
침서가 되어줄 것이라고 확신한다.

프롤로그

내가 왜 이 책 제목을 '벼랑 끝에 나를 세워라'라고 했을까. 모두가 다 벼랑 끝에 서 있거나 위기의식에 빠져 있는 이 마당에 말이다. 나는 '벼랑 끝'이라는 이 말을 좋아한다. 세일즈에 몸담아 왔던 지난 15년 동안 내가 딛고 선 땅은 늘 낭떠러지, 벼랑 끝이었다. 그리고 나는 금방이라도 끝없는 나락으로 추락할 것처럼 위태로운 생사의 갈림길에서 끊임없이 생존에 대한 의지를 불태웠고, 운명에 거세게 응전했으며 어쩌면 그런 과정을 스스로 즐겨왔는지도 모른다.

그렇다! 절체절명의 위기에서나 혹은 기회일 때마다 나는 항상 나를 벼랑 끝에 세웠다. 밀리면 끝장이기 때문에 아무리 거센 바람이 휘몰아쳐도 나는 결코 밀릴 수가 없었다. 오히려 더 힘이 났다. 그리고 나는 이겼다. 내가 '벼랑 끝'이라는 말을 좋아하는 이유도 이 때문이다.

그럼 오늘의 현실은 어떤가? 우리는 모두가 벼랑 끝에 서 있다. 서민 가계는 물론이고 중소기업과 대기업, 나아가서는 국가경제도 마찬가지이다. 취업을 못해 방황하다 끝내 목숨까지 끊는 젊은이들, 직장에서 언제 쫓겨날지 몰라 전전긍긍하는 직장인들, 가장이 흔들리니 가정도 흔들린다. 오죽하면 벼랑 끝에 선 사람들이 더 이상 물러날 곳이 없다며 인터넷에 카페까지 만들어 서로를 위로하고 격려하면서 동병상련의 아픔을 나누겠는가.

어디 이뿐이랴? 국민에게 환멸만을 남겨주고 세대교체라는 매서운 직격탄을 맞은 정치인들, 계속된 불황에 분식회계와 정경유착이라는 고질적인 먹이사슬에 얽힌 경제인은 말할 것도 없고, 법과 질서를 수호하는 검찰도, 백년대계라고 하는 교육도, 심지어 대통령까지도 다 벼랑 끝에 서 있다.

'정치인이 문제다! 정치인들만 싹 바꾸면 돼!'

'아니야, 그래 봤자 희망이 없어! 정치인, 경제인 할 것 없이 싸그리 다 바꿔야 돼!'

이런 말은 할 필요도 없다. 정치인들과 경제인들이 정신 차리고 바뀐다고 해서 세상은 달라지지 않는다.

'선거가 끝나서 사람이 바뀌었으니 정치권이 좋아지지 않을까?'

참으로 어리석은 생각이다.

'검찰이 바로 서고 정치가 바로 서야 경제가 제대로 돌아가!'

물론 틀린 말은 아니지만 이런 소리도 하지 마라! 당신은 지금 올바르게 서 있는가. 내가 올바로 서면 모두가 다 올바로 서게 돼 있다. 왜 다른 사람 탓을 하는가? 요즘 엄청난 수의 국민들이 카드 빚에 내몰려 신용불량의 늪에서 헤어나지 못하고 있고, 급증하는 가계 빚 때문에 마이너스 인생을 살고 있는 사람이 부지기수이다. 그야말로 패가망신하기 일보 직전이다. 그래서 불티나게 팔리는 것이 로또 복권이다. 모두가 하나같이 일확천금과 인생역전을 꿈꾸지만 그런 요행이 아무에게나 덥석 오는가? 기대했던 인생역전(人生逆轉)은커녕, 까딱하면 서울 역전(驛前), 청량리 역전이다.

그럼 어떻게 해야 이 참담한 환경에서 벗어날 수가 있는가. 어떻게 해야 이 국민적인 재앙을 피할 수 있을 것인가. 피할 수가 없다면 현실을 인정하고 받아들여야 한다.

'이제는 모든 것을 인정하자!' 나는 요즘 우리 영업사원들에게 교육할 때마다 이제는 모든 것을 인정해야 한다고 강조한다. 정치인, 경제인, 직장인, 주부, 실업자, 하나같이 다 벼랑 끝에 서 있는데 당신은 왜 그 사실을 인정하지 못하는가? 우리 모두가 벼랑 끝에 서 있다는 사실보다 더 무섭고 정말 경계해야 할 것은 그것을 인정하지 못하는 것인데 이를 인정하기는커녕 깨닫지도 못하는 사람이 많다.

'어떻게든 되겠지?' 천만의 말씀! 이미 우리는 갈 데까지 다 갔다. 가진 돈도 없고, 빌릴 데도 없고, 빌려줄 사람도 없고, 예전처럼 몇 장의 신용카드를 갖고 돌려 막을 수도 없다. 마침내 막다른 골목까지 온 것이다.

그럼 피할 방법이 있는가? 없다! 방법이 없다면 내가 먼저 부딪쳐야 한다. 현실을 인정하지 않은 채 어떻게든 버텨보려고 발버둥을 치다가 사람들 속에 떠밀려 낭떠러지로 떨어지기보다는 마음을 비우고 모든 것을 인정한 후 내가 먼저 내 자신을 벼랑 끝에 세워야 한다. 지금은 전쟁 중이다. 총칼을 들고 싸운 6·25전쟁만이 전쟁은 아니다. 포성은 없어도 오히려 6·25전쟁보다 더 치열하고 혹독한 생존과의 전쟁 중이다. 더 이상 물러날 수 없는 백척간두의 낭떠러지에 우리는 임전배수(臨戰背水)의 진(陣)을 쳐야 한다.

'운명아, 비켜라. 내가 간다!' 운명이라는 적과 싸워 이기면 살고, 이기지 못하면 강물에 빠져 죽을 수밖에 없다. 하지만 적이 아무리 강하다고 해도 죽기 살기를 각오하고 덤벼들면 일당백, 일당천이다. 쥐도 막다른 골목으로 몰리면 고양이를 문다. 어차피 이판사판이다. 죽기 살기를 각오한 사람 앞에서는 운명도 비켜가는 법이 아닌가.

그래서 난 요즘 더 힘이 난다. 개인이든 기업이든 국가든, 하나같이 위기에 몰려있는 이때 우리는 오히려 이 위기를 '기회'로 삼아야 한다. 이 벼랑 끝 위기를 극복하지 않고서는 내 개인의 미래도 없고, 우리 아이들의 미래도, 우리 사회의 미래도 없다. 국민소득 2만 달러 시대는 더더욱 요원한 꿈이다.

이 위기를 극복하기 위해서는 내 자신부터가 달라져야 한다. 국민 한 사람 한 사람의 사고와 행동이 달라져야 한다. 내가 달라지면 가정이 달라지고 직장과 사회가 달라진다. 정치와 경제가 달라지며 국가가 달라진다.

'We can do it!' 우린 할 수 있다! 나는 할 수 없다는 생각, 절망, 비관, 무기력증, 냉소주의, 이것들을 한시 바삐 떨쳐버리고 일어서야 한다. 내가 내 운명의 주인이 되어야 한다. 내가 바뀌면 세상이 바뀌고, 그렇게 되었을 때 비로소 우리는 희망을 얘기할 수 있다. 나는 그렇게 되길 기도한다.

나는 특별하게 뭔가를 내세울 것이 없는 사람이다. 그저 앞만 보고 달리는 기관차처럼 누구보다 열심히 살아온 것 외에는 남들처럼 배움이나 능력이 많은 것도 아니다. 모름지기 책이란 낼 만한 사람이 내는 것이지, 지금처럼 아무나 다 책을 내는 세상에 뭐 하러 나까지 거기에 끼어야 하느냐는 생각도 없지 않았다. 남들은 내게 특별한 무엇이 있다고 생각할지 모르지만 나는 아직 책을 쓸 만한 위인이나 그릇이 안 되었고, 능력 또한 부족하다는 것을 스스로 알고 있기 때문이다.

그리고 또 한편으로는 책을 냄으로써 내 자신이 남들 앞에 낱낱이 발가벗겨지는 게 싫었다. 사람들이 나에 대해 많은 것을 알게 되는 것이 싫다는 여성 특유의 본능적 방어 심리 때문일지도 모른다. 하지만 이것도 내게는 매우 중요하다. 게다가 나는 대다수의 평범한 여성들처럼 부끄러움도 어느 누구 못지않게 잘 탄다. 겉으로 보기에는 강한 것 같지만 내가 사원들을 교육할 때 말고는 남 앞에 나서는 것을 의외로 싫어한다는 것도 알 만한 사람은 다 안다.

그러나 나는 결국 부끄럽게도 이렇게 책을 내고 말았다. 오래 전부터 주위의 많은 분들이 나를 가만두지 않았다. 심지어 경희대학교 언론정보 대학원의 '스피치 토론 전문 과정'을 다니면서 만난 이 대학 언론정보학부 허경호 교수님은 "박 부회장님, 당신이 책을 내지 않는 것은 이 사회에 대한 직무유기입니다."라고까지 말씀하시기도 했다.

그래서 더 이상 시달리는 것도 싫어 나는 마침내 두 눈을 질끈 감고 결심을 해 버렸다. 아직 일천하기는 해도 내 나름대로 스스로를 벼랑 끝에 세우면서 치열하게 살아온 지난날의 경험이 내 얘기를 필요로 하는 사람들에게 조금이라도 도움이 될 수 있다면 그것만으로도 작은 의미가 될 수 있을 거라는 생각에서였다.

분명히 말씀드리지만 나는 경제나 경영의 전문가도 아니고 심리, 처세 분야의 전문가도 아니다. 더더욱 이 계통에 대해 전공을 했다거나 많이 배운 사람도 아니다. 현재 내 직책은 화진화장품 그룹의 총괄 사장 겸 부회장이지만 지난 15년 전까지만 해도 나는 아이의 우유값을 벌기 위해 토큰 세 개를 가지고 이 회사를 찾아온 평범한 아줌마에 불과했다. 그런 만큼 내게서 무슨 거창한 것을 기대해선 안 된다. 나는 우리 회사 대표이사들과 관리자들에게 항상 신념처럼 강조하는 말이 있다.

'직접 경험하지 않은 것은 말하지 말고, 특히 절대 교육시키지 마라!'

그렇다! 나는 내가 직접 경험한 사실 외에 이뤄내지 않은 것은 절대 말하지 않는다. 나는 이 책을 통해 토큰 세 개로 출발해서 지금의 월 1억 원을 받는 CEO의 자리에 오르기까지, 그동안 직접 보고 느끼고 경험한 사실들만 여러분에게 들려주고자 한다.

내 얘기를 어떻게 받아들이든지 그것은 여러분의 자유이다. 단지 책을 읽고 난 후에 '박형미라는 여자 때문에 별 알맹이도 없는 책을 사보느라 아까운 돈과 시간만 버렸다'고 하는 소리만 듣지 않을 수 있다면 그것만으로도 나는 행복할 것이다.

2004년 5월에 박형미

"누구나 자신이 가난하게 사는 것을
바라는 사람은 없다.
내 의지와 무능이 가난을 선택할 뿐이다."

차례

1. 도전과 성공의 트레이닝

5. 내 생각이 머무는 곳에 내 인생이 있다

6. 벼랑 끝에 나를 세워라

7. 열심히 일하라! 운명이 도와준다

10. 여성시대는 여성 스스로가 열어나가자

11. 이제는 고객을 기절시켜라

1

도전과
성공의 트레이닝

올백 머리가 트레이드마크인 여자

'당당한 여자!' 사람들은 나를 당당한 여자라고 부른다. "아니, 부회장님은 왜 그렇게 당당해요?" 부러움 반, 질투 반으로 웃으며 이렇게 말하는 사람들도 있다. 눈빛과 표정, 말투, 행동, 걸음걸이, 나의 모든 게 사람들의 눈에는 그렇게 비춰지는가 보다. 심지어 '똑! 소리가 난다'고 말하는 사람도 많다.

"너는 너무 완벽해!" 어려서 나를 업어 키운 내 큰언니는 이렇게 말하곤 했다. "난 네 눈빛만 보면 괜히 숨이 막혀. 오금이 저려오고 온몸이 그냥 마비될 거 같다니까!" 내가 뭘 어쨌는데? 내가 무슨 말 한마디를 했나? 언니한테 잘못한 거라곤 아무리 생각해 봐도 하나도 없는데 말이다. 개인적으로 만나 가까이에서 대화를 해보면 나는 한없이 여린데다 잔정도 많은 누나 같은 여자인데 직원들은 하나같이 나를 어려워한다. 처음 결재를 받으러 오는 남자직원들은 땀부터 뻘뻘 흘린다. 대외활동에서 만나는 사람들도 나에게 쉽게 접근해 오지 못한다.

'저 여자는 우리가 사는 세계와 다른 세계에 사는 여자 같아….'

그래서 나는 불만이 많다. 만나면 만날수록 격의 없고 순한 여자, 내 스스로 생각해도 썩 괜찮은 여자인데 말이다. 그래서 괜찮다 싶은 남자도 놓치는 것이 아닌가 모르겠다.

사람들이 나를 이렇게 어려워하는 이유 중의 하나가 내 '머리' 때문이 아닐까 생각한다. 나는 항상 머리를 흔히 말하는 '올백'으로 하고 다녔다. 짧은 쇼트머리일 때도 그것은 변함이 없었다. 하지만 처음부터 내가 머리를 이렇게 했던 것은 아니다. 나이 서른이 되던 해부터 경영 일선의 매니저로 시작해서 이사, 대표이사와 같은 장(長)의 자리에 차례로 올라서 나보다 나이가 훨씬 많은 사람들을 관리하다 보니 나는 '나이가 어리다' 는 핸디캡을 늘 감춰야 했다. 그래서 나이를 커버하고 조금 더 위엄있게 보이기 위해서 머리를 올백으로 올리기 시작한 것이 지난 15년 동안 내 트레이드마크가 된 것이다. 이런 내 머리 스타일이 나의 카리스마를 더 강해 보이게 한 것이 아닐까 하는 생각도 든다. 이런 사실이 나는 한편으로 재미있기도 하다.

'이멜다!' 그 여자와 비교되는 것은 기분 나쁘지만 내가 이렇게 올림머리를 하고 사니까 사람들이 나를 필리핀의 독재자였던 마르코스 전 대통령의 부인 '이멜다' 라고 부르기도 한다. '철의 여인!' 마거리트 대처 여사와 비교되는 것은 그리 기분 나쁘지 않다. '에너지 뱅크!' 나를 아는 사람들은 내게 이런 여러 가지 별명을 붙이곤 했다. 별명이란 붙일 만한 가치가 있는 사람에게만 붙이기 때문에 어찌 보면 즐거운 일일 수도 있다. 그렇다고 나를 아주 만만히 보면 큰 오산이다.

'그래? 나에게도 무기가 있지!' 나는 사원 교육과 대외활동을 자주

해야 하는 관계로 하루에 옷을 세 번 정도 갈아입는데 강한 색상의 옷을 입을 때는 내가 뭔가를 단단히 작심했을 때다. 특히 우리 회사 대표이사나 매니저들과 미팅을 할 때 그들은 내 옷 색깔만 봐도 금방 분위기를 읽는다. 내가 브로치의 모양으로 회담에 임하는 마음자세를 나타냈다는 울 브라이트 전 미 국무장관도 아닌데 말이다.

내가 버는 수입은 내 생명의 감가상각비

사람들 눈에 내가 유난히 '당당한 여자'로 비춰졌다면 그것은 아마도 내게서 표출되는 강한 자신감 때문일 것이다. 사실 나는 누구보다도 자신감이 충만한 여자이다. 언제 어디서 어떤 일을 하든지, 그것이 난생 처음 하는 일이라 할지라도 추호도 두려움이 없다는 자신감! 이것이 나를 당당하게 만들었는지도 모른다. 능력은 곧 그 사람의 '자신감'에서 나온다. 어떤 일이든지 할 수 있는 능력이 있는 사람은 항상 자신감에 차 있지만 그렇지 못한 사람은 자신감이라는 게 있을 리 없다.

나는 절망의 나락에서 토큰 세 개를 들고 화진을 찾아와 현재 월 1억 원의 봉급을 받는 전문 CEO의 자리에 올랐다. 연봉 12억 원을 받는 당당한 근로자인 것이다. 이렇게 되기까지 내가 기울였던 노력, 내 정신과 행동, 시간을 무리해서 일에 쏟아부었던 그 열정과 고통은 이루 말로 다 하기가 힘들 정도였다. 그러나 이런 많은 고통을 처절히 즐기면서 성취한 과정이 있었기에 나는 이 세상 그 어떤 것도 두렵지가 않은 것이다. 내가 지금 받고 있는 월 1억 원이라는 돈은 목숨을 담보로 잡히고 치열하게 살아온 내 노력에 대한 보상이자, 아직까지도 담보로 잡혀 있는 내 생명의 감가상각비에 다름 아니다.

그리고 나는 누가 뭐래도 월 3천6백5십만 원의 세금을 국가에 내는 애국자이다. 나는 열심히 일했기 때문에 많은 봉급을 받고 있고 또 많이 받는 만큼 세금도 많이 내서 국가 경제발전에 더 많이 기여하고 있는 것이다. 나는 이 많은 돈도 노력의 대가로 번 것이니만큼 떳떳하고 당당하다. 대통령 부인이나 여성 국회의원, 또 국회의원 부인들은 '물방울 다이아몬드' 목걸이와 반지를 못 끼어도 나는 낄 수 있다. 사람들이 생각하는 내 당당함은 바로 이런 데에서 나오는 것이다.

그러나 나는 꼭 그렇게 애국자는 아니지만 내 자신보다도 우리 국가와 사회를 먼저 생각한다. 어렵고 못사는 사람들을 생각하고 우리 사원들이 어떻게 하면 더 많은 돈을 벌어 성공하고 행복하게 살 것인가를 고민한다. 나를 성공한 여자라고 생각한다면 난 누구나 다 성공할 수 있다고 굳게 믿는다.

그것은 오직 정신무리와 행동무리, 시간무리를 통해서만이 가능하다. 이 방면에 있어서 난 여러분의 트레이너가 되어드릴 자신이 있다. 반드시 성공의 기쁨을 맛보게 하고 싶다. 그러나 지금 우리 앞에 놓인 현실은 성공보다 생존이 더 시급한 문제이다. 생존해야 성공도 있기 때문이다. 실의와 좌절, 절망에 빠져있는 사람들이 있다면 냉철한 자세로 마음을 비우고 현실을 직시해 보자.

지금은 성공보다 생존이 먼저다

세상이 급변하고 있다! 한번 입사하면 평생토록 직장이 보장되던 종신

고용제라는 말은 이제 옛말이 된 지 오래고 갈수록 조기퇴직의 압력이 늘고 있다.

지난 50년 동안 변한 것보다 앞으로 5년 동안 더 많은 것이 변할 것 이라는 트렌드 분석가들의 예언은 적중하고도 남았다. 56세까지 직장 에 남아있으면 도둑이라는 '오륙도'와 45세가 되면 정년퇴직을 각오해 야 한다는 '사오정'을 넘어 이제는 심지어 38세가 정년퇴직이라는 '삼 팔선'이라는 자조적인 풍자가 직장인들 사이에 횡행하고 있다.

"직장생활 15년 했으면 많이 하셨네요?" "글쎄, 나도 슬슬 준비를 해 야겠어. 자꾸 언제 나가나 하는 것 같아 눈치가 보여서 말야…" 30대 직장인들도 이처럼 실업 공포에 떨고 있을 만큼 체감 정년은 갈수록 단 축되고 있고, 앞으로는 또 어떤 변화가 일어날지 아무도 모른다.

지금이야말로 정신을 바짝 차리지 않으면 안 된다. 직장에서 밀려나 면 가정에서도 밀려난다. 아내는 물론 자녀들까지도 무능한 남편, 무능 한 아빠를 외면한다. 아무리 둘러봐도 설 곳이 없고 반겨줄 사람은 더 더욱 없다. 슬프지만 이것이 엄연한 현실이다. 성공은 둘째치고, 지금 은 생존 그 자체가 이 시대의 시급한 화두로 떠오른 것이다.

무너지는 직장인, 무너지는 가정

얼마 전까지만 해도 '10·10·10'이라는 말이 있었다. 남자가 20대 중 반에 직장에 들어가서 10년 동안 고생해 집을 사고, 30대 중반부터 10 년 동안 돈을 모아서 자녀들을 교육시키고, 또 40대 중반부터 10년 동 안 돈을 벌어 자녀들을 시집 장가보낸다는 직장인들의 '인생 공식'이 바로 그것이었다.

　과거의 직장인들은 이런 꿈을 갖고 살았지만 이 또한 옛날 얘기가 된 지 오래이다. 10년 동안 돈을 모아 집을 사고, 또 10년 동안 돈을 벌어 자녀 교육을 마칠 때쯤이면 정들었던 직장에서 쫓겨나야 하는 시대가 됐기 때문이다.

　어디 이뿐이랴. 20대의 태반이 백수라는 '이태백'이라는 말이 생겨 날 만큼 청년 실업률은 계속 늘어나는데다 카드 빚에 내몰린 멀쩡한 30 대 직장인들까지도 어쩔 수 없이 직장을 떠나면서 전체 실업자는 계속 늘어나 생존의 기로에서 방황하는 사람들이 한둘이 아니다. 40대들의 상황은 더 안타깝다. 우리 나라 40대 남성의 사망률이 세계 1위다. 남 편 하나만 믿고 무방비로 살다가 남편이 삐끗하면 가정은 위기에 빠진 다. 게다가 물가는 계속해서 오르고 돈 들어 갈 곳은 많고 누구에게 의 지할 것인가. 여성의 모성애마저도 땅에 떨어진 세상이다. 남편이 죽거 나 사업에 실패하면 양육을 감당하지 못해 자식마저 버리는 비정한 세 태가 아닌가.

　하루 아침에 기업이 도산해서 정리해고 통지서가 날아오고, 하루 아 침에 책상이 치워지면서 실업자로 전락하는 예측불허의 세상! 직장이 흔들리고 가정이 흔들리고, 바야흐로 우리 나라의 직장인들은 그 어느 때에도 겪어보지 못한 생존 경쟁에 내몰려 있다.

　우리는 이 냉엄한 현실을 차가운 머리로 직시해야 한다. 모두가 다 힘든 세상에 내가 어렵다고 해서 도와 줄 사람은 없다. 내가 어려우면 부모도 형제도 외면한다. 직장 동료, 친구? 꿈을 깨야 한다. 이 험난한 세상에 그들도 대부분 먹고 살기에 급급하거나 벌써 신용불량자가 된 사람들이다. 오직 나밖에 아무도 없는 것이다.

어떻게 해서 살아남을 것인가

한국 남자 68세, 여성은 67세. 최근 경제협력개발기구(OECD)가 발표한 '고령자 보고서'에 따르면 우리 나라 국민이 손에서 일을 완전히 놓는 실질적인 퇴직 연령은 이렇게 규정되어 있다. 즉, 기업의 퇴직 연령과 체감 정년은 갈수록 앞당겨지고 있지만 생계를 위해서는 이 나이가 되도록 무슨 일이든 하지 않으면 안 된다는 얘기로 우리 사회의 서글픈 현실을 반영한다고 할 수 있다.

'그래도 내가 자식들을 어떻게 키웠는데? 늙으면 자식들이 보살펴 주겠지….' 참 순진한 생각이다. 예전에는 자식이면 당연히 늙은 부모를 봉양하던 전통적인 미덕이 있었지만 지금은 기대할 수도, 기대해서도 안 되는 세상이 됐다. 따라서 이제는 나이를 먹어 은퇴하고 싶어도 은퇴하지 못하는 시대가 온 것이다. 세상이 변한 만큼 이젠 그야말로 죽을 때까지 일해야 한다. 이 얼마나 무서운 현실인가. 한창 능력과 패기를 발휘해야 할 20대 대졸자들이 극심한 취업난에 좌절하고 있는 것처럼 노년을 편안하게 보내야 할 60대, 70대들도 일자리를 찾아 발을 동동 굴러야 하는 시대!

그렇다면 이같이 치열한 무한 생존경쟁 시대에서 살아남기 위해서는 어떻게 해야 할까. 뭔가 한 분야에 뛰어난 전문성을 지닌 기술자, 전문가가 되는 수밖에 없다. 어차피 대학을 나와 반듯한 직장에 취직을 해서 열심히 다닌다고 해도 30대 후반이면 잘릴 각오를 해야 한다. 그 나이에 직장에서 문서 작성이나 하다가 잘리면 어디서 받아주고 또 무엇을 할 수 있겠는가. 기껏해야 음식점밖에 더 차리겠는가. 그렇다면 그때 경험없이 시작하는 것보다 고등학교를 졸업하자마자 조리사 자격증을 따고 일찍부터 음식점을 시작하는 것이 조금이라도 빨리 사장 소리를 듣는 길이다. 어차피 음식점을 할 것이라면 말이다.

'때문에'와 '그럼에도 불구하고'

여기서 내가 말하는 전문가란 판검사나 의사, 박사, 엔지니어 같은 어떤 특정 부류의 하이클라스 사람들을 말하는 것이 아니다. 어떤 일을 하든지 어느 한 분야나 자신이 선택한 일에서 최고가 될 수 있는 실력을 갖춘 사람을 말한다. 요리사는 요리 분야, 자동차 수리공은 자동차 수리 분야, 재테크 관리사는 재테크 분야, 그리고 세일즈맨은 세일즈 분야 등 각자가 선택해 일하는 분야에서 최고가 되는 사람이 바로 전문성을 지닌 전문가인 것이다.

이처럼 뭔가 한 분야에서 타의 추종을 불허할 만큼 뛰어난 실력과 재주가 있는 사람이라면 어디서나 모셔 가려고 하기 때문에 비록 20대라고 할지라도 취업 걱정을 할 필요가 없고 직장에서 잘린다 하더라도 걱정할 필요가 없다. 그런데 정해진 월급을 받고 오전 9시에 출근해서 오후 6시에 퇴근하는 직장에 목숨을 걸고 일하는 평범한 직장인들은 그 직장을 떠나면 아무 짝에도 쓸모 없는 사람이 된다. 위기가 찾아오면 속수무책이 되는 것이다.

그러나 한 분야에서 전문성을 지닌 전문가나 성공한 사람에게는 어떤 어려움이나 위기가 닥쳐도 '~때문에' 라는 이유와 변명이 없다. 그들은 '그럼에도 불구하고' 결코 실망하거나 좌절하지 않고 끊임없이 변화하며 적응하고 극복해 낸다.

화장품 회사 부회장인 나는 지난 15년 동안 사람들의 정신을 개조하고 자신감을 심어줘 성공시키는 일을 해 왔으며 이 전문성에 대한 보장으로 월 1억 원의 월급을 받고 있다. 나는 몇 채의 부동산을 갖고 임대료 수입으로 매달 1억 원을 버는 것이 아니라 내가 가진 전문성에 대한 '지적재산권'으로 월 1억 원을 벌고 있는 것이다. 나뿐만이 아니라 우리 회사에는 맨손으로 출발해서 억대의 연봉을 받는 사람들이 수두룩하다. 상품의 가치는 떨어지거나 없어질 수 있어도 각자가 가진 전문성에 대한 지적 재산가치는 그 사람이 죽는 날까지 누구도 훔쳐갈 수 없다.

나는 우리 사원들에게 늘 이 부분을 강조한다. 21세기를 준비한다는 것, 미래를 준비한다는 것은 돈 얼마를 은행에 넣고 예금하는 것이 아니라 전문성을 개발하는 것이라고. 이 불확실한 세상에서 평생토록 자신을 보호하고 보장해 줄 것은 통장에 든 얼마간의 돈이 아니라 바로 자신이 지닌 전문성인 것이다.

때밀이 아줌마는 명퇴 걱정이 없다

나는 가정일밖에 아무 것도 모르던 전업주부에서 세일즈 전문가가 되었다. 그런데 우리 나라 주부 가운데는 대학을 나왔든 대학원을 나왔든 박사 학위를 받았든 간에 결혼을 하면 시쳇말로 '솥뚜껑 운전수' 가 되는 사람이 많다. 그러다 아이를 낳아 키우고 살림에 파묻혀 살다 보면 세월은 흐르고, 어느 날인가 문득 뒤돌아보니 이미 자신은 사라지고 없다. 자신을 찾고 싶지만 그땐 이미 할 수 있는 일이라곤 없다. 설령 일거리를 찾아 일을 시작하더라도 그것은 부업에 지나지 않고 본업은 여전히 주부이다. 이런 정신 상태로는 일의 보람도 찾기 힘들 뿐 아니라 죽어도 전문가가 될 수 없다.

전문가가 되기 위해서는 무엇보다도 먼저 자신이 선택한 분야나 직업에서 최고가 되겠다는 확고한 각오와 의지가 필요하다. 그리고 각오와 의지가 섰다면 그 한 가지 일에 5년이든 10년이든 끈기있게 매달리면서 끊임없이 자신을 연마하고 채찍질해야 한다. 일단 목표가 정해졌으면 실패나 시행착오를 두려워하거나 회피하려고 해서도 안 된다.

서울대학교 이면우 교수가 쓴 자전거 이론에 의하면 '자전거는 많이 넘어지는 사람일수록 빨리 배운다'고 한다. 아무리 초보자라고 하더라도 강물에 3천 번 정도를 빠지면 윈드서핑의 도사가 될 수 있고, 하루 수십 번씩 2백 일 정도 슬로프에서 넘어지기를 계속하면 스키의 명수가 된다고 한다. 실제로 총알을 2만 발 정도만 쏘면 서부 활극에 나오는 명사수처럼 된다고 하지 않는가.

한 분야의 전문가가 되는 것은 다른 게 아니고 바로 이런 부단한 노력의 산물이다. 내가 가끔 찾는 사우나의 때밀이 아주머니는 20년 동안 때만 밀어온 결과 적지 않은 권리금과 보증금, 관리비를 내고도 어느 누구 못지않게 많은 수입을 올리고 있다고 한다.

"마음 편하죠. 나가라는 사람도 없고, 늙어서 힘이 부칠 때까지 할 거예요."

　이것이 바로 전문성에 대한 보장인 것이다. 그런데 전문성도 전문성 나름이다. 한 분야에 몇 년 동안 꾸준히 노력하라고 해서 음식점에 나가 그릇 나르는 일이나 계속 반복한다면 시간과 노동에 대한 보상만 받을 뿐 결코 전문가가 될 수 없다. 전문가가 되려면 자신이 하고자 하는 일의 비전을 봐야 한다. 생활이 당장 어렵다고 노래방에 나가 노래방 도우미로 일하는 주부들도 마찬가지이다. 손님들에게 술이나 따라 주고 함께 노래를 부르며 춤이나 추는 일을 백 날 천 날 반복한다고 해서 무슨 전문가가 되겠는가.

내가 지금 할 수 있는 일이 무엇인가

한 가지 분야의 전문성을 가진 전문가가 된다는 것, 그 중요성에 대해서는 이제 충분히 납득할 수 있을 것이다. 그렇다면 나는 어떤 분야를 선택해서 그 분야의 전문가가 될 것인가. 이것은 참으로 중요하다. 그러나 이 질문에 대답하기에 앞서 우리는 현재 우리 자신들이 처해 있는 현실과 환경을 냉철하게 되돌아볼 필요가 있다.

　나는 우리 화진을 찾아와서 교육을 받는 사람들에게 전문가가 되는 것의 중요성을 교육한 다음 늘 이런 질문을 던진다. '당신이 지금 당장 할 수 있는 일이 무엇인가?' '돈이 있는가? 아니면 돈이 많은가?' 그들은 지금 당장 할 수 있는 일이 없거나, 있어도 시원찮아서 온 사람들이 대부분이다. 또 돈이 있는 사람보다 없는 사람이 대부분이며 돈이 있다고 해도 무슨 장사나 사업을 하기가 불안해서 은행에 넣어두고 야금야

금 까먹고 있는 사람들이 많다. 돈이 있어도 사업을 못하고 돈이 없어
서도 사업을 못하는 세상이며, 저금리에 물가는 하늘 높은 줄 모르고
치솟고 있는 현실이 아닌가?

'그렇다면 취직은 할 수 있는가?' 취업하기가 낙타가 바늘구멍을 통
과하는 것만큼 어려운 세상이지만 설령 취업이 된다고 해도 언제 해고
될지 모르는 서글픈 세상이다. 이런 현실에서 당신이 지금 할 수 있는
것이 무엇인가. 먼저 이 물음에 대한 답을 해야 한다. 당장 직업이 없
고, 돈도 없고, 취직도 할 수 없는 상황에 처해 있다면, 그리고 몸만 건
강하다면 나는 단연코 내 경험에 의거해서 가장 전문성이 있는 직업의
하나로 세일즈를 권한다.

나는 세일즈로 성공을 거뒀고 그래서 세일즈야말로 이 세상의 그 어
떤 직업과도 바꿀 수 없는 최고의 직업이라고 생각하는 '세일즈의 신
봉자'이다. 단언컨대 이 세상에서 세일즈만큼 매력있는 직업은 없다!

대학교수도 대통령도 팔아야 산다

대체로 우리 나라 사람들은 세일즈라는 직업 자체를 폄하한다. 세일즈
란 산전수전 다 겪고 실패란 실패는 다 경험해 본 사람이 막바지에 할
것이 없어 택하는 직업이라고 생각하는 경향이 아직도 강한 것이다. 심
지어 아무 것도 하지 않고 노는 사람까지도 아는 사람이 세일즈를 하면
오죽 할 일이 없어서 세일즈를 하느냐는 듯이 우습게 보는 어처구니없
는 사회 풍조가 만연해 있다.

"세일즈를 한다구? 거, 아는 사람한테 괜히 피해나 주지 마!"

이처럼 우리 나라는 정도에서 벗어난 일부 다단계 회사와 피라미드 판매회사 때문에 세일즈에 대한 인식이 부정적이거나 잘못돼 있는 경우가 많다. 하지만 미국이나 유럽에서는 오래 전부터 세일즈가 최고의 직업으로 각광받아 왔으며 세일즈에 종사하는 사람들은 세일즈맨이라는 직업 자체를 무척이나 자랑스럽게 생각한다.

사실 우리 주위를 봐도 세일즈가 아닌 것은 하나도 없다. 대통령도 재벌 총수도 외국에 나가면 스스로 세일즈맨임을 자처하면서 한국과 한국 상품을 판다. 국회의원도 유권자들에게 표를 달라며 자신의 능력을 세일하고 동네 햄버거, 치킨가게는 물론이고 요즘은 약국이나 병원도 자신들을 적극적으로 세일하지 않으면 환자들이 떨어져나가 문을 닫게 되는 형국이다.

이제는 의사도 의술을 세일하는 시대가 됐고, 사법고시에 합격하고도 법원 주사로 취직할 만큼 변호사들이 남아도는 세상이라서 법률가도 세일을 하지 않으면 살아남지 못한다. 어디 이뿐이랴? 신입생들이 갈수록 감소하고 있는 대학교는 말할 것도 없거니와 점잖은 대학교수들조차도 내 강의를 들어달라고 앞 다퉈 세일하는 세상이 아닌가. 그럼에도 불구하고 세일즈를 우습게 보는 이유가 무엇인지 나는 묻고 싶다.

쉽게 말해 세일즈, '판매는 곧 경영'이고 '경영은 판매'이다. 판매 없는 경영은 결코 있을 수가 없다. 우리 나라 젊은이들은 아직도 기업의 가치를 자본금으로만 평가하고 대기업만 선호하는 고정관념에서 벗어나지 못하고 있는데 나는 이것이 참 안타깝다. 사실 크고 원대한 꿈과 목표를 가진 젊은이일수록 비교적 안정적인 대기업에서 일하기보다 중소기업에 들어가 세일즈를 하면서 세상과 부딪쳐서 경험을 쌓고 자신을 발전시키는 것이 바람직하다.

여기서 세일즈를 단순히 판매로만 생각하는 사람이 있다면 그것도 잘못된 생각이다. 세일즈는 '판매' 임과 동시에 치밀한 '조직의 관리' 이기도 하다. 판매에 자신이 붙고 실적이 오르게 되면 당연히 조직이 늘어나게 돼 있고, 능력 있는 세일즈맨은 이런 조직까지 관리하는 능력을 절로 갖추게 된다.

기업가가 되고 싶으면 세일즈부터 배워라. 주식회사 대한민국이라는 거대한 조직을 이끄는 정치인들도 마찬가지이다. 그래야 국가 경제를 망치는 일이 없을 테니까 말이다.

세일즈를 모르는 사람에게는
투자조차 하지 마라

벤처 열풍이 몰아치던 지난 2000년 초 내가 다니고 있던 모 대학원 최고경영자 과정(AMP)에 20대의 벤처기업 CEO가 두 명 있었다. 이 과정에는 대개 나이가 40대 이상이라야 들어올 수 있는데 하루 아침에 주목받는 벤처기업의 대표가 되다보니 예외로 입학이 허가된 모양이었다. 이들은 한창 각광받던 인터넷 관련 벤처기업을 시작한 사람들이었다. 그때는 인터넷 관련 기업 주가가 천정부지로 오르던 시절이라 같이 최고경영자 과정을 이수하던 동기생들이 앞 다퉈서 이들에게 투자를 하기 시작했다. 내로라하는 기업체의 오너들과 중견 간부들은 물론이고 심지어 교수들과 증권회사 사장들까지도 이들에게 수백만 원에서 수천만 원씩을 투자하는 데 주저하지 않았다. 그리고 그들은 내게도 투자할 것을 권했다.

그 무렵의 벤처기업 열기가 그랬듯이 아무도 그들의 실패를 의심하는 사람은 없었다. 그래서 적지 않은 동기생들이 이들에게 투자했다며 내게도 선심을 쓰듯이 동참할 것을 권유해 왔다. 그러나 나는 그들에게 단 한푼도 투자하지 않았다. 그 이유는 내가 평가한 것은 기업이 아니라 오너였기 때문이다. 20대의 젊은 CEO들에게는 명석한 두뇌와 뜨거운 열정은 있을지 모르지만 그들이 앞으로 회사가 만든 상품을 어떻게 팔 것인지, 또 회사의 조직관리는 어떻게 해 나갈 것인지, 나로서는 그들에 대한 확신이 조금도 서지 않았기 때문이었다.

판매가 곧 경영이라고 할 때 세일즈의 전문가인 내가 보기에 그들은 뛰어난 머리와 기술로 훌륭한 상품을 만들지는 모르지만 사람의 관리와 판매 등 그 이후의 대책이 엿보이지 않았다. 나는 그들이 10명에서 20명 정도의 사원을 거느린 작은 기업은 경영할 수 있어도 그 이상의 그릇은 되지 못한다는 것을 간파했던 것이다.

아니나 다를까 그들은 이내 망하고 말았다. 이들에게 투자를 한 사람들은 애꿎게 돈만 날리고 말았다. 사람들이 감탄하며 내게 물었다.

"박 부회장님은 왜 그때 투자하지 않은 겁니까?"

"만약 그 사람들이 세일즈에 대한 개념과 경험을 조금이라도 아는 오너였다면 나도 투자했을 겁니다. 또 그랬더라면 회사가 그렇게 허망하게 무너지지도 않았겠죠."

이것은 비단 벤처기업가에게만 국한되는 얘기가 아니다. 누군가가 투자를 권할 때, 심지어 친한 친구가 가게를 하나 내려는데 투자를 하라고 해도 상대가 세일즈를 모르는 사람이라면 그 투자는 십중팔구 실패하기 십상이다. 뛰어난 머리와 젊은 혈기 하나로 시작한 그 많은 벤처기업들이 속속 쓰러져 간 이유가 어디에 있겠는가.

세일즈를 모르는 젊은이는 채용도 하지 마라

만약 당신이 기업의 오너로서 신입사원의 입사원서를 보고 채용 여부를 심사한다고 하자. 경력란에 세일즈의 경력이 기록되어 있다면 당신은 어떤 평가를 내릴 것인가. 물론 세일즈에 대한 사회적 편견 때문에 입사 전에 세일즈한 경력을 자랑스럽게 기록하는 젊은이는 많지 않을 것이다. 그러나 같은 조건이라면 어떤 이유에서든 입사 전에 세일즈를 해 본 젊은이는 그렇지 않은 젊은이와 큰 차이가 날 것이 틀림없다.

"오, 대학을 졸업하고 세일즈를 했다구? 그래 왜 세일즈를 했고, 뭘 배웠지?" "세일즈를 하면서 저는 제 자신의 능력을 시험했고 뭐든 할 수 있다는 자신감을 배웠습니다. 저는 어떤 어려움이 닥친다고 해도 헤쳐 나갈 자신이 있습니다."

면접관들이 이런 젊은이에게 어떤 점수를 줄 것인가는 물어보나마나 일 것이다. 한 예로 대부분의 대기업들은 신입사원을 선발하면 오리엔테이션의 일환으로 이들을 하루 동안 낯선 도시로 보내 자사의 물건을 팔게 하는 훈련을 시킨다. 비록 하루에 불과하지만 신입사원들은 이 세일즈의 과정을 통해 예전에 경험하지 못했던 많은 것을 배우게 된다. 세상의 냉혹함, 수치심과 좌절감을 극복하는 법, 그리고 자신감의 배양과 성취의 기쁨 등, 이 짧은 시간에 배우게 되는 것은 사무실에서 1년 동안 일해도 얻을 수가 없는 산 경험들이다.

실제로 상품을 포장해서 고객을 설득하다 보면 적극적이고 진취적이 되기 마련이다. 또 수많은 고객을 만나게 되면 매너와 화술이 세련되고 유창해지며 무수한 좌절을 당할수록 이를 극복해 낼 수 있는 힘이 생기고 그것을 통해 성취욕도 맛보게 된다. 이런 세일즈의 전 과정이야말로 돈을 주고도 사지 못할 값진 경험이며 재산이 아닐 수 없다. 젊어서 이런 경험을 쌓은 젊은이와 쌓지 않은 젊은이가 어떻게 같을 수 있겠는가.

"대학 졸업하고 세일즈 했다구? 그럼 세상 경험을 아주 잘했겠군!"

이제는 기업들도 세일즈 경력이 있는 젊은이를 입사시험에서 우대해야 한다. 그리고 취업을 하려는 젊은이들 사이에는 일부러 세일즈를 경험해서 자신의 경력란에 자랑스럽게 기재하는 세상이 와야 한다.

이제야말로 세일즈에 대한 올바른 인식이 필요할 때다. 꿈이 있고 제대로 된 생각이 박힌 사람이라면 젊어서는 돈으로 사업할 생각을 하지 말고 건강한 정신과 몸으로 해야 한다. 돈 한푼 없이 무점포로 사업을 시작할 수 있는 것이 세일즈이다. 우리 화진은 대한민국 국민으로서 주민등록 등본 두 통만 내면 철저하게 교육을 시킨 후에 아무런 보증없이 십만 원, 백만 원, 심지어 천만 원어치까지 상품을 내어준다.

가서 팔아라! 세일즈로 삶의 전부를 경험하라! 사회 밑바닥에서 상류층에 이르기까지 다양한 계층의 사람들을 만나 인생을 배우고 경영을 배워라! 그리고 돈도 벌고 성취의 기쁨을 누려라!

자녀 사업 밑천을 대 주기 전에 세일즈부터 시켜라

젊은이들도 그렇지만 부모들도 마찬가지이다. 취업하기도 힘들고 실력으로는 취직을 할 수 없고, 그래서 조그만 사업을 해 보겠다는 자녀들에게 가게라도 차려주고 싶어 하는 부모도 많을 것이다. 그러나 자녀를 진심으로 사랑한다면 가장 먼저 세일즈부터 시켜야 한다. 세일즈는 인생 자체이기 때문이다. 사회 경험이라고는 전혀 없는 젊은 자녀들에게 사업 밑천을 대 주기보다는 세일즈를 해서 세파에 부딪치면서 그 속에서 그 무엇과도 바꿀 수 없는 값진 체험을 쌓도록 하는 것이 좋다.

"사업 밑천 대 줄 테니 사업하기 전에 세일즈부터 한번 해 봐라."

"제가 세일즈를요? 아이구, 왜 그런 것을 하라고 하세요?"

"화진화장품 박형미 부회장이란 사람이 세일즈를 모르는 자식한테는 사업 밑천을 절대 대 주지 말라고 그러더라!"

"저, 사업 안 했으면 안 했지 세일즈는 안 할래요. 사업하는 데 무슨 세일즈부터 해요?"

이렇게 나온다면 절대로 자녀에게 사업 밑천을 대 줄 필요가 없다. 이런 젊은이는 사업을 키우지도 못할 뿐 아니라 실패할 확률 또한 아주 높기 때문이다. 이 젊은이는 나를 원망할지 몰라도 부모들은 나중에 나에게 정말 고맙다고 할 것이 틀림없다.

그럼 왜 사업 밑천을 대 주기 전에 세일즈부터 하게 해야 하는가? 세일즈를 하게 되면 무엇보다 먼저 사람을 좋아하게 된다. 아니 사람을 좋아하지 않으면 할 수 없는 것이 바로 이 세일즈이다. 물건을 팔기 위해서는 고객의 신분상 귀천이나 미추, 지위 고하를 막론하고 누구나 좋아해야 하며 자신을 낮추고 그들에게 눈높이를 맞춰야 한다. 그렇게 함으로써 겸손을 배우고 사람을 제대로 보는 눈을 갖게 된다. 이것이 세일즈맨들만이 얻을 수 있는 세상의 그 무엇과도 비교할 수 없는 큰 재산이다. 이런 세일즈를 배우고 나면 세상에 두려운 게 어디 있겠는가.

세일즈만큼 훌륭한 인생의 스승도 없다. 세일즈를 하면 뭐든지 할 수 있는 자신과 용기가 저절로 생겨난다. 세일즈를 모르는 사람은 인생을 모른다. 세일즈를 경험해 보지 않은 철없는 자녀들에게는 절대로 장사나 사업 밑천을 대 주지 마라.

할 수 없다는 정신적인 불구에서 벗어나라

내가 15년 동안 세일즈를 하고 교육을 하면서 가장 마음 아프게 생각하는 것 중의 하나가 우리 나라에는 정신적인 불구자가 너무 많다는 것이다. 신체적 장애보다 더 큰 문제가 바로 이 정신적인 장애인데, 이것은 우리 나라 사람들에게 변화와 도전을 즐기는 적극적인 삶의 자세보다는 부족한 대로 현실에 안주하려는 소극적 삶의 태도가 만연되어 있음을 의미하는 것이다.

'21세기의 퇴보와 도태는 뒤로 가는 것이 아니라 제 자리에 머물러 있는 것이다. 이것이 내 평생직장이라면서 직장생활에 안주하고 있는 직장인들을 나는 증오한다!'

내가 평소 존경하는 경제평론가 엄길청 교수는 이렇게 말했다. 엄 교수는 이 시대를 살아가는 우리에게 왜 이런 매서운 메시지를 던졌을까? 결론은 간단하다. 한마디로 이 변화하는 시대에 의식과 발상의 대

전환 없이는 결코 살아남지 못하기 때문이다.

오늘날과 같이 모든 것이 급변하는 시대에는 무엇보다 변화의 패러다임으로 자신을 무장해야 한다. 세상은 하루가 다르게 무섭게 변하고 있는데 시한이 만료된 옛 사고에 젖어있다거나 집착을 하면 눈 깜짝할 사이에 낙오되거나 도태되기 마련이다. 내가 지금 누리고 있는 것, 내가 지금 갖고 있는 것만을 지키면서 살려고 했다가는 어느 순간 모든 것을 다 잃고 아무 짝에도 쓸모 없는 사람이 된다.

고정관념이라는 것은 실로 무서운 것이다. 사람들은 자신이 갖고 있는 돈 백만 원을 잃으면 억울해 한다. 너무나 억울하고 내 자신이 바보같아 화가 나고, 그 잃어버린 돈에 집착해서 아무 것도 하지 못한다. 그러나 그것은 조금도 억울할 것이 없다. 이미 당신은 그보다 훨씬 많은 돈을 잃으면서 살아왔기 때문이다. 당신은 단지 그것을 모르고 있을 뿐이다. 당신에게는 잃어버린 돈 백만 원이 아니라 천만 원 이상을 충분히 벌 수 있는 잠재된 능력이 있었다. 그런데 천만 원을 벌 수 있는 사람이 백만 원만 벌었다면 이미 9백만 원을 잃어버린 셈이 아닌가? 우리가 정말 애석해 해야 할 것은 잃어버린 돈 백만 원이 아니라 벌 수 있었음에도 불구하고 벌지 못한 돈 9백만 원인 것이다.

우리 나라 사람들이 변화와 도전을 싫어한다는 것은 승급 체계만 봐도 금방 알 수 있다. 한국인들은 기본급이 많은 것을 선호한다.

"여긴 기본급이 얼마예요?"

"수당은 적게 줘도 괜찮으니까 기본급을 많이 주시면 안 돼요?"

직장을 선택할 때도 가장 먼저 묻는 것이 기본급이 얼마냐는 것이며 대부분 기본급이 많고 적음에 따라 직장 자체의 좋고 나쁨을 평가한다. 그리고 어떻게 해서든지 한사코 기본급을 많이 받기를 원한다. 그러나 미국이나 선진 유럽 국가에서는 이와 반대이다. 이들은 오히려 기본급을 적게 받고 인센티브를 많이 받길 원한다. 이런 사고방식의 차이는 변화와 도전을 어떻게 받아들이느냐는 자세와 자신감의 차이에서 나오는 것이다.

기본급을 많이 받고 현실에 안주하겠다는 발상과 기본급을 적게 받는 대신 내가 열심히 일을 해서 성과급을 더 많이 가져가겠다는 인식의 차이는 자신은 물론이고 회사에 어떤 결과를 가져오게 될지 자명한 일이 아니겠는가. 나 역시 이렇게 변화와 도전을 싫어하고 편히 안주하기를 바라는 사람은 증오가 아니라 혐오한다.

고시 합격자보다 세일즈맨의 가치가 더 높다

최근 들어 능력 있고 고정된 틀을 거부하는 신세대 젊은이들 가운데 세일즈에 뛰어드는 사람들이 갈수록 늘고 있다. 매스컴에서도 종종 화제가 되고 있지만 소위 말하는 일류 대학을 졸업하고 대학원까지 나온 젊은이들이 화장품과 보험, 전자제품, 자동차 세일즈에 앞 다퉈 뛰어들고 있는 것이다. 이들 가운데는 평소 전문 직종을 희망했는데 막상 취직을 하고 보니 틀에 박힌 직장생활에 실망해서, 또 수입에 만족을 못하거나 도전의식으로 똘똘 뭉친 '끼'를 마음껏 발산하고 싶어서 세일즈에 뛰어든 사람들이 많은데 물론 이들은 하나같이 성취감을 만끽하고 고소득자 대열에 합류하려는 젊은이들이다.

이들 세일즈맨 중에는 자동차 회사의 경리직 사원으로 입사했다가 연간 2백~3백 대의 자동차를 팔아 이사 자리에 오른 사람이 있는가 하면 주말과 휴일을 빼고 거의 매일 자동차 한 대씩을 팔고 있는 사람도 있다. 또 하루 평균 다섯 건 이상의 보험 계약고를 올리는 사람도 있고 한 해 수십억 원어치의 가전제품을 팔아 억대의 연봉을 받는 '세일즈 짱' 여성들도 있다.

이처럼 연봉 1억 원 이상을 받는다면 한 해 천 명씩이나 배출되는 바람에 취업을 못해 쩔쩔매는 사법고시나 공인회계사 시험 합격자를 누가 부러워하겠는가. 이제는 그들보다도 세일즈맨의 능력과 희소가치가 더 높아지는 시대가 온 것이다. 그럼에도 불구하고 아직도 우리 사회에 세일즈를 기피하고 자신의 직업에 자부심을 갖지 못하는 세일즈맨이 많다는 것은 분명 문제가 있다. 세일즈란 사실 아주 쉬운 직업이다. 고객이 몰라서 안 사거나 못 사고 있는 필요한 상품을 소개해주는 한편, 내가 팔려고 하는 상품이 왜 필요한지 설득하고 알려줘서 파는 일이 세일즈이다. 다시 말해 세일즈맨은 그저 고객에게 적합하고 필요한 상품을 소개하고 전달만 하는 것이다. 상품이 아니라 인격을 파는 이 같은 세일즈에 대해 자부심을 갖지 못하는 사람에게는 분명 문제가 있다.

남의 1년 수입을 한 달에 벌어라

사실 세일즈는 자기 자본 한푼 없이도 얼마든지 많은 수입을 올리고 성취의 기쁨을 맛볼 수 있는 직업이다. 실제로 하루 24시간 건강한 신체, 건강한 정신력만 있다면 한 달에도 몇 백만 원은 물론 몇 천, 몇억 원까지도 벌 수 있는 것이 세일즈인 것이다. 그러므로 사람은 누구나 세일 즈맨으로서 출발할 수 있는 충분한 조건을 갖추고 있다. 아니, 지금 이 순간에 세일즈는 당신이 선택할 수 있는 최선의 직업이다. 특히 세일즈 는 현재도 그렇지만 미래 사회로 다가갈수록 유망한 직종이며 세일즈 를 떠나서는 어떤 사업도 생각할 수 없다는 점을 명심할 필요가 있다.

불과 몇 년 전만 해도 우리 화진의 김은심 대표이사는 25세의 나이에 월급 53만 원을 받는 비전없는 직장생활을 하고 있었다. 그러다 우연히 화진을 알게 되어 세일즈에 뛰어들었고, 뛰어난 능력을 발휘해서 29세 에 대표이사 자리에 올랐으며 현재 억대의 연봉을 받고 기사가 딸린 빨 간 그랜저의 주인공이 되었다. 만약 그녀가 화진을 몰랐더라면, 세일즈 에 인생을 걸지 않았더라면, 그녀는 지금 고작해야 120만 원이나 130 만 원 정도의 월급을 받는 평범한 직장여성에 지나지 않았을 것이다.

우리 화진의 젊은 뷰티메신저인 서범식 씨는 1999년 당시 허리 디스 크에 간염까지 걸려 건강이 매우 좋지 않은 우리의 고객이었다. 그는 화진에서 판매하는 건강보조식품을 먹고 또 '매직뷰티'로 허리 마사지 를 받으면서 건강이 뚜렷하게 회복되기 시작했다. 이를 계기로 그는 자 신의 건강을 위해 약값이라도 벌겠다는 생각으로 그 이듬해 5월부터 화진에 나와 일을 하기 시작했는데 현재 월 천만 원 이상, 연봉으로 치 면 1억2천만 원 이상을 올리는 고소득자 대열에 들어섰다. 이처럼 세일 즈는 자신이 노력하기에 따라 평생 걸려 저축해서 60대, 70대에 누려 야 될 부와 명예를 40대로 앞당길 수도 있고, 평범한 가정주부도 남편 의 1년 수입을 한 달에 벌 수 있는 너무나 매력적인 직업인 것이다.

비단 우리 화진의 경우뿐만 아니라 거리에서 물건을 파는 세일즈맨들도 결코 우습게 봐서는 안 된다. 달리는 전철에서 천 원짜리 물건을 파는 세일즈맨들이 한 칸에서 최소한 3개씩만 판다고 해도 10칸이면 30개, 하루 종일 전철을 20대만 바꿔타면 6백 개, 하루 매출이 60만 원이다. 대부분 덤핑 물건이나 값싼 중국산 물건이니만큼 절반만 이윤을 남겨도 하루 30만 원, 월 9백만 원의 수입이다. 이런 세일즈맨을 우습게 본다면 당신은 돈이 엄청 많은 부자이거나 아니면 천하의 바보, 둘 중 하나임에 틀림없다.

이제는 내가 나를 고용하자

불과 몇 년 사이에 평생 고용이라는 말이 개념조차 실종되고 생존을 위한 경쟁이 그 어느 때보다도 치열해진 지금은 남이 나를 고용하기에 앞서 내가 나를 고용하지 않으면 안 되는 시대이다. 즉, 내가 나를 상품화시키는 세상, 내 자신을 보다 생산적이고 효율적으로 활용하면서 내가 지닌 전문성의 가치를 보장받아야 하는 자기 브랜드의 시대가 온 것이다. 그렇다면 세일즈맨은 내가 나를 어떻게 고용하고 내가 버는 수입은 어떻게 책정이 될까.

"당신은 얼마를 벌고 싶습니까?" 내가 교육생들을 교육할 때마다 자주 묻는 질문이다. "월 2백만 원? 3백만 원? 아니면 5백, 천만 원?" 대부분의 교육생들은 자신의 능력에 비춰 벌고 싶은 금액을 말하지만 내 대답은 간단하다. "당신이 책정한 금액이 곧 당신의 수입입니다!"

그렇다! 세일즈맨에게는 정해진 일정한 수입이 없다. 내가 벌고 싶은 돈, 내가 책정한 목표가 곧 수입이기 때문이다. 2백만 원을 벌고 싶은 사람은 2백만 원이 수입이고, 천만 원을 벌고 싶은 사람은 천만 원이 곧 수입이 된다. 세일즈가 일반 직장과 다른 점은 이처럼 자신의 월급이나 수입을 자신이 책정하고 승진도 자신이 정해서 할 수 있다는 점이다. 그러나 자기의 수입을 자신이 책정한다고 해서 절대로 그냥 주어지는 것은 물론 아니다. 세일즈는 나를 고용하는 주체가 바로 나 자신이기 때문에 무엇보다도 철저하고 엄격한 자기관리가 필요하고 수입을 높게 책정했으면 높게 책정한 만큼 남보다 몇 곱절의 피나는 노력이 필요한 것이다.

언제나 남보다 앞서 가고 반드시 성공하겠다는 강인한 정신력과 자신감, 남보다 적게 자고 많이 일하겠다는 열정, 남이 하루에 2명의 고객을 만나면 나는 20명의 고객을 만나겠다는 부지런함, 고객에게 믿음과 신뢰를 주는 말과 행동, 옷차림 등의 성실함, 철저한 고객관리와 시간관리 등등, 이런 자기관리만 잘하면 자신이 원하는 수입은 물론이거니와 한 달에 몇 천만 원 이상의 수입을 올리지 못할 이유가 전혀 없다. 세일즈를 해서 한 달에 몇 천만 원, 억대 이상을 버는 사람들은 하나같이 이런 마음가짐과 자세로 노력했기 때문에 그 많은 수입을 올리고 있는 것이다. 그런데 남들은 이렇게 하는데 왜 당신은 못 하는가? 당신이 그들보다 못난 것이 뭐가 있는가? 인물이 못한가, 몸이 건강하지 못한가? 따지고 보면 못나고 부족한 것은 하나도 없다.

내가 나를 고용하는 기회는 누구에게나 공평하게 주어져 있다. 나를 멋지게 상품화해서 능력과 기량을 마음껏 펼치고 내가 원하는 만큼의 돈을 버느냐 못 버느냐는 전적으로 당신에게 달려있다.

이 세상에 절대 공짜란 없다

미국에서 학기 말 시험을 앞두고 있는 딸아이에게서 전화가 왔다. "엄마, 다른 과목은 다 자신이 있는데 과학이 어려워요. 어떡하면 좋죠?" 과학이란 수학처럼 내용의 이해가 전제되어야 한다. 마구잡이로 암기만 한다고 해서 될 문제도 아니다. 그러나 아이는 나름대로 이해하려고 노력했지만 그것이 잘 안 되기 때문에 답답한 나머지 내게 전화를 했을 것이 틀림없다. 내 대답은 어떠했을까.

"막막하고 어쩔 수가 없다면 이해가 되든 안 되든 무조건 그 과학책을 배운 데까지 몇 날 며칠이고 달달 외워라! 그러다 보면 기적이 일어날 수도 있을 것이다. 대신 절대 포기만 하지 마라!" "알았어요, 엄마!"

내 성격과 내 말의 효과를 누구보다도 잘 알고 있는 딸아이는 내 말대로 과학책을 처음부터 배운 데까지 며칠 동안 밤잠을 안 자고 죽자 사자, 달달 외웠다고 했다. 그렇게 열심히 하다보니 모르고 있었던 많은 부분이 저절로 이해되었고, 시험 점수 또한 기대 이상으로 좋게 나왔다고 했다.

내가 딸아이에게 한 말은 맞았다. 얼마 전 나는 열다섯 살 때에 미국으로 홀로 유학을 떠났던 코리아헤럴드 홍정욱 사장이 쓴 책을 읽었는데 그도 처음에는 영어를 잘 못하는 상태에서 시험을 보게 되자 영어책을 통째로 달달 외웠다고 한다. 바로 이런 것이다. 나중에 정신무리와 시간무리, 행동무리에서 자세히 소개하겠지만 누가 되었든, 그리고 무슨 일을 하든 이런 피나는 노력을 하지 않으면 결코 어떤 결과를 얻을 수가 없다. 세상에 절대 공짜로 주어지는 것은 없다는 얘기이다.

나는 몸이 멀쩡한 노숙자들을 보면 화가 난다. 왜 그들은 모든 것을 미리부터 포기해 버렸는가. 누군들 빚이 없고, 누군들 이 험한 세상을 살고 싶어서 사는가. 아직 사지가 멀쩡하고 움직일 수 있다면 공사판이라도 찾아가서 일을 하고 시장에 나가 물건이라도 팔아야 한다. 열심히 하다보면 주위에서 인정을 받고 의욕이 생겨 자립하는 것은 잠깐이다. 문제는 정신인 것이다. 노력이고 습관인 것이다.

자존심만 버리면 돈이 보인다

아무리 경제가 어렵다고 해도 요즘은 자존심만 버리면 돈을 빌리는 것보다 돈을 버는 것이 더 빠른 세상이다. "나, 너무 힘들어 죽겠는데 돈좀 빌려 주세요." 이렇게 하소연하면서 남에게 돈을 빌려달라고 할 시간이나 돈을 빌릴 사람이 있다는 것은 아직 배부르고 여유가 있다는 얘기이다. 그런데 요즘 세상에 아직도 누구에게나 돈을 빌려 줄 사람이 있을까? 옛날에는 돈을 빌려달라거나 보증 좀 서 달라고 하면 그래도 들어 주는 사람이 많았다. 그러나 세상 인심이 너무 변한 데다가, 하나같이 이기적이고 사람에 대한 불신이 팽배해 있는 이 시대에 부모 형제라도 선뜻 돈을 빌려주거나 보증을 서 주기는 쉽지 않다.

그럴 시간 있으면 차라리 나가서 그 돈을 직접 버는 것이 더 빠르다. 필요한 돈이 천만 원, 2천만 원인데 그 많은 돈을 어떻게 짧은 시간에 벌 수 있겠냐구? 물론 어렵다. 하지만 이처럼 어려운 것을 가능하게 하는 것이 세일즈이다.

당장 먹고 살기가 힘들고 당장 돈이 필요하면서도 자존심 때문에 세일즈는 안 한다고 하는 사람이 많다. 나는 이런 사람들이 도무지 이해되지 않는다. 세상에! 잘사는 사람들은 자존심 같은 것은 전혀 개의치 않고 열심히 뛰어서 돈을 버는데 못사는 사람들이 오히려 자존심 운운하며 세일즈를 못 하고 돈을 못 번다는 것은 아무리 생각해봐도 어불성설이 아닌가? 어렵다며 아는 사람을 찾아가 넋두리하고, 제발 돈 좀 빌려달라고 하소연할 시간이 있으면 세일즈 회사를 찾아가 가방부터 들어라. 그리고 죽어라고 뛰어 보라. 집안에 돈이 없으면 느는 것은 부부싸움 뿐이다. 밖으로 나가서 일을 해야지 부부싸움할 시간이 어디 있는가.

자존심을 버리고 부자가 되고 싶은가, 자존심을 지키며 가난하게 살고 싶은가, 아니면 이것도 저것도 아닌 노숙자가 되고 싶은가? 운명의 주사위는 누구도 아닌 바로 당신 자신의 손에 달려 있다.

2

상류로 살 것인가
하류로 살 것인가

남들은 가졌는데 왜 당신은 못 가졌는가

요즘 우리 사회에 빈익빈 부익부로 상징되는 빈부 격차의 심화가 커다란 사회문제로 부각되고 있다. 가진 사람은 부가 더욱 늘어나고 못 가진 사람은 절대 빈곤에서 헤어나지 못한 채 빈곤을 대물림하는 안타까운 현실이 반복되고 있는 것이다.

"이 빈부격차, 큰일이야 큰일! 앞으로 우리 사회에 큰 부담이 될 거야."

"이건 순전히 정부 정책 잘못이라구! 정책을 있는 자들 중심으로 세우니까 이런 거 아냐?"

물론 틀린 말은 아니다. 그러나 정부로서도 거시적인 국가경제 운용을 위해서는 분배보다는 당장 성장에 주안점을 둘 수밖에 없다. 우리 사회의 빈부 격차가 심화된 것은 IMF 이후라고 하지만 이는 사실 우리나라만의 문제는 아니다. 통계수치 상으로는 우리 나라가 다른 나라에 비해 빈부 격차가 비교적 크지 않다는 것이 전문가들의 분석이다. 그럼에도 불구하고 우리 사회에는 언제부터인가 빈부 격차가 사람들의 신분을 상류와 하류로 구분하는 하나의 바로미터가 되고 있다.

소위 상류층, 부유층이라고 하는 사람들은 넓은 평수의 고급 단독주택과 아파트, 물 좋은 동네에 몰려 살면서 고급차를 타고 마치 딴 세계의 사람들인 양 서민들하고는 절대 어울리지 않으면서 자기네들끼리 공중에 고치를 친 누에들처럼 살아간다. 자기네끼리 정치하고, 자기네끼리 교육하고, 자기네끼리 결혼하면서 살아가고 있는 것이다. 이는 미국이나 유럽 같은 선진국들도 다르지 않다.

"요즘 세상에도 사람 위에 사람 있고 사람 밑에 사람 있나?"

순진한 생각이다. 서민들이 생각하기에는 신분계급이 없는 것 같은데 이렇듯 상류층 사회의 사람들에게는 신분계급이라는 것이 엄연히 존재하고 있는 것이다. 왕실의 왕자가 평민의 딸과 결혼하는 것처럼 서민의 자녀가 재벌의 자녀와 결혼하는 것을 드라마틱하게 여기고 언론이 대서특필하는 것 자체가 신분계급이 존재하고 있다는 것을 증명하는 것 아닌가?

그런데 서민 아파트나 달동네의 고만고만한 집에서 아웅다웅하며 살아가는 가난한 서민들은 날마다 돈 걱정, 하루하루 먹고 살 걱정하는 것도 억울한데 온갖 수모란 수모는 다 당하고 산다. 출퇴근길의 만원버스와 만원 지하철은 서민들을 짐짝 취급하듯 밀어 넣지만 힘없는 사람들은 시루 속의 콩나물처럼 이리저리 부대끼면서도 불평 한마디 하지 못하고 숙명인 양 감수할 수밖에 없다. 자녀들이 갖고 싶어 하는 것 하나 마음대로 사주기는커녕 소주 한잔 값을 걱정해야 하고 돈이 없으니 부모형제에게도 면목이 서질 않는다.

"기다려! 이번 일요일이면 고생 끝, 행복 시작이야!"

사는 것에 대한 회의 때문에 날마다 복권을 사면서 인생역전이나 꿈꾸고, 자신이 해야 할 일 걱정보다는 항상 돈 걱정 속에 살아간다. 능력이 없어 제대로 교육을 시키지 못한 자녀들은 일찍부터 비뚤어지거나 탈선의 길을 걷고 무엇 하나 제대로 해 주지 못한 부모를 원망한다.

"엄마 아빠가 우리한테 해 준 게 도대체 뭐 있어요, 네? 그런데 왜 이래라 저래라 하시는 거예요?"

우리 서민들의 슬픈 자화상이 아닐 수 없다.

부자들은 부자로 살 '짓거리'를 한다

그런데 냉정히 따지고 보면 이 빈부의 격차가 가져온 신분과 계급의 차이라는 것은 '가지지 못한 자'의 시각에서만 존재하는 것이지 '가진 자'의 시각에서는 존재하지 않는다.

"나는 가졌는데 왜 당신은 못 가졌는가?" "왜? 내가 많이 가진 것이 기분 나빠? 그럼 나 돈 벌 때 당신은 뭘 했는데?"

가진 자가 못 가진 자에게 이렇게 묻는다면 못 가진 자로서는 달리 할 말이 없기 때문이다. 물론 부모에게서 막대한 유산을 물려받았다거나, 조상 대대로 물려받은 땅이 어느 날 갑자기 도시계획에 편입되면서 부자가 된 사람, 부정축재로 부자가 된 사람들은 이런 말을 할 자격이 없다. 그리고 아파트 스무 채를 갖고서도 세금을 안 내려 하는 졸부들도 마찬가지이다. 그러나 자신의 능력으로 열심히 노력해 부자가 된 사람들에게는 자신이 많이 갖지 못했다고 억울해 하는 사람들이 도무지 이해가 되지 않는 것이다. '억울하면 출세하라'가 아니라 '그렇게 억울

2.상류로 살 것인가 하류로 살 것인가 57

하면 돈을 벌어라' 는 얘기인데 갖지 못한 사람들에게는 서운하겠지만 따지고 보면 조금도 틀린 말은 아니다.

그렇다! 과거의 반상 제도 아래서는 아무리 몸부림을 쳐도 자신의 신분을 바꿀 수가 없었지만 지금은 누구나 3, 40대를 전후로 내가 어떻게 내 인생을 선택하느냐에 따라서, 혹은 어떻게 살았느냐에 따라서 신분 계급이 정해지는 세상인 것이다. 그렇다면 나는 어떻게 해야 나를 상류로 만들 수 있을까. 한마디로 상류로 사는 사람은 상류로 살 '짓거리' 를 한다.

우리 나라의 내로라하는 재벌그룹 회장들의 아침 기상시간은 대부분 새벽 4시경이라고 한다. 고 정주영 현대그룹 명예회장은 그보다 더 빠른 새벽 3시 반에 일어났는데 이분은 매일 그렇게 일찍 일어나서 왜 날이 빨리 안 밝느냐고 성화를 부리고, 가족들에게는 자고 싶으면 밥을 먹고 자라며 깨웠다는 유명한 일화가 있다.

이분들이 가진 정도의 재력이면 당장 아무 일하지 않고도 몇 대, 아니 대대손손 놀고 먹을 수가 있다. 그러나 왜 고 정주영 명예회장이나 우리 나라 재벌그룹 회장들은 날마다 그렇게 이른 시각에 일어날까? 그 이유는 바로 쌀 99섬에 만족하는 것이 아니라 나머지 한 섬을 채워 백 섬, 그리고 2백 섬, 3백 섬을 만들기 위한 것이다.

없는 사람들은 똥배짱도 없다

그럼 가진 것이라곤 한 섬밖에 없는 서민은 평균적으로 몇 시에 일어날까. 없이 사니까 빨리 일어나서 부지런히 돈을 벌어야 하겠지만 대부분 정반대이다. 일찍 일어나 봤자 할 일도 없고 이 궁리 저 궁리 해 봤자 뾰쪽한 수가 없고, 에라 모르겠다 하면서 날이 새는 줄도 모르고 잠만 자다가 아내가 밥상을 들이밀어야 일어나 수저를 드는 사람들이 태반일 것이다. 그러면서도 재벌그룹 회장들의 예를 들면 이렇게 말할 것이 틀림없다.

"저 말입니까? 저도 말예요, 재벌 회장처럼 돈이 많다면 절대로 잠을 안 자죠. 즐거운데 잠이 오겠어요? 자더라도 눈 뜨고 잘 겁니다. 그런데 그렇지 못하니까 잠이라도 실컷 자는 거죠 뭐…."

만약 이런 사람에게 쌀 99섬을 준다고 가정해 보면 어떻게 될까? 그는 아마 99섬이라는 재물이 있으니까 마르고 닳도록 퍼질러 잘 것이다. 그러다 보면 어느 새 99섬이 다시 한 섬이 되고 말 것은 뻔한 이치다. 그럼 만약 재벌 회장이 99섬에서 한 섬이 됐다면 어떻게 할까? 그야말로 불철주야, 밤잠을 안 자고 일해 금방 다시 99섬, 아니 2백 섬, 3백 섬을 만들 것이 분명하다.

여기에 상류인생과 하류, 서민인생의 차이가 있고, 이에 대한 명확한 결론이 나온다. 즉, 전 재산이 한 섬밖에 없는 가난뱅이에게 99섬의 쌀을 준들 부자가 되지 않고, 반면 백 섬을 만들 수 있는 사람에게 다시 99섬을 빼앗아 한 섬만을 내준다고 할지라도 역시 백 섬으로 만들어내고 만다는 것이다.

이 한 섬과 99섬의 차이. 입장이 바뀌어야 하는 것 아닐까? 정말로 재산이 많이 있었으면 더 빨리 일어났을 거라고 말하는 사람이야말로 없을 때 진작 부자가 되어야 하는 사람이다. 나는 보증금 3백만 원에 월세 30만 원을 내고 사는 사람들에게 이렇게 말하고 싶다.

"당신은 무엇을 주저하는가? 아침이면 빨리 일어나 이를 악물고 가방을 들고 뛰어라! 당신은 더 잃어버릴 게 있는가? 잃어봤자 3백만 원이다!"

그런데 없는 사람들은 시쳇말로 똥배짱도 없더라는 것이다. 사람이 가진 게 없으면 그런 배짱이라도 있어야 하는데 행여 그 3백만 원이라도 잃어버릴까봐 무서워서 아무 것도 못하더라는 것이다. 솔직히 가진 것이 없으면 배짱이라도 있어야 하는 것이 아닌가?

술값도 있는 사람보다 없는 사람이 더 잘 낸다

상류층 사람들은 값비싼 고급 주택에 파출부를 두고 셰퍼드견에게 집을 맡긴 후 새벽 일찍 일터로 나간다. 이 사람들은 열심히 일하고 일 자체를 즐기니까 자연스럽게 돈이 들어온다. 쾌적한 외제차 속에 앉아 돈을 걱정하기보다 일을 생각하며 사는 것이다. 그러나 서민들은 있지도 않은 돈을 상상 속에서만 즐긴다. '만약 이 복권이 1등에 당첨돼 돈벼락을 맞으면 그때는….' 돈이 없는 탓에 서민들이 하는 일은 작은 일이든 큰일이든 모든 일이 다 돈과 연관돼 있고, 이 돈 때문에 돈에 맞춰 살고 일을 하다 보니 결국은 돈의 노예에서 벗어나지 못한다.

가난에서 벗어나고 싶으면 열심히 일해서 부자가 된 상류층 사람들의 사고방식과 그들이 일하며 살아가는 모습을 하루라도 빨리 배워야 한다. 전세계 기업인 가운데 가장 유능한 CEO로 추앙받고 있는 미국 제너럴일렉트릭사의 잭 웰치 회장은 청소년 시절에 유명인사들이 많이 모이는 골프장에서 캐디 생활을 했다. 그의 아버지가 그렇게 시켰기 때문이다. 그때 잭 웰치는 그곳에서 성공을 거둔 수많은 정치인과 기업가들을 보았고, 그들의 모습에서 큰 자극을 받아 세계 유수 기업의 CEO 자리에까지 오르게 된 것이다.

"하다못해 포장마차를 하더라도 부자 동네에 가서 해라. 그래야 보고 배울 게 아니냐!" 사람들이 흔히 이렇게 말하는데 이는 결코 틀린 말이 아니다.

부자들이 재물에 더 인색하다는 것은 누구나 잘 알 것이다. 실제로 우리 주변을 살펴봐도 재물에 관한 한 한 섬을 가진 사람들보다 99섬을 가진 사람들이 더 악착같다. 술집에 갔을 때에도 늘 술값을 내는 사람은 99섬을 가진 사람이 아닌 한 섬밖에 없는 사람이다.

"아이구, 오늘 술값 제가 내겠습니다요." 그러면서 한 섬을 가진 사람들은 99섬을 가진 사람의 뒷전에서 이렇게 말한다. "있는 사람들이 더 지독해!" 그러나 그렇게 지독하기 때문에 그들은 부자가 된 것이다. 그렇게 지독한 구두쇠 소리를 들으며 살아온 사람들은 대부분 다 부자가 되어 있다. 부자 될 사고와 행동이 그 사람을 그렇게 만든 것이다. 당장 내일 차비 걱정을 해야 하면서도 술값을 내는 빈자는 쉽사리 가난에서 벗어나지 못한다.

'어떻게 벌 것이냐'와 '어떻게 맞춰 쓸 것이냐'의 차이

상류층 사람들은 돈을 버는 데 에너지를 소비하지만 이에 비해 서민들은 돈에 맞춰서 사는 데에 에너지를 쓴다. 즉, 상류층 사람들은 자신이 번 돈을 어떻게 저축하고 투자해서 한푼이라도 더 늘릴까 고민하지만 서민들은 얼마 안 되는 돈을 어떻게 알뜰하게 쓸 것인가에 허리띠 졸라매고 신경을 쓰며 고민한다는 것이다. "이번 달 월급, 이것저것 다 제하고 나니 이게 남네요. 우리 식구 이 돈으로 괜찮은데 가서 모처럼 외식이나 한번 합시다." 이렇게 해서 남는 돈을 써버리면 결국 제로가 되고 적금을 든다고 해 봤자 늘 그 돈이 그 돈이어서 돈은 좀처럼 불어나지 않고 맨날 다람쥐 쳇바퀴 돌듯 그 생활에서 벗어날 수가 없다.

참고로 우리 순진한 서민들은 IMF 때 '아나바다'라는 운동을 참 열심히 했다. 상류층들은 경제난에도 아랑곳하지 않고 공항이 미어지도록 무더기로 해외여행을 떠나는데 순진한 서민들만 콩 한 알도 나눠먹는 식으로 아껴 쓰고 나눠 쓰고 바꿔 쓰고 다시 쓰고…. 그래서 우리 서민들에게 무엇이 남았는가? 서민들이 아나바다 운동을 해서 경제를 살렸는가?

사실 어려울 때 근검절약하자는 것은 좋지만 경기가 위축되거나 침체되었을 때는 아껴 쓰기보다는 소비를 촉진하고 밖으로 나가 열심히 일을 해서 생산 활동을 활성화시키는 것이 옳다. 그런데도 우리 주부들은 오히려 집안에 들어앉아 아나바다 운동이나 하면서 허리띠 졸라 매고 돈을 쓰지 않았다. 이게 과연 우리에게 무슨 득이 되었을까?

우리는 전세계적으로 저축률 1위인 선진국 일본이 극심한 경기불황과 디플레이션의 늪에 빠져 오랫동안 헤어 나오지 못한 사실을 직시해야 한다. 국민들의 지나친 근검절약이 경제대국 일본을 그렇게 만들어

버린 것이다. 국민들이 오죽 돈을 안 쓰면 정부에서 상품권을 발행해 나눠주기까지 했을까. 돈은 혈액과 같아서 돌지 않고 멈추면 경제가 마비되는 것은 당연한 현상이 아닌가.

없는 서민들은 얼마 안 되는 한정된 돈을 어디에 맞춰서 쓸까에 대해서만 골몰하면 절대 발전이 없다. 한푼이라도 어떻게 더 버느냐에 에너지를 쏟아야 한다. 상류로 사는 것과 하류로 사는 것의 차이는 '어떻게 벌 것이냐'와 '어떻게 맞춰 쓸 것이냐'에 있다는 것을 잊지 말자.

마음의 상태가 곧 상류와 하류를 만든다

경제가 어려워지면 가장 발버둥치는 사람은 어떤 계층의 사람들일까? 대부분 당장 끼니를 걱정해야 하는 '없는 사람들'이라고 말할지 모르지만 아이러니컬하게도 소위 '가진 자들'이라고 하는 상류층들이 더 발버둥친다.

"부족할 것 없이 다 가진 사람들이 경제가 좀 어렵다고 뭐가 아쉬워서 발버둥을 쳐요?" 이렇게 반문하는 사람도 있을 것이다. 그러나 대답은 간단하다. 아무 것도 가진 게 없는 사람은 아무리 경제가 어려워도 오늘 하루 세 끼 먹을 걱정만 하면 되기 때문에 오히려 마음이 편하다.

"이놈의 세상, 이리 살아도 한 세상이고 저리 살아도 한 세상인데 차라리 전쟁이라도 일어나서 세상이 확, 바뀌어 버렸으면 좋겠다!" 아무리 발버둥쳐도 가난에서 벗어날 수 없다는 자포자기의 심정으로 솔직히 이렇게 생각하는 사람도 있을 것이다.

그러나 부자들에겐 큰일날 소리이다. 부자들은 경제가 어려워지면 자신이 갖고 있는 부가 조금이라도 없어질까봐 자신들의 부를 지키기 위해 하나같이 필사적인 몸부림을 치는 것이다. 실제로 정부가 '차떼기' 불법 대선자금 수사로 경제인들을 흔들고 투기 억제 조치로 부동산 가격이 떨어질 때 없는 사람들은 통쾌하게 생각했겠지만 밤잠을 못 자고 머리를 싸맨 채 괴로워 한 사람은 '가진 사람들'이었다.

이것이 바로 많이 가진 자와 못 가진 자의 생각과 가치관의 차이인 것이다. 그런데 상류층 사람들이 이렇게 자신이 가진 부를 지키기 위해 발버둥치면서 열심히 일해 더 많은 돈을 모을 때 달동네에 사는 서민들은 앞집, 옆집, 영희집도, 순이집도 그렇듯 하루 세 끼 밥을 먹고 살아가는 그것이 인생의 전부인 줄 착각하고 산다. 이러니 어떻게 발전이 있겠는가?

내 인생의 업그레이드는
내가 만들어 나가는 것

누구 탓도 할 필요가 없다. 남편 탓, 부모 탓, 조상 탓…. 모든 건 바로 내 탓이다. 꽃밭에 가보면 누가 부르지 않아도 벌과 나비가 날아든다. 그런데 벌과 나비가 있는 곳에 분뇨를 뿌리면 똥파리가 날아들기 마련이다. 이 말은 곧, 그 자리에 놓여있는 모습이 현재의 내 모습이라는 얘기이다. 나는 누가 만들어 주는 것이 아니라 내가 만들어 가는 것이다.

돈은 중요하다. 돈이 없으면 사회생활에서는 물론이고 부모 형제, 친척, 친구, 심지어 가정에서도 아내와 자녀들에게 무시당하는 세상이다. 심지어 돈이 없으면 결혼도 못하는 세상이다. 남자는 물론이지만 여자도 돈이 없으면 혼자 살 각오를 해야 한다. 미안하지만 사랑이 밥을 먹여주는 시대는 지나갔기 때문이다.

그런데도 우리 나라 사람들은 누가 돈을 좀 벌었다고 하면 일단 색안경부터 끼고 본다. 특히 없는 사람들일수록 더욱 그렇다. "저 사람, 어떻게 해서 그렇게 돈을 많이 벌었지? 무슨 도둑질한 거 아냐?" "정상적인 방법으로 돈 번 사람 있으면 어디 한번 나와 보라고 그래!"

물론 부정한 방법이나 비정상적으로 돈을 번 사람이 적지 않기 때문에 아직까지 우리 나라에서는 부자들이 사회적으로 존경을 받지 못하는 것이 사실이다. 그러나 가난한 사람들이 부자들을 부자라는 이유 하나만으로 경멸하고 미워할 필요는 전혀 없다. 특히 열심히 노력해서 많은 돈을 번 부자들의 경우 그런 대접을 받아야 할 이유는 더더욱 없다.

미국이나 유럽에서는 부자들이 존경을 받는다. 그들은 많은 돈을 벌어 고급 주택에 살고, 고급 자동차를 굴리고 다니면서 남들보다 훨씬 더 많은 세금을 내는 애국자들이다. 열심히 일해서 떳떳하게 번 돈이니 쓰고 싶은 대로 쓰고 또 자랑스럽게 각종 기부를 통해 사회에도 환원하는 사람들이 많다.

우리 나라 서민들은 비록 셋방에 살아도 적은 돈이나마 불우이웃 돕기 성금만큼은 부자들보다 더 열심히 낸다. 그러면서 만일 부유층으로 보이는 값비싼 모피 코트를 입은 여자가 구세군 자선냄비 곁을 그냥 지나치기라도 하면 속으로 비난을 한다. 그러나 그녀는 억울하다. 당장 눈에 보이는 천 원짜리 한두 장이 아니라 그녀는 자신이 잘사는 만큼 서민들보다 훨씬 더 많은 세금을 내고 있고, 자기가 낸 그 세금은 더 많은 어려운 사람들을 위해 가치있게 쓰이고 있다. 그런데도 인정 없고 자비심 없는 사람이라고 도매금으로 취급받는다. 내로라하는 우리 나라 재벌 회장들은 불우이웃을 위해 한꺼번에 50억 원도 내고 백억 원도 낸다. 없는 사람들은 이런 부자들을 멸시할 것이 아니라 자신이 먼저 부자가 되는 것이 중요한 게 아닐까?

능력이 없어서가 아니고
돈 쓸 곳이 없어서 안 번다?

"돈이야 많으면 좋지만 별로 쓸 곳도 없는데 뭐 하러 악착같이 벌어?" 가끔 이렇게 말하는 사람들이 있다. 세상에 이런 어처구니없는 말이 어디 있을까? 돈을 쓸 곳이 없어? 돈 쓸 곳을 한번 찾아보라. 지금보다 더 큰 집을 사고, 좋은 자동차를 사고, 아내와 자식들 남부럽지 않게 해주고, 부모에게 자식 도리하고…. 정 돈 쓸 곳을 찾지 못하겠다면 많이 벌어서 빌 게이츠처럼 수천, 수조 원을 들여 세상이 깜짝 놀랄 만큼 멋지게 자선사업을 한번 해 보라. 돈이 없어서 불행하지 많아서 불행한 사람은 많지 않다. 돈이 없어도 불행하고 많아도 불행하다면 그래도 돈이 많아 불행한 편이 낫다. 그런데도 하루하루를 간신히 살아가는 사람들은 당장 하루 세 끼 먹고 사는 것에 만족하면서 당장 돈 들어갈 곳이 없다는 것 자체만을 행복하게 생각하는 것이다.

우리 화진의 '뷰티메신저' 가운데는 강남에 5, 6층짜리 빌딩을 갖고 있거나 고급 아파트에 사는 돈 많고 여유 있는 상류층 사람도 많다. 그 비싸다는 타워팰리스에 살면서 우리 회사에 나와 일하는 주부와 60대의 할머니도 있다. 그런데 이들의 공통점은 하나같이 목숨을 걸고 열심히 일한다는 것이다. 대부분 남편이나 아들이 대학교수, 변호사, 의사, 기업체 사장 등 남부럽지 않게 사는 사람들인데 남보다 열심히 일하고 남보다 더 많은 수입을 가져간다.

"아니, 부족할 게 없는 분이 그렇게 돈을 많이 벌어 뭐 하세요?"

어느 날 내가 그분들에게 물어봤더니 웃으며 대답했다.

"우린 돈을 벌어 사회에 기부해요. 돈 때문에 일을 하는 게 아니고 일하는 것이 즐겁기 때문에 일을 하는 거예요."

이들은 먹고 살기 위해서 돈을 버는 것이 아니라 돈을 쓸 목적이 있기 때문에 열심히 일을 하는 것이다. 그런데 부족한 현실에 안주하며 하루하루를 근근이 먹고 살아가는 사람들이 오히려 돈 벌 능력이 있는데도 당장 돈 쓸 곳이 없어서 돈을 안 번다니 이런 아이러니가 어디 있을까? 이렇게 안일하고 나태한 생각 때문에 가난한 사람들은 계속 돈을 못 벌고 가난에서 벗어나지 못하는 악순환이 되풀이되는 것이다.

부자들은 부자가 될 행동을 하고 부자가 될 사고방식을 가지고 있다. 그래서 우리 사회에서도 '자녀 유산 안 물려주기' 운동을 펴고 있는 경제인이나 대학교수 등 지각 있는 분들은 이렇게 말한다. '자식에게 유산 상속하지 말고 정신의 유산을 상속해 주어라!' 바로 이런 것이다. 우리 화진이 매일같이 사원들에게 이러한 '정신 유산'의 중요성을 교육하고 있는 이유도 바로 여기에 있다.

3

성공하려면
먼저 나를 바꿔라

우리 청소년들에게는 왜 꿈이 없을까?

강남구 삼성동에 있는 우리 화진화장품 본사 사옥 17층에는 160석 규모의 썩 잘 꾸며진 '레이앙스'라는 이름의 홀이 있다. 사옥을 구입하고 리모델링을 할 때 소규모의 회의나 행사, 공연, 리셉션 등을 할 수 있도록 특별히 마련한 공간인데 우리 회사의 자체 행사 외에도 원하는 단체나 기업에게 무료로 제공하고 있다. 이 레이앙스 홀은 현재 지역 상공인들의 회의나 법조인들의 세미나, 독서토론회, 예술 단체나 국내 유명 성악가들의 작은 콘서트 장소 등으로 다양하게 활용되고 있다. 이것은 기업의 문화 마케팅 차원에서 기획된 것으로 기업과 문화가 함께 나아가야 한다는 우리 화진의 경영철학에 의해 만들어진 것이다.

나는 가끔 이 레이앙스 홀에서 서울시 여대생들과 여고생들을 대상으로 진로나 적성교육, 교양강좌 등을 강의하고 있다. 나에게는 각종 학교들로부터 진로교육에 대한 초청 강연을 해 달라는 요청이 많이 들어오지만 나는 그곳에 가서 강의할 시간이 없다. 그래서 나는 우리 회사를 견학시킬 겸 이곳으로 학생들을 초대해서 강의한다.

나는 나이 어린 여고생들을 교육하게 되면 항상 학생들을 불러 세워 묻는 질문이 있다.

"학생, 학생의 꿈은 뭐지?" 내 질문에 학생들은 어떤 대답을 할까. 놀라지 마시길. "…없는데요?" "꿈이 없어?" "네. 생각을 안 해 봤어요." 이런 대답이 대부분이다. 세상에! 어느 누구보다도 꿈이 많아야 할 청소년들에게 꿈이 없다니! 평소 자신의 꿈에 대해 생각도 안 해 봤다니! 놀라는 사람은 나뿐이 아니다. 그 학생들을 인솔하고 온 교사들이 더 부끄러워하며 얼굴을 들지 못한다.

도대체 학교에서 선생님들은 학생들에게 무엇을 가르쳤단 말인가. 아무리 어른들이 꿈이 없는 시대를 살아가고 있기로서니 왜 어린 청소년들까지도 꿈이나 목표가 없이 살아가고 있단 말인가.

이것은 무서운 직무유기가 아닐 수 없다. 학생들에게 꿈을 심어주지 못하는 교사는 물론이고 꿈을 갖지 못한 학생들도 자기 자신에 대한 직무유기를 범하고 있는 것이다. 나는 이런 학생들에게 지나온 내 경험담을 들려준다.

"오늘 여러분과 나는 학생과 화장품 회사의 부회장으로 만났지만 20년, 30년 후에 만난다면 우리는 서로 어떤 모습을 하고 있을까요? 나는 할머니가 되어 있겠지만 여러분은 판, 검사도 되어 있고, 사업가, 국회의원도 되고, 대통령의 영부인이나 여성 대통령이 되어 있을지도 모릅니다. 그런데 지금 여러분에게 아무런 꿈이 없다면 여러분의 미래는 과연 어디에 있을까요."

'어떻게 해서 저렇게 됐어?' 와
'그렇게 될 줄 알았다' 의 차이

그렇다고 해서 나 역시 그 학생들만한 나이에 내가 지금과 같은 화장품 회사의 부회장이 되어 있을 거라고 생각해 본 적은 없다. 그러나 어쩌다 나를 잘 아는 학창시절의 친구들을 만나면 내게 한결같이 하는 얘기가 있다. "너는 그렇게 될 줄 알았어!" 미스 시절 함께 직장생활을 했던 후배들을 만나도 그것은 마찬가지이다. "미스 박 언니는 그렇게 될 줄 알았다니까!" 내가 지금의 나와 같은 위치에 와 있게 될 줄을 알고 있었다는 것이다. 내 자신을 자화자찬하려는 뜻이 절대 아니다. 이것은 매우 중요하다. '쟤가 왜 어떻게 해서 저렇게 됐어?' 와 '그렇게 될 줄 알았다' 의 의미는 실로 엄청난 차이가 있다. 현재의 내 모습은 미래의 내 모습이기 때문이다.

같은 사람이라도 꿈이 있는 사람은 다르다. 자세부터가, 눈빛부터가, 행동 하나하나가 다른 것이다. 지금의 내 모습은 미래의 내 모습일 수 있다. 따라서 미래도 중요하지만 현재가 더 중요하다. '나는 장차 무엇이 되겠다' 는 사람은 그 목표를 품고 살아가기 때문에 자신의 모든 포커스를 그것에 맞추고 스스로를 채찍질하면서 최선을 다한다. 그러나 그런 목표가 없는 사람은 살아가면서 자주 흔들리게 되고 결국은 이것도 저것도 아닌 처지로 전락하고 마는 것이다.

꿈이 있는 사람은 당사자뿐만 아니라 그 가족들의 자세까지도 변화시킨다. 자녀가 남달리 똘똘하고 꿈이 커서 장차 판, 검사가 되고 국회의원, 대통령이 될지도 모르는데 하물며 부모라고 남에게 누를 끼치거나 평판이 나쁜 행동을 하겠는가.

이처럼 꿈은 많은 것을 긍정적이고 적극적이며 진취적으로 변화시킨다. 꿈을 가진 정치인은 유권자들을 무시하는 법이 없으며, 각종 단체의 장(長)에 출마하려는 사람들이나 초등학교 회장 선거에 입후보하는 어린이들도 마찬가지이다. 사업가나 세일즈맨으로 성공한 사람들 역시 고객들을 절대 무시하지 않는다. 그 이유는 꿈이 있기 때문이다. 꿈이 클수록 사람은 더욱 겸손해지고, 이런 것들이 모여 결국은 성공을 가져다 준다.

'너는 그렇게 될 줄 알았어!' 성공은 누구에게나, 아무에게나 주어지는 것이 아니라 그것을 꿈꾸었던 사람들만이 맛볼 수 있다. 그래서 사람은 누구든 어떤 일을 하든 분명한 꿈을 가져야하는 것이다.

세 끼 밥을 축내는 여자와 월 1억 원을 받는 여자

지난 2002 월드컵 때 우리는 태극전사들의 경기를 보면서 더없이 열광했고, 한국인으로서의 무한한 자부심을 가졌다. 그때 많은 사람들이 16강 진출을 염원했었는데 예상을 뛰어넘어 4강까지 올랐다.

'꿈은 이루어진다!' 할 수 있다는, 우리도 해낼 수 있다는 긍정적인 사고방식! 바로 이런 사고방식을 가진 '거스 히딩크'라는 유능한 트레이너를 만났기 때문에 꿈이 가능했다. 대회 직전까지만 해도 우리 나라 국민들은 월드컵 4강은 꿈도 꿀 수 없었다. 그러나 오직 한 사람, 거스 히딩크만이 남다른 확신을 가졌고, 그 꿈을 이루기 위해서 선수들에게 끊임없이 강인한 정신력을 키워주었으며 결국 월드컵 4강이라는 전대

미문의 위업을 우리에게 안겨주었다. 마라톤 선수는 35km까지는 체력으로 뛰지만 그 이상부터는 정신력으로 뛴다고 한다. 우리 태극전사들도 체력은 이미 준비되었지만 거스 히딩크라는 유능한 트레이너를 만남으로써, 그가 지닌 탁월한 지도력에 의해 무한한 정신개발과 능력개발이 이루어진 것이었다.

이 점에 있어서는 우리 화진도 마찬가지이다. 사원 능력개발은 한마디로 교육을 통한 강인한 정신력의 배양이라고 할 수 있는데, 이 정신교육은 교육의 주체 즉, 트레이너의 자질과 역할에 따라 그 성과가 좌우된다고 할 수 있다.

나 역시 화진에서 강현송 회장님이라는 유능한 트레이너를 만나지 못했다면 오늘의 이 자리에 있을 수 없었을 것이다. 기껏 해봤자 세 끼 밥이나 축내는 그런 여자에 머물러 있었을지 모를 일이다. 트레이너의 역할은 그래서 중요하다.

나는 3억 대 1의
경쟁률을 뚫고 태어난 존재

나는 우리 화진을 찾아온 교육생들에게 항상 강조하는 말이 있다. 그것은 가장 먼저 자기 자신에 대해 갖고 있는 부정적인 생각부터 버리라는 것이다. '나는 안 돼, 나는 틀렸어!' 이런 생각에 젖어 사는 사람이 잘 될 리가 만무하다. '난 죽을 것 같아, 난 죽을 거야.' 이렇게 자주 말하는 사람이 곧 죽는 것과 같은 이치다. '나는 복이 없어. 나는 능력이 없어….' 이렇게 생각하는 것처럼 큰 불효도 없다. 부모님이 우리에게 이런 말을 하며 살라고 고생해서 낳아 애지중지 키우신 것은 아니다. 우리는 약 3억 마리나 되는 정자 중에서 그야말로 치열한 경쟁을 뚫고 살아남은 한 마리가 난자와 수정해서 태어난 생명체이다. 이런 엄청난 경쟁률을 뚫고 태어났는데 정작 우리 자신은 스스로를 과소평가할 때가 많다. '부모님은 왜 날 이 험난한 세상에 태어나게 하셨을까?' 이런 부정적인 생각을 하며 부모를 원망하고 인생을 탕진하는 사람도 많은데, 세상에 이처럼 어리석은 생각도 없다. 무슨 일이든지 안 되고 실패하는 사람은 힘이 들 때마다 팔자 탓, 남편 탓, 아내 탓을 하며, 심지어는 죽은 조상들까지 끌어대면서 모든 것을 남의 탓이거나 팔자소관으로 돌린다.

운(運)은 항상 긍정적인 사고를 갖고 긍정적으로 행동하는 사람에게만 찾아온다. 매사 불평불만만 하고 부정적인 사고에 사로잡혀 있으면 오다가도 달아나 버리는 게 운이다. '나는 안 돼, 틀렸어!'를 '나는 잘 될 거야, 자신 있어!'로 바꿔라. 틀림없이 잘 되게 돼 있다.

나는 내 자신의 아군인가 적군인가

손자는 병법에서 '적을 알고 나를 알면 백전백승'이라고 했다. 우리는 총칼을 든 병사는 아니지만 인생이라는 전장(戰場)에서 성공이라는 승리를 위해 싸우는 사람들이다. 그렇다면 적과 나를 분명하게 알고 싸움에 나서야 이길 수가 있다. 그런데 사람들 가운데는 적과 나를 제대로 구분하지 못하는 사람이 의외로 많다.

그럼 먼저 나를 살펴보자. 나는 어떤 사람인가? 나는 그동안 하는 일마다 실패만 해 왔고, 그 때문에 자신감을 완전 상실한 상태이다. 성공하고 싶은 욕망과 욕구는 강하지만 그 방법을 잘 모른다. 그렇다면 내가 적과 싸워 이기기 위해서는 무엇보다도 먼저 해야 할 일이 잃어버린 자신감을 되찾는 것이다. 그리고 반드시 성공하는 방법을 배워야 한다. 이렇게만 한다면 내 무장은 끝난다.

그런 다음 나의 적은 누구인지 알아보자. 나에게 한번도 성공을 허락해 준 적이 없는 이 세상일까, 아니면 내 앞길을 가로막고 비켜주지 않는 운명의 신일까? 그것도 아니면 내가 아무리 열심히 하려고 해도 도와주기는커녕 오히려 나를 더 힘들고 귀찮게 했던 내 가족과 주변 사람일까? 도대체 누가 나의 적이며 무엇을 극복해야 내 운명이 술술 풀릴 수 있을까.

"부모 형제도 다 필요 없어! 조금만 도와주면 일어설 텐데 너무해!"

그러나 이런 말도 할 필요 없다. 내 자신의 성공가도를 가로막는 적은 이 세상의 불합리한 제도나 나를 도와주지 않는 가족과 주변 사람이 아니라 바로 내 자신인 것이다. 세상의 제도나 가족, 주변 사람을 원망하고 평계대서는 안 된다. 누가 뭐래도 내 인생의 진정한 적은 매사 자신감이 없고 무능한 내 자신이며, 내 성공의 유일한 장애물이 나인 것이다. 적은 밖에 있는 것이 아니라 바로 내 안에 있으며 내 자신이 곧 내 운명과 싸워야 하는 아군이자 동시에 적군이다.

왕년에 한가락 하지 않은 사람은 한 사람도 없다

처음 세일즈를 권유받은 사람들은 말할 것도 없지만 특히 우리 화진을 찾아와 정신교육과 능력개발교육을 받고 '할 수 있다'는 의욕과 자신감이 넘치는 사람들 가운데도 막상 영업활동에 뛰어들려 하면 '과거의 나'에 얽매여서 망설이는 사람이 많다.

'과거에 내가 어땠는데?'

'사람들이 세일즈를 하는 나를 보면 뭐라고 할까.'

실제로 이렇게 망설이는 사람이 많고, 특히 체면을 중시하는 사람들 가운데는 이같은 '과거의 나'를 극복하지 못해 포기하는 사람도 많다. 그런데 요즘처럼 치열한 생존경쟁 사회의 현실에서 '과거의 나'가 도대체 무슨 소용이 있다는 말인가. 광화문 네거리를 막고 지나가는 사람들에게 물어봐도 과거에 잘 나가지 못한 사람, 과거에 잘살지 못한 사람, 과거에 소위 한가락하지 않은 사람은 한 사람도 없다.

"과거에 내가 말이야…" 참으로 한심하기 짝이 없다. 그렇다고 '과거의 나'가 '오늘의 나'를 먹여 살려 주는가? 김대중 전 대통령이 재임 중 처음으로 서울대학교 졸업식장에 참석해서 한 말이 있다.

"여러분은 오늘 여기서 학위를 수여 받는 순간, 이후부터는 서울대 졸업생이라는 생각을 버려야 합니다. 그 생각을 버리지 않고서는 절대로 사회생활을 제대로 할 수가 없을 것입니다…"

김대중 전 대통령도 노무현 대통령도 똑같은 상업고등학교 출신이다. 만약 그들이 일류대학을 나와 엘리트 의식에 젖어서 살았다면 그 위치까지는 오르지 못했을지도 모른다.

'나 같은 엘리트 출신이 어떻게 세일즈를?' 천만의 말씀! 우리 화진에는 전직 대학교수와 대학강사, 변호사, 전직 국회의원, 기업체 사장,

학원장, 작가 출신들이 수두룩하고 이들은 하나같이 열심히 뛰고 있다. '과거의 나'라는 향수에 사로잡혀 있는 사람은 그 자리에서 한 발자국도 더 나가기가 힘들다. 스스로의 발전을 꾀하거나 의식이 깨어있는 사람이라면 '내가 누군데?' 하는 생각일랑 일찌감치 시퍼런 한강물에 던지는 게 좋다.

세상이 행복해서 사는 사람은 한 사람도 없다

우리 주위에는 자신이 처한 상황이나 직책에 대해서, 자신의 수입에 대해서 부족함을 느끼고 남들과 자신을 비교하면서 비관하는 사람들이 많다. 문제는 그런 사람들일수록 언제나 자신에게 불만을 느끼며 살고 비관적인 사고방식에 젖어 있다는 점이다. 하지만 현재 자신이 살고 있는 삶이 좋다고 말할 사람은 이 세상에 손을 꼽을 정도일 것이다.

"지겨워 정말! 죽고 싶어!" "나도 제발 남들처럼 멋지게 한번 살아보고 싶어!" "진짜 단 하루를 살다 죽어도 좋으니 돈벼락이라도 맞아봤으면 좋겠어!" 사실 어느 정도 차이는 있겠지만 많이 가진 사람이나 덜 가진 사람이나 이렇게 말하는 것은 모두 똑같을 것이다. 나 역시도 세상 사는 게 날마다 힘이 들고 그렇게 꼭 행복하지만은 않다. 그래서 부처님도 인생 자체가 '고해(苦海)'라고 하지 않았던가. 그런데 어떤 면에서는 이렇게 말하는 우리 자신이, 지겹다고 하는 현재의 인생을 오히려 즐기는 것은 아닐까? 가만히 한번 생각해 보자. 내가 현실에 대해 불평과 불만을 토로한들, 또 헛된 욕심을 부려본들, 이것이 내 자신에게 과연 무슨 득이 될까? 그리고 설사 그토록 원하던 삶이 찾아온다고 해도 대부분의 사람들은 그보다 더 좋아지기 위해 노력하기는커녕 얼마 지나지 않아서 다시 예전 그대로 돌아가게 될 것이 틀림없다.

세상의 모든 돈을 사람들에게 공평하게 나눠준다고 해도 몇 년이 안가서 다시 원상으로 회복된다고 하지 않는가. 복권에 당첨돼 일확천금을 얻은 사람도 얼마 가지 않아서 그 많은 돈을 다 탕진해 버리고, 오히려 더 패가망신하는 경우도 많이 있는데 이 얘기와 다를 바 없는 것이다. 인생을 비관적으로 살거나 하늘에서 복이 저절로 굴러 떨어지기를 바라며 사는 사람이 잘 될 리가 만무하다. 이 냉정한 세상에는 그런 사람을 진심으로 도와줄 사람은 한 사람도 없다.

'그 사람 참 성실하고 열심히 하더군. 이런 사람 안 도와주면 누굴 도와주겠어?' 이런 소리만 들을 수 있어도 분명 성공한다. 현실을 비관하면서 징징거리거나 요행을 바랄 시간이 있다면 그 에너지를 창조적이고 생산적인 곳에 쏟아보자. 이 세상에 행복해서 사는 사람은 한 사람도 없다는 것을 알아야 한다.

이 세상 누구에게나 악조건이란 없다

성공한 사람들은 아무리 어려운 조건과 환경 속에서도 그것을 불평하거나 원망하지 않고 꿋꿋하게 일어서지만, 실패한 사람들은 대부분 그원인을 '목공이 연장 탓하듯' 조건과 환경 탓으로 돌리는 경우가 많다. 하지만 세상사란 다 일장일단이 있기 마련이다. 조건이 남보다 좋은 사람은 그 '좋은 조건'이 오히려 자신을 방심하게 하거나 나태하게 만들어 실패하는 수가 있고, 조건이 나쁜 사람은 오히려 그 '나쁜 조건' 때문에 극복하려고 노력해서 그것이 성공의 발판이 되기도 한다.

우리는 여기서 경영의 귀재이자 일본인들은 물론 전세계적으로 존경받는 기업인 마쓰시타 전기의 마쓰시타 고노스케 회장이 불행한 조건과 환경을 극복하고 성공을 거둔 예를 다시 한번 살펴볼 필요가 있다.

첫째, 그는 11살 때 부모를 잃고 고아가 되었지만 이런 불우한 환경은 오히려 그에게 일찍 철이 들게 했고 강인한 자립심을 심어주었다.

둘째, 그는 체질이 허약해서 건강이 몹시 나빴는데 이런 허약 체질 때문에 늘 남에게 겸손한 태도와 몸가짐을 가질 수가 있었다.

셋째, 그는 초등학교 4학년을 중퇴한 것이 학력의 전부였다. 현대그룹의 고 정주영 회장과 닮은꼴이라고 할 수 있는데, 그렇기 때문에 배움에도 겸손했고 기회가 닿는 대로 늘 무엇이든지 배우려고 노력했다. 정식으로 학교 교육을 받지 못한 부족함을 자기 자신이 누구보다 잘 알고 있었기 때문에 일생 동안 배우려는 자세로 살았고 그래서 그런 세계 유수의 기업을 일궈낼 수 있었던 것이다.

이렇듯 성공이란 유복한 환경을 가진 사람이나 건강한 몸을 가진 사람만 이뤄내는 것이 아니고 학력으로 하는 것도 아니며 지식이나 말로서 하는 것도 아니다. 자기 자신에게 주어진 조건과 환경이 아무리 불리하더라도 그것을 어떻게 내 것으로 유리하게 만들어 활용하고 성공의 발판으로 삼느냐가 더 중요하다. 자신이 처한 조건과 환경을 자기보다 나은 사람과 비교하면서 세상이 불공평하다고 탓을 하는 사람은 결코 발전할 수가 없다. 아주 작은 능력 하나라도 겸손한 마음으로 감사하게 생각하며 그것을 키워나가기 위해 전력을 다해야 한다. 불행을 전화위복의 계기로 삼는 자세가 중요한 것이다.

어떤 악조건 속에서도 나는 내 운명의 리더가 되어야 한다.

사지가 멀쩡한 사람은 그것만으로도 축복이다

우리 주변을 보면 사지가 멀쩡한데도 일하지 않고, 놀고먹으려 하는 사람, 일하기가 힘들고 지겨워서 못해 먹겠다는 사람, 나는 불행하다고 생각하는 사람, 삶의 의욕을 상실한 사람 등, 별의별 사람들이 많다.

나는 이런 사람들에게는 꼭 시간을 내서 가까운 종합병원을 가보라고 권하고 싶다. 의사의 진단을 받아보라는 말이 아니라 응급실과 중환자실, 영안실 같은 곳을 두루 둘러보라는 뜻이다. 그렇지 않으면 꽃동네 같은 버려진 사람들을 수용하는 시설에 가서 하루쯤 봉사활동을 해보는 것도 좋을 것이다. 얻어먹을 수 있는 힘만 있어도 그것은 주님의 은총이라고 하지 않는가. 이런 곳에 갔다 와서도 느끼는 것이 전혀 없고 나 혼자만 불행하다는 생각을 고칠 수 없다면 그 사람에게는 약이 없다. 병으로 고통을 받고 누워있거나 임종을 앞둔 사람들의 모습을 보면 살아 있다는 자체가 감사하고 사지가 멀쩡하다는 것 하나만으로도 축복이라는 생각이 들 것이다. 죽으면 금방 썩어 흙이 되고 물이 될 육신인데 무엇이 무섭고 아까워 일을 하지 못하는가? 역전에 나가 노숙만 하지 않았다 뿐이지 사지가 멀쩡하면서도 정신상태는 이런 노숙자나 다름없는 무기력한 사람들이 우리 사회에는 너무 많다.

일이란 하고 싶다고 해서 누구나 다 할 수 있는 것이 아니다. 몸과 마음이 병들거나 나이가 들어서 운신할 수 없게 되면 하고 싶어도 못하는 게 일이다. 멀쩡한 육체를 가지고도 나는 불행하다거나 일하기가 싫어서 죽겠다고 하는 말은 노인이나 장애인, 평생을 병상에서 누워 지내는 중환자들에게 뺨을 맞고도 남을 소리이다. 안 되면 고향에 내려가서 농사나 짓겠다고? 천만의 말씀! 농사는 아무나 짓나? 그런 정신상태를 갖고 할 수 있는 일은 이 세상에 한 가지도 없다.

당장 공사판에 나가 일을 해 보라. 그 나태해진 육체를 철저하게 한 번 혹사시켜 보라. 틀림없이 희열과 환희를 느낄 것이다. 당신의 육체는 당신이 그렇게 해 주기를 바라고 있다.

내 돈 떼어먹은 사람은 반드시 잘 되기를 빌어 줘라

오랫동안 다니던 직장에서 해고되거나 사업에 실패한 사람들 가운데는 자신을 그런 환경으로 몰아넣은 상대방을 미워하고 원망하는 사람들이 많다. "날 해고해? 어디 두고 보자!" "내 돈을 떼어먹고 도망쳐? 잡히기만 해 봐라!" 생각하면 생각할수록 억울하고 분해서 밤에도 잠이 오지 않는다. 남몰래 복수심을 불태우지만 어차피 물 건너간 일, 미움과 원망하는 마음은 차라리 잊어버리는 것이 좋다. 그런 마음을 갖고 있으면 무엇보다도 먼저 자신의 육체적인 건강에 매우 해롭기 때문이다.

사실인지 모르지만 미움과 분노를 가진 사람의 침을 추출해서 건강한 새에게 먹이니까 그 새가 즉사했다는 실험결과도 나왔다고 한다. 미움이나 원망, 분노 같은 부정적인 감정은 우리 몸 안에서 독소를 생성하게 되는데 그 독소가 새를 죽게 할 정도라니 그것이 많이 쌓이면 건강에도 좋을 리가 없다.

이런 것을 보더라도 마음 속이야 썩어들어 가겠지만, 어떤 사람이 알토란 같은 내 돈을 떼어먹고 도망을 갔더라도 그 사람이 영원히 재기하지 못하거나 어디 가서 죽어버리기를 바라선 안 된다.

'세상에! 내 돈 떼어먹고 달아난 그 사기꾼을 잘 되라고 빌어 줘?'

'미쳤어? 내가 짱구야?' 그러나 결코 그렇지 않다. 그 사람을 위해서 빌어 줘야 하는 첫 번째 이유는 남에 대한 저주는 항상 부메랑이 되어서 반드시 나에게 돌아오기 때문이고, 두 번째 이유는 매우 현실적인 것으로 그 사람이 내 돈을 다시 갚으려면 반드시 성공해야 하기 때문이다. 만일 그 사람이 계속해서 망하거나 죽기라도 하면 나는 떼인 돈을 영원히 받지 못하게 된다.

그러므로 역설적인 말이지만 내 돈을 떼어먹고 도망간 사람이 반드시 잘 되고 성공하기를 빌어 주는 것이 이해타산을 따져 보더라도 나에게 이익이 된다. 비록 내가 어떤 사람에게서 큰 피해를 입었다고 하더라도 미워하거나 원망하는 마음을 버리고 새로운 마음으로 출발하자. 그것이 당신의 어깨와 발걸음을 더욱 가볍게 할 것이다. 마음 속의 미움과 원망은 자신의 인생행로를 내리막길로 몰아가고 결국 자신은 물론 가정까지도 불행하게 만든다. 내 돈을 떼어먹고 달아난 사람을 원망하고 저주하기보다는 이렇게 말하자.

"그래, 잘 먹고 잘 살아라. 그리고 꼭 돈을 벌어 언젠가 갚아라!"

내 능력의 한계를
함부로 단정짓지 마라

사람이라면 반드시 갖춰야 할 덕목이 겸손이지만 이것이 너무 지나쳐 자신을 과소평가하는 사람들도 있다. "전 아무 것도 아닙니다요. 아는 게 있어야죠." "자신이 없는데요? 능력이 부족해서 못할 것 같아요." 아는 것이 많고 할 수 있는 능력이 있음에도 불구하고 이처럼 자기 자신을 지나치게 낮추거나 과소평가하는 것은 때로 자신의 인생에 큰 손해나 불이익을 초래할 수 있다. "저 사람, 능력도 없고 자신도 없다고 하는데요?" "그래? 그럼 이 일은 못 맡기겠군. 다른 사람에게 맡기지." 자신의 능력을 과소평가하는 사람들 가운데는 원래 겸손해서 그러는 사람도 있지만 평소 자신감이 결여된 사람이 많다. 사실 능력이란 자신감에서 나온다. 자신감이 넘치는 사람은 아무리 어려운 일이라도 열심히 도전해서 헤쳐나간다. 자신감이 없는 사람은 자기에게 어떤 난관이 닥치면 돌파해 볼 시도도 하지 않고 먼저 포기해 버리는 경우가 많다.

하지만 자신의 능력이 어느 정도인지, 내 능력의 한계는 어디까지인지를 정확히 아는 사람은 그리 많지 않다. 겸손이 지나친 나머지 나는 능력이 없어서 못할 것 같다고 말하는 것은 남 앞에서 스스로의 한계를 지어 버리는 것과도 같다. 이러한 문제는 참으로 중요하다. 자신의 능력이 어느 정도인지도 모르는 상황에서, 아직까지 한번도 잠재된 능력을 개발해서 써보지도 않고서 내 능력의 한계를 스스로 단정짓는 것은 성급하고 어리석은 짓이기 때문이다. 지나친 것은 부족한 것만 못하다는 옛말처럼 이쯤되면 겸손도 오히려 모자란 것만 못하다. 내가 능력이 없다고 말하면 사람들은 곧이곧대로 믿고 바보 취급을 해 버리는 게 요즘 세상이다.

"그거, 저도 할 수 있습니다!" "혹시 경험 있어요?" "남들은 다 하는데 저라고 못할 게 뭐 있겠습니까? 해 보죠, 까짓 거!" 내가 능력이 없어도 능력이 있다고 '뻥'을 치면 진짜 능력이 있나 보다고 우러러보고 인정해 주는 것이 요즘 세태인 것이다. 그리고 진짜 그렇게 뻥을 친 사람은 보란 듯이 그 '뻥값'을 해내기도 한다.

분명한 것은 어떤 일이 주어졌을 때 내 자신의 능력을 결코 과소평가하지 말고 자신감을 갖고 시도해야 한다는 것이다. 그래야 성공이든 실패든 결과가 나오고, 비록 실패한다고 할지라도 그것을 귀중한 경험으로 삼아 다시는 실패를 반복하지 않게 되기 때문이다.

즐거운 마음으로 일하면
돈이 친구를 부른다

내 자신은 비록 가진 것이 없고 몸 하나뿐이라 하더라도 일을 할 때는 즐거운 마음으로 해야 한다. 같은 일이라도 고단한 마음으로 하면 힘든 노동이 되지만 즐거운 마음으로 하면 일하는 행위 자체가 행복이 된다. 아무리 지겹다고 해도 자기가 해야 할 일을 남이 대신해 주지는 않는다. 일하기가 싫어도 사람은 일을 하지 않고는 먹고 살 수가 없지 않은가? 그렇다면 기왕 해야 하는 일, 어차피 내가 해야 하는 일이라면 콧노래를 부르면서 즐겁게 해야 정신건강에도 좋고 일의 능률도 오른다. 하기 싫어 마지못해 하면 사고도 많이 나고 윗사람의 눈에 띄어 해고되기 십상이다.

중요한 것은 이렇게 즐거운 마음으로 열심히 일을 하다 보면 신기하게도 돈이 어느 새 낌새를 알아차리고 내 옆에 와서 모이게 된다는 것이다. 그리고 한번 모이기 시작한 돈은 자꾸자꾸 자기 친구들을 더 불러 모은다. 돈이란 늘, 어떻게 해야 한꺼번에 돈을 모을 수 있을까 하고 머리나 굴리는 교활한 사람을 만나면 십 리 밖으로 멀찍이 도망가지만 일을 열심히 즐기는 사람을 만나면 그 사람에게 안심하고 착 달라붙는 속성이 있다고 한다.

"돈 버는 비결이 뭐 따로 있나요? 열심히 일하다 보니까 저절로 모이대요?" "한창 벌 때는 정신을 못 차리겠더라구요. 어찌나 돈이 쌓이는지…." 열심히 일해서 빌딩을 산 사람 열이면 열, 백이면 백이 하나같이 하는 똑같은 말이다.

실제로 돈은 가고 싶은 사람에게만 가고 모일 사람에게만 모이지 아무에게나 가고 모이지 않는다는 것은 여러분이 더 잘 알 것이다. 돈도 생명 있는 식물과 같아서 즐거운 마음으로 일하는 사람의 '기름진 밭'에서는 금방 싹이 트고 쑥쑥 자라지만 일을 지겹게 생각하는 사람의 '거친 밭'에서는 아예 뿌리조차 내릴 생각을 하지 않는다. 이런 것을 보면 돈도 확실히 어떤 알 수 없는 감성과 지각을 지닌 존재가 아닐까 싶다. 한 예로 고 정주영 현대그룹 명예회장은 매일 아침 '초등학교 다닐 때 소풍가는 기분'으로 출근했다고 한다. 그렇게 어린아이처럼 순진하고 즐거운 마음으로 평생을 일했으니 돈이 저절로 둥지를 틀었던 것이고, 그래서 우리 나라 최고의 기업을 일구었던 것이 아닐까.

인생을 한탄하는 것도 습관이며 일을 즐기는 것도 습관이다. 오직 즐거운 마음으로 일한다는 것, 그것이 성공의 보증수표이며 행복의 지름길이라는 것을 잊지 말자.

돈을 벌려면 돈 벌 일을 하자

사람은 누구나 돈에 쪼들리고 경제적인 어려움을 겪게 되면 마음의 여유가 없어진다. 바로 한치 앞도 보지 못하고 오로지 돈 생각에만 매달리게 되어 마음이 각박해지고 신경질만 늘게 된다. "이거, 어떡하지? 당장 돈을 막아야 하는데 큰일 났네?" "남은 지금 돈 때문에 정신없는데 누굴 놀리는 거야, 뭐야?" 그야말로 안절부절, 바늘방석이 따로 없다. 그런데 돈이라는 것은 참 묘한 성질을 가진 물건이어서 그것을 쫓는 사람에게서는 도망을 가고, 오히려 돈에 집착하지 않는 사람에게는 자꾸 모인다. 사업에서 실패와 성공을 거듭해 본 사람들의 말을 들어보면 오직 돈을 벌기 위한 목적으로 일을 했을 때는 돈이 따라주지 않았지만 거꾸로 돈을 생각하지 않고, 일을 했더니 돈이 저절로 따라오더라는 말을 공통적으로 하고 있다. 당장 일확천금을 노리는 도박꾼들이 대부분 패가망신하는 이유도 여기에 있다.

돈이라는 것은 있다가도 없고 없다가도 있는 것이며 또 전혀 생각지도 않았던 천재지변이 일어나 없어질 수도 있는 것이다. 또한 지금 당장 나에게 돈이 없는 것은 인생 전체를 두고 볼 때 극히 작은 문제에 불과할 수도 있다. 준비된 사람에게는 언젠가 돈이 제 발로 따라오기 마련이다. 그러나 아무런 준비도 되지 않은 사람에게는 돈이 따라오지 않고 도망간다는 것이 큰 문제이다. 나 역시 화진에 입사하기 전까지만 해도 돈의 노예였다. 자고 일어나면 부도의 연속이었고, 실패와 가난의 연속이었으니 늘 돈에 쫓겨야 했고, 매 순간 돈을 쫓으면서 살 수밖에 없었다.

"아휴, 지겨워! 이 놈의 돈! 돈! 돈!" 나는 그렇게 절실히 돈을 바라면서도 막상 돈을 벌기 위한 행동은 전혀 하지 않았다. 그런데 화진을 만나 내 마음을 바꾸고 돈의 노예에서 돈을 지배하는 사람이 되겠다고 결심한 순간, 환경은 180도로 바뀌었다. 내가 화진을 만나지 않고 계속 그렇게 살았더라면 돈은 영원히 내 곁에 오지 않았을 것이 틀림없다.

그런데 사람들 가운데는 돈에 관한 한 이와는 반대로 살아가는 사람이 많다. 내가 돈을 지배해야 하는데 오히려 지배당하면서 살아가고 있는 것이다. 남에게 사랑받는 사람은 사랑받을 '짓'을 하고 남에게 미움받는 사람은 미움받을 '짓'을 한다. 돈도 마찬가지이다. 돈을 벌려면 돈 벌 '짓'을 해야 한다. 만약 지금까지 돈 벌 짓을 하지 않고 쫓을 짓만 한 사람이 있다면 당장이라도 의식을 바꿔야 한다.

나는 돈하고는 거리가 멀어?

돈을 벌기 위해서는 이처럼 돈을 벌 행위를 하면 되는데 그럴 용기가 없고 자신감이 없는 사람들은 이렇게 말한다. '나는 돈하고 거리가 멀어서….' 돈하고 거리가 멀어? 기가 막힌 얘기가 아닐 수 없다. 분명 최영 장군의 후예는 아닌데 돈하고 거리가 멀다는 것이다. 나는 이렇게 돈하고 거리가 멀다는 사람치고 부자로 잘사는 사람은 한 사람도 보지 못했다. 마찬가지로 돈하고 거리가 멀다는 사람치고 돈에 쪼들리지 않는 사람도 못 봤다. 돈을 벌려고 해도 못 번다는 얘기인지, 나는 고고해서 돈과는 거리를 두고 산다는 얘기인지 알 수 없지만 나는 돈하고 거리가 멀다고 말하는 사람이 있다면 그 사람이 어떤 사람인지, 어떻게 살아가는 사람인지 한번 보고 싶어진다. 그러면서도 이런 사람들은 남이 자기를 우습게 보면 무척이나 불쾌해 한다.

"저 사람 돈 못 벌어. 수입이 형편없대…."

"돈에는 통 관심이 없는 사람이래. 돈하고 거리가 멀대나 어쩐대나?"

그러나 이처럼 돈하고 거리가 멀다고 말하는 사람일수록 실제로 돈에 대한 욕심과 욕구는 그렇지 않은 사람보다 더 강렬하고 절실하다. 단지 돈을 벌 자신감이 없기 때문에 미리 포기하고 단념해 버린 것일 뿐이다. 그것은 단지 자신의 무능함을 감추기 위한 것이라고 보면 틀림없다. 이런 사람들에게는 특별히 어떤 목표가 있을 수 없다. 목표가 없다는 것은 슬픈 일이다.

"당신, 돈이 얼마나 필요합니까?" 돈 때문에 괴로워하는 사람들에게 막상 이렇게 물으면 얼른 대답하지 못하는 사람이 의외로 많다. 즉, 구체적인 목표가 없기 때문에 막연하게 돈이 필요하고 돈에 급급해서 이리 막고 저리 막으며 살아가는 것이다. 그런데 돈하고 거리가 멀다고 생각하는 사람은 오죽하겠는가.

우리는 이제 좀 더 자신에게 솔직해질 필요가 있다. 당장 많은 돈이 필요한 형편이면서도 '나는 돈하고는 거리가 멀다' 고 무능을 감추며 자신을 속여서는 안 된다. 나는 우리 화진에 처음 온 교육생들에게도 똑같은 질문을 던지곤 한다.

"여러분은 한 달에 얼마 정도 필요합니까?"

"2백만 원요. 아니, 3백만 원요…'

이렇게 대답하는 사람 가운데는 한 달에 천만 원, 아니 그 이상도 벌고 싶은 사람이 많을 것이다.

나는 돈하고 거리가 멀다는 말은 이제 더 이상 하지 말자. 용기와 자신감을 가져라! 마음만 먹으면 1년에 1억 원도 거뜬히 모을 수 있다.

굴종을 반복하면 희망이란 없다

내가 교육 중에 자주 인용하는 이솝 우화가 있다. '이심'이라는 물고기의 얘기인데 이 이심이는 원래 아주 작고 보잘것 없는 물고기였다. 거기에다가 착하기까지 해서 주변의 큰 물고기들에게 잡아먹히기 쉬워서 그만 멸종 위기에까지 이르게 됐다. 그러나 이심이 족속은 '무조건 인내'만 하면서 살아오는 데 길들여져 있었기 때문에 자기보다 큰 물고기에 잡아먹히는 것을 숙명으로 받아들일 뿐 반항해 본 적이 없었다. 그렇지만 살아남은 몇 안 되는 이심이들은 무조건 인내만 하다가는 결국 종족이 멸종된다는 것을 깨닫고 자신들의 목숨을 스스로 지키기 위해 힘을 기르기로 합심했다.

"더 이상 잡아먹힐 수는 없어! 이대로 가다가는 우리 이심이의 씨가 말라 버리겠어!" 마침내 이심이들은 자신들을 잡아먹겠다고 덤비는 놈과 한판 싸움이 붙게 되었는데, 종족 보존의 임무를 띠고 생사의 기로에 서서 싸우는 이심이를 당해 낼 만한 물고기는 없었다. 그런데 한판 싸움에서 이길 때마다 이심이의 몸에는 철갑 비늘이 하나씩 돋아나는 것이었다. 그것은 어찌나 단단한지 아무리 센 놈과 싸워도 잡아뜯기거나 부러지는 일이 없었다. 이심이는 계속해서 자신들을 잡아먹으려는 새로운 적들과 싸워나갔고, 그때마다 철갑 비늘이 돋아 나중에는 바다 세계에서 그 누구도 당할 자가 없는 천하무적이 되었다는 얘기이다.

내가 신입사원 교육 때마다 이 우화를 들려주는 이유는 다름이 아니다. 어둡고 암담한 현실을 숙명처럼 인내하면서 굴종하기를 반복한다면 그 사람에게 희망이란 없기 때문이다.

"나는 안 돼! 아무리 노력해도 이 팔자에서 벗어날 수 없어!" "이렇게 사는 것도 다 내 운명이야 운명! 이대로 살다 죽을래."

이런 패배주의나 절망감, 무기력을 떨쳐버리고 이심이처럼 과감히 일어나서 현실에 도전해야 한다. 그리고 어떤 난관에도 굴하지 않을 만큼 자신을 튼튼한 철갑 비늘로 단단히 무장해야 한다. 바다 속 물고기 같은 미물들도 이렇게 하는데 왜 나는 못한다는 말인가. 이런 사람은 운명의 신이 도와주고 심지어 조상님들까지도 도와줄 것이 틀림없다.

이라크 전쟁이 당신하고 무슨 상관이 있어?

우리 사원들 가운데는 바빠서 정해진 기일 안에 공과금도 못 낸다고 하는 사람이 많다. 따라서 연체도 빈번할 수밖에 없다. 왜 이런 현상이 일어나는가. 세일즈맨은 자신의 업무와 목표를 스스로 정해 놓고 뛰기 때문에 목표에 미달되거나 업무에 쫓기다 보면 시간이 늘 부족한 것이다.

"아이구, 은행에 가야 하는데 시간이 있어야죠." "그깟 가산금이 문제예요? 그 시간에 일해서 열 배, 백 배 더 벌면 되지!"

이것이 바로 일에 미친 사람들의 모습이다. 나는 이런 사람들을 좋아한다. 오직 자신의 일에만 몰두해 있기 때문에 주위의 잡다한 것에 신경을 쓸 시간과 여유가 없는 것이다. 이렇게 일에 미친 사람이 성공을 하지 않으면 누가 하겠는가.

나 역시 마찬가지였다. 지사장 시절에는 집안에 제사가 돌아오면 시간이 없는 나는 음식 장만을 항상 늦은 밤에 해야 했는데 이것도 하다 보니 요령이라는 것이 생겼다. 한꺼번에 장을 볼 시간이 없기 때문에 제삿날 사흘 전에는 먼저 마른 반찬을 사고 이틀 전에는 과일을 샀으며 당일 저녁에 생선을 사는 식으로 음식을 준비한 다음 부지런히 만들어서 밤 열시가 넘어 제사를 지내곤 했다. 제사 음식을 여유 있게 장만할 시간이 없었고, 또 아까웠기 때문에 이처럼 사흘 동안 시간을 쪼개서 사용한 것이다.

나를 에워싼 주변 환경이 지겹고 어렵다면 그 환경에서 하루라도 빨리 벗어나기 위해 시간을 아껴가며 악착같이 일에 몰입해야 한다. 방법은 이것 뿐이다. 목적을 달성하고 꿈을 이룰 때까지 주위의 모든 일은 잊어야 한다.

"여러분, 이라크 전쟁이 여러분과 무슨 상관이 있습니까?" 이라크 전쟁이 일어났을 때 내가 아침 조회를 하면서 사원들에게 물은 질문이다. 실제로 이라크 전쟁이 일어나자 사원들이 '심란하다'는 이유를 대면서 제대로 매출을 올리지 못했다. 그런데 솔직히 이라크 전쟁이 세일즈맨의 매출과 무슨 상관이 있다는 말인가. 물론 다소의 심리적인 위축이 있을 수는 있다. 하지만 저 먼 중동 땅에서 미국이 이라크를 상대로 벌이고 있는 전쟁과 세일즈맨의 매출의 상관관계는 극히 미약하다. 전쟁이 장기화되면서 당장 기름값이 천정부지로 오른 것도 아닌데 말이다.

세일즈맨에게는 이유나 변명이 있어서는 안 된다. 전쟁이 나든 포탄이 떨어지든 고객이 있고 팔 상품이 있다면 무조건 팔아야 한다. 베트남 전쟁의 와중에서도 현대건설과 한진그룹은 건설과 운송 특수로 엄청난 돈을 벌었다. 이것이 바로 진정한 세일즈의 상혼인 것이다.

개구리가 사람보다 나은 이유

세일즈를 하다 보면 때로는 참기 힘든 수치심과 모멸감을 느껴야 할 때도 많다. 아니 이런 것이 없다면 오히려 이상한 것이다.

"당신, 뭐야? 뭐 하는 사람인데 허락도 없이 우리 건물에 들어오는 거야?" 반말은 예사다. "우리 지금 바쁘니까 빨리 나가줘요! 우리 안 산다니까요!" 이럴 때 좌절하면 그대로 실패자로 전락하고 만다. 이런 경우를 당하게 되면 초보 세일즈맨들은 의욕이 꺾이기 쉽지만 프로 세일즈맨들은 오히려 즐긴다. "좋아! 내가 누군데?" "두고 봐! 당신은 10년 후에도 이 회사의 수위나 경리로 있겠지만 나는 내 빌딩을 갖고 말겠어!" 바로 내가 그랬다. 나를 구박한 고작 한두 명의 사람 때문에 순간이나마 패배의식에 젖는다면 그것처럼 큰 감정과 에너지의 낭비도 없다. 그들은 오히려 나를 단련시키는 좋은 스승인 것이다.

탈무드에 나오는 얘기로 어느 날 개구리 한 마리가 커다란 우유통에 빠졌다. 그 우유통 속에서 개구리는 아무리 발버둥을 쳐도 통 밖으로 빠져 나올 수가 없었다. 그러나 개구리는 쉬지 않고 팔다리를 움직였다. '운명아 비켜라. 내가 간다!' 그렇게 열심히 우유통 안에서 움직이다 보니 마침내 우유는 치즈로 변했고 개구리는 굳어버린 치즈를 딛고 뛰쳐나올 수 있었다고 한다. 만약 그 개구리가 팔다리를 열심히 움직이지 않고 그대로 있었다면 어떻게 되었을까. 결국 우유 속에 빠져 죽었을 것이 틀림없다. 우리가 이런 개구리만도 못한 인생이 되어서야 되겠는가.

세일즈로 성공한 사람들은 누구나 다 이런 과정을 거쳐 오면서 프로가 된 사람들이다. 쇠도 뜨거운 불에 달구고 두들겨서 담금질을 해야 강해진다. 권투 선수도 많이 맞을수록 맷집이 단련되는 것처럼 말이다. 때로는 오기와 독기도 필요하다. '두고 봐! 감히 당신들이….' '당신들은 하루 종일 일하고 기껏해야 한 달에 백만 원, 백오십만 원을 받겠지만 난 그 정도의 돈은 하루에도 벌 수 있어!'

자기의 그릇을 키우려면 일부러 무거운 짐을 져라. 꿈과 확신이 강하면 어려움도 극복할 수 있다는 것을 잊지 말자. 짐을 지는 것이 부담스럽다고 해서 너무 작은 짐만 지려고 하는 사람은 계속 작은 짐만 지게 돼 있으며 결국 발전은커녕 반드시 퇴보하게 돼 있다.

또 자기에게 딱 알맞은 무게의 짐만 지려고 하는 사람도 늘 그 자리, 그 위치를 벗어나기가 힘들다.

자신이 지고 가기에 힘든 무거운 짐을 목표로 세운 사람은 도전하는 자세부터가 다르다. 어떻게 해서든지 그 짐을 지고 가야 하기 때문에 남들보다 몇 배나 많은 궁리와 노력을 해야 하고 남들이 잠을 잘 때 밤을 새워서라도 그것을 꼭 달성하려고 노력한다.

'난 해내고야 말 거야! 누가 시켜서 하는 게 아니고 이건 내 자신과의 약속이야! 내 사전에 불가능이 없다는 것을 꼭 보여주고 말겠어!'

이렇게 남다른 노력을 해서 마침내 성공했을 때의 희열은 세상의 그 무엇과도 바꿀 수가 없다. 그런 성취감은 더 큰 도전으로 이어지고 결국 어느 틈에 자신의 그릇은 남의 그릇과 비교할 수 없을 만큼 커지게 되는 것이다.

이것은 공부하는 학생들도 마찬가지다. 중간 정도의 성적에서 만족하는 아이들은 대충 공부하고 잠을 자지만 반드시 1등, 2등을 하겠다는 목표를 세우고 공부하는 아이들은 밤을 새워서라도 죽어라고 공부를 한다. 만약 중간 정도 가는 실력의 아이들이 1등, 2등이라는 높은 목표를 세우고 그 아이들처럼 날마다 밤 새워서 공부한다면 성적이 올라가지 말라는 법은 없다.

세일즈맨은 회사나 다른 사람을 위해서가 아니라 무엇보다 내 자신을 위해서 무거운 짐을 져야 한다. 그 짐의 무게가 무거우면 무거울수록 자기 몫도 커진다. 판매실적 1위에 오른 사람은 그 짐과 거기에서 오는 부담감 때문에라도 더 열심히 뛰게 된다. 여기에 비례해서 수입이 그만큼 늘어나는 것은 물론이다.

그런 의미에서 능력 이상의 목표를 설정하고 도전하여 성취함으로써 자신의 그릇을 키울 필요가 있다. 정신과 행동과 시간을 다소 무리하면 전혀 불가능하지 않다.

뼛속 깊이 간절히 원하는 것을 목표로 삼아라

이 세상은 원하는 자의 것이라는 말이 있다. 하지만 중요한 것은 원하되 얼마나 절실하게 원하느냐가 문제이다. '두고 봐! 난 꼭 이 회사의 사장이 될 거야!' '나는 우리 나라에서 최고의 연봉을 받는 세일즈맨이 될 거야!' 하지만 내가 사장이 되겠다고 해서 반드시 사장이 되는 것은 아니고 최고의 세일즈맨이 되겠다고 해서 마음먹은 대로 이뤄지는 것은 아니다. 중요한 것은 그것을 자기 자신이 얼마나 절실하게 원하고 있고, 그것을 위해 얼마나 열심히 노력하느냐에 목표 달성의 여부가 달려있다는 것이다. 공양미 삼백 석에 딸을 판 심 봉사는 사랑하는 딸을 보고 싶은 마음에 번쩍 눈을 떴다. 이 정도로 뼛속 깊이 간절히 원하는 것을 목표로 삼으면 누구도 훼방할 수 없고 하늘도 감동해서 이루어지게 해 주는 법이다.

자기에게 절실한 것을 목표로 세운 사람은 눈빛부터가 다르다. 죽어도 1등을 하겠다고 목표를 세운 사람에게 막연하고 안일하게 1등을 바라는 사람은 애초부터 경쟁자가 될 수 없다. '이대로 적당히만 해도 1등 하겠지.' 천만의 말씀! 내가 대충하고 있는 사이에 남들은 어느 새 나를 앞질러 간다.

어떤 일을 하더라도 마찬가지이지만 일단 세일즈맨이 되기로 작정을 했다면 먼저 나름대로 절실한 목표와 계획을 세우지 않으면 안 된다. 그리고 자신의 목표나 행동에 대한 자기관리를 자율적으로 해야 한다. '오늘은 집에 일이 있으니까 몇 시까지만 일하고 얼마를 벌어서 빨리 들어가야지.' '돈도 좀 벌었는데 오늘은 이쯤에서 적당히 끝내고 친구들이나 만날까?' 이렇게 계획성 없이 하루하루를 때우고 끝내는 사람에게는 발전이 있을 수 없다. 자기가 해낼 수 있는 능력 이상의 목표를 설정하고 죽어도 그 목표를 달성하겠다는 절실한 각오로 마지막 남은 1시간, 1분, 1초까지 모든 노력을 다 쏟아야 하는 것이다.

세상은 하루하루를 이렇게 열심히 뛰는 사람들의 것이고 이런 사람들이야말로 원하는 것을 다 이룰 수가 있다.

앞서가고 싶으면
일부러 경쟁자를 만들어라

무슨 일이든지 경쟁이 없으면 발전도 없는 법이다. 무사안일에 빠지기 쉬운 공무원 사회가 최근 들어 앞 다퉈 기업 마인드를 도입하는 것도 알고 보면 경쟁력을 키우기 위한 것이다. 조그만 조직 내에서도 조직원끼리 서로 경쟁을 해야 조직 자체에 활기가 넘친다. 이와 마찬가지로 세일즈맨도 남보다 앞서가고 성공하고 싶으면 내 스스로가 눈에 보이지 않는 경쟁자를 만들어 치열하게 싸워 볼 필요가 있다.

나 역시 처음 세일즈를 할 때 항상 경쟁자를 만들었다. 만일 경쟁자의 가방이 나보다 조금이라도 더 가볍게 보이면 나는 도저히 내 자신을 용서할 수 없었다.

"아휴, 속상해! 왜 저 사람은 저렇게 잘하는데 나는 못하는 거야?"

이런 오기가 발동하면 다음 건물을 한 바퀴 돌기도 전에 무슨 일이 있어도 나는 내 가방을 다 털어 버렸다. 나보다 일을 더 잘하는 경쟁자의 모습이 나를 분발하게 하고, 그런 경쟁자 때문에 내 목표도 저절로 앞당겨지는 것이다. 그리고 내 능력이 어느 수준까지 개발되면 그때는 당연히 그 경쟁자가 사라진다. 여기서 중요한 것이 하나 있다. 사람들은 대개 경쟁자가 사라지는 순간에 발전을 멈춘다는 사실이다. 아무리 주변을 둘러봐도 경쟁자가 없으니 자신이 서 있는 자리가 세상에서 가장 높은 산이라고 착각하고 그 위치에 안심하면서 눌러 앉는 것이다. 그러나 세계는 넓고 까마득하게 높은 봉우리들도 무수히 많다. 단지 내가 서 있는 자리에서 보이지 않는다는 것을 모르고 있을 뿐이다. 나는 화진에 입사해서 지사장 시절부터 항상 톱을 달렸지만 한번도 내가 최고라는 자만심이나 무사안일에 빠져본 적이 없다. 그럴수록 나는 늘 내 자신을 채찍질했다.

높은 산봉우리가 내 옆에서 보이지 않을 때면 현명한 사람은 자기 자신을 들여다봐야 한다. 내 안에서 스스로의 발전 동력을 찾아내야 하는 것이다. 그때부터 진짜 경쟁자는 내 안에 있기 때문이다.

결과가 없는 최선은 절대 최선이 아니다

"최선만 다해라, 결과는 내가 책임진다!" 흔히 높은 자리에 있는 사람들은 부하 직원들에게 이렇게 말하곤 한다. 좋은 얘기이다. 최선만 다하면 결과가 나쁘더라도 상사가 책임을 지겠다니 얼마나 멋있고 고마운 말인가?

"최신을 다했기 때문에 전 후회하지 않습니다!" 경기에서 아깝게 우승을 놓친 선수들이 단골로 쓰는 말이다. 사실 최선을 다하는 사람의 모습처럼 아름다운 것도 없다. 따라서 주어진 일에 최선을 다하는 사람은 마땅히 아낌없는 격려를 받아야 한다. 하지만 요즘처럼 치열한 생존 경쟁의 시대에 '최선만 다하면 결과는 내가 책임진다'는 말은 맞지 않고 '최선을 다했기 때문에 후회가 없다'는 말도 칭찬 받기가 힘들다. 국가 간의 스포츠 경기에서도 최선을 다했든 어쨌든 이기면 영웅 대우를 받고 지면 입이 열 개라도 할 말 없는 패장 취급을 하는 것이 엄연한 현실이다. 직장인이나 세일즈맨들도 마찬가지이다.

"저는 제 나름대로 열심히 최선을 다했습니다만…" "정말 죽어라고 했는데…" 새벽 별을 보고 집을 나와서 밤늦게까지 최선을 다해 뛰었는데 결과가 없으면 누구보고 어떡하란 말인가. 요즘 세상에서는 이런 사람이야말로 더 없이 무능한 사람으로 낙인찍혀 어느 직장에서도 하루 아침에 잘려나가기 십상이다.

우리 화진에 와서 교육이 좋아 무려 5개월 동안 출근했지만 실적다운 실적 한번 올리지 못한 한 여성 뷰티메신저가 있었다. 그런데 그녀는 결국 뚜렷한 목표의식도, 결과다운 결과도 없이 습관적으로 출근만 했었다. 그러던 어느 날 그녀는 아침 조회시간에 회장님의 '결과 없는 최선은 최선이 아니다'라는 말씀을 들었다. 이 말은 비수처럼 가슴에 꽂혔고 그녀는 정신이 번쩍 들었다. 그녀는 자신이 지금까지 무엇을 했나 반성하면서 혼자 결심했다고 한다.

'좋아! 이 시간부터 나는 절대 이런 나태한 모습으로는 집에 돌아가지 않겠다! 반드시 뚜렷한 결과를 내야만 집으로 들어가겠다!'

바로 그날부터 하루 143만 원의 판매 목표를 세웠는데 불과 나흘 만에 목표를 깼다. 나는 그녀가 하도 대견해서 연단에 불러 세우고 사례

발표를 시키면서 격려했더니 그 다음날부터 매일 평소의 3배나 되는 실적을 올리는 것이 아닌가? 그러자 깜짝 놀란 당시의 소점포장이 충동질했다. "그렇게 능력이 있으면서 왜 그 3배 실적에 만족하죠? 기왕이면 내 기록에 한번 도전해 봐요!" 그러자 그녀는 바로 그날 실적의 두 배를 더 재출고해서 그야말로 밤낮을 가리지 않고 뛰었고, 소점포장의 기록은 그날로 깨어지고 말았다.

　세상은 냉정하다. 결과 없는 최선은 결코 최선이 아니며 자랑도 될수 없다는 말을 명심하자.

이 세상에 자기 팔자에 없는 일은 없다

내가 지금까지 15년 동안 세일즈 업계에서 일해 오는 동안 직접 경험한 일이지만 자기 스스로 잘 할 수 있다고 장담하면서 세일즈를 시작하는 사람은 아직까지 한번도 보지 못했다.

　"해 본 적이 없지만 생활이 어려워서 해 보려구요…."

　"교육을 받고 나니 하고 싶지만 잘할 수 있을지 모르겠어요."

　"돈이 필요하니까 취직이 될 때까지만 한번 해 봐야지."

　원래 세일즈가 체질에 맞아 찾아온 사람을 제외하고 대부분 세일즈는 자기 적성에 맞지 않는다거나, 이 일은 원래 자기의 길이 아니라고 생각하지만 어쩔 수 없어서 세일즈를 시작한다고 생각하는 것이다. 사실 나도 처음에는 이런 마음으로 세일즈를 시작했다. 그러나 냉정히 말해서 지금의 나는 '지금까지 살아온 내 습관의 결과' 일 뿐이다. 흔히 사람들은 생소한 일을 하거나 하기 싫은 일을 어쩔 수 없이 할 때 '팔자에 없는 일을 한다'고 말을 한다. "아이구, 살다보니까 진짜 팔자에 없는 희한한 일도 다 해 보네?"

그러나 따지고 보면 이 세상에 팔자에 없는 일이 어디 있는가? 원했든 원치 않았든 간에, 한 달을 하든지 두 달을 하고 말든 간에, 내가 지금 하고 있는 일은 다 팔자에 있는 일이라고 할 수 있다. '홧김에 서방질한다'는 말도 핑계에 지나지 않는다. 팔자에 있으니까 그 짓도 하는 것이다.

처음에는 당장 어쩔 수 없어서, 팔자에도 없는 일을 한다고 생각하며 세일즈에 뛰어들었지만 시간이 지나면서 세일즈라는 직업이 진짜 '타고난 팔자'인 사람이 의외로 많다. 세일즈맨으로서의 소질과 끼가 다분한데도 불구하고 세일즈에 대한 편견과 그릇된 인식 때문에 선뜻 뛰어들지 못했을 뿐인 것이다. "아이구, 세일즈가 이렇게 신나고 돈을 많이 버는 것인 줄 몰랐네요. 천상 제 팔자 같아요." 이런 사람의 경우 자신의 팔자를 제대로 찾은 것이기도 하지만 '팔자 고친다'는 말처럼 팔자란 노력 여하에 따라 더 좋은 방향으로 고쳐지기도 하는 것이다. 세상에 팔자에 없는 일이란 없다. 그리고 더 좋은 팔자가 있다면 그것을 찾아 한번 과감하게 고쳐보자.

가난이라는 정신질환을 치료하자

"나는 틀렸어. 아무리 노력해도 안 되는 걸 어떡해…."

"가망이 없어. 빛이 안 보여. 죽을 때까지 노력해도 난 이 가난에서 벗어나지 못할 거야…."

누군가 아무리 노력해도 돈이 잘 벌리지 않고 경제적으로 곤궁한 생활에서 벗어나지 못한다고 생각하는 사람이 있다면 이것 또한 '정신과적 질환의 일종'이라고 정의한 학자가 있다. '가난은 나라도 구제하지 못한다'고 했듯이 한번 가난에 찌들고 황폐해져 버린 사람이 재기하는 것처럼 힘든 일도 없다. 오랫동안 의욕을 상실하고 살아온 데다가 잘사는 사람들과 불공평한 사회에 대한 반감, 증오심, 이런 것들이 한데 어우러져 자포자기의 심정에 빠져 있기 때문이다.

　특히 가난한 사람들은 어떻게든 잘 살아보겠다는 의지가 박약하고 세상에 대해 매사를 부정적으로 생각하는 경향이 강해서 가난하게 사는 삶 자체에 길들여져 있다.

　이 때문에 무슨 일이 생겨도 자신감 있게 대면하지 못하고 모처럼 돈을 벌 기회가 오더라도 놓치거나 쫓아버린다. '나같이 복 없는 사람한테 무슨?' 돈이 들어와서 잘사는 것도 겁이 나고 부자가 되는 것도 불안하다. 무엇보다 자기의 능력을 불신하기 때문에 자신도 배짱도 없는 것이다.

　이런 가난이라는 정신질환을 치유하는 것은 정부의 정책이나 지원으로도 안 되고 오로지 교육의 힘밖에 없다. 나는 때로 할 수만 있다면 부정적인 생각에 사로잡혀 있는 가난한 사람들이나 이미 모든 것을 자포자기해 버린 노숙자들을 모아 교육하고 싶은 생각이 들 때가 많다.

　인성교육과 능력개발 교육을 통해 '할 수 없다'는 고정관념에 사로잡힌 사고를 '할 수 있다'는 자신감으로 바꿔 주면 충분히 치유가 가능하기 때문이다.

성공의 꽃은 실패의 눈물 속에서 핀다

흔히 '실패는 인생의 친구'라고 하고 '성공의 어머니'라고도 한다. 사람이니까, 사람이기 때문에 인간은 누구나 다 부족한 면을 지니고 있고 그렇기 때문에 세상을 살아가는 동안 실수와 실패를 무수히 겪게 되는 것이 당연하다. 오히려 한번도 실수나 실패를 하지 않은 사람이 비정상적인 것이다.

"나, 이 자리에 올 때까지 고생한 거 말도 못해! 실패도 많이 했다구! 아마 책으로 쓰면 몇 권은 될걸?"

성공한 사람들의 얘기를 들어보면 그 성공의 밑바탕에는 누구나 할 것 없이 쓰라린 실패의 아픔과 눈물이 있다. 그런데 이들이 우리에게 주는 교훈은 몇 번이고 실패했더라도 절대로 절망하지 않았고 남보다 몇 배나 더 열심히 노력했다는 점이다. 현실은 괴롭고 절망은 끝이 보이지 않았지만 그들은 하나같이 희망의 끈을 놓지 않고 현실과의 싸움, 특히 자기 자신과의 싸움에서 끈질기게 맞서 마침내 승리한 것이다.

실패의 경험은 소중한 것이다. 비록 성공하지는 못했어도 적어도 자신이 실패한 문제에 대해서는 그 사람만이 가진 소중한 경험과 노하우가 이미 축적돼 있기 때문이다. 이와 같은 실패의 경험은 돈이나 시간을 주고도 살 수 없는 대단한 가치를 지니는 것이다. 한편으로 실패란 거꾸로 말하면 새롭게 출발할 수 있는 또 하나의 기회이기도 하다. 우리 인생은 백 미터 달리기와 같은 단거리 경주가 아니라 평생을 뛰어야 하는 마라톤이다. 마라톤에서는 결승점에 먼저 도착하는 사람이 승자가 된다. 지금 실패했다고 해서, 거절을 당했다고 해서 경주가 모두 끝난 것은 아니고 앞으로 달려가야 할 길이 많이 남아있기 때문이다.

얼마 전 미국에서는 몇몇 기업이 사원들을 모집하면서 실패한 경험을 가진 사람들을 우대한다는 채용조건을 내걸어 화제가 되기도 했다. 실패한 사람들은 무엇인가를 시도했고 경험했으며 그로 인해 신중함과 확고한 판단력을 갖췄기 때문에 다시는 그런 실패를 반복하지 않을 거라는 취지에서 그렇게 우대했을 것이다.

이에 비해 실패한 적이 없는 사람은 아무 것도 시도해 보거나 경험해 보지 않은 사람으로 큰일이나 위기를 맞게 되면 쉽게 흔들리고 실패할 가능성이 높다는 것이다. 성공을 하려면 실수나 실패를 두려워하지 말고, 설령 실패했다고 하더라도 너무 비관하지 말자. 한두 번의 크고 작은 실수와 실패가 절대 인생의 전부를 좌우하지 않기 때문이다.

나를 바꾸어야 내 팔자도 바뀐다

"난 불행한 사람이야. 평생을 이렇게 불행하게 살다가 죽을 게 뻔해." 사람들 가운데 자기는 불행하며 평생을 이렇게 살기 싫다고 푸념하는 사람들이 많다. 불행의 이유는 여러 가지가 있다. 돈이 없어서, 건강이 나쁘거나 병 때문에, 남편이나 아내를 잘못 만나서, 자녀들이 속을 썩여서, 기타 등등의 많은 이유가 있을 것이다. 그럼 현재의 불행한 팔자를 벗어나려면 어떻게 해야 할까? 내가 살고 있는 환경을 변화시키면 팔자가 바뀔까? 예를 들어 남편 때문에 내가 불행해졌다고 생각하는 여성이 있다고 하자. 그녀가 만일 남편을 바꾼다면 과연 행복해질까? 불행하게 살고 있는 남녀가 배우자를 서로 바꿔서 행복해질 수 있다면 열 번, 스무 번이라도 헤어지고 다시 결혼을 하면 된다. 그러나 그것은 말처럼 쉽지가 않다.

실제로 매일같이 남편에게 두들겨 맞던 여자가 참다 못해서 이혼을 하고 새로운 남자를 만났다. '설마, 이 남자는 첫 남자 같은 야만인은 아니겠지?' 그런데 웬걸? 이 두 번째 남자는 첫 번째 남편보다 더 때리는 것이었다. 그래서 또 헤어지고 세 번째 남편을 만났다. 이 남자는 전처와의 사이에 아들이 있는 사람으로, 인간성이 좋아서 절대로 여자를 때릴 것 같지 않았다. 그러나 이번에는 헤어진 전처의 아들까지 합세해서 때리더라는 것이다. 여우를 피하려다 호랑이를 만난 셈이었다.

이 주부를 어느 날 내가 만났다. 그런데 얘기를 들어보니 그녀는 처음부터 남편에게 괜히 맞았던 것은 아니었다. 결혼한 지 얼마 되지 않아 남편이 술을 먹고 들어왔을 때 사소한 언쟁 끝에 남편이 손찌검을 했다. 그러자 그녀의 마음 속에는 남편에 대한 공포심이 싹트기 시작했다. 그 다음부터 남편이 술만 먹고 들어오면 이유 없이 무섭게 보이면서 '오늘도 날 때릴지 몰라…' 하는 공포에 떨었다. 술에 취한 남편은 그런 공포심에 젖은 여자의 모습을 볼 때마다 괜히 폭력을 휘두르고 싶어졌고, 그것이 상습적인 폭력으로 이어진 것이었다. 즉, 남편의 폭력은 여성의 그런 공포심과 피해의식이 불러온 것이고 남편을 바꿔 봐도 그것은 마찬가지였던 것이다.

나는 그녀에게 말했다. "먼저 남편에 대한 그 공포심부터 버리세요! 그 공포심이 폭력을 부르는 겁니다. 이제부터 정말 초연하고 태연하게 남편을 대해 보세요." 그녀는 반신반의하면서도 내 말대로 했는데 아니나 다를까, 그녀가 '공포심'을 버리니까 신기하게도 남편이 더 이상 자신을 때리지 않았다고 했다. 요즘에는 이런 야만적인 남성은 용서도 안 되고 같이 살아줄 여성도 없지만 우리의 정신, 정신력이라는 것은 이렇게 무서운 것이다.

이처럼 환경을 바꾼다고 해서 내 팔자가 바뀌는 것은 아니다. 내가 스스로 변하고 바뀌어야 문제가 해결된다. 따라서 사는 게 힘들고 내 인생이 불행한 이유도 그 궁극적인 책임은 자기 자신에게 있는 것이다. 나 역시 화진을 만나기 전까지만 해도 마찬가지였다. "세상에, 나같이 잘난 여자가…!" 솔직히 나도 내 자신의 허물은 보지 못한 채 남을 원망하며 살았었다. 그러나 어느 한순간 큰 변화를 겪고 그 원인을 나에게서 찾으면서부터 비로소 새로운 인생을 살게 된 것이다.

당신도 불행한가? 그렇다면 그 이유를 밖이나 남에게서 찾기 전에 나에게서, 내 안에서 찾고 먼저 자기 자신부터 변해 보라. 알코올 중독자는 기분이 나쁘면 나쁘다고 마시고, 좋으면 좋다고 마셔서 자기도 모르게 중독이 된다. 결국 행복해지고 불행해지는 것은 바로 우리 모두의 정신에 달려 있다는 것을 잊지 말자.

4

나는
월 1억짜리 여강사,
괜찮은 트레이너

그들은 왜 우리를 주목하는가

"화진 출신이라면 더 이상 물어 볼 필요가 없죠." 이것은 내가 하는 소리가 아니다. 우리 화진 가족 스스로가 하는 말이고 남들이 인정해서 하는 말이다. 최근 들어 전세계적으로 명성 있는 외국계 방문판매 회사들의 한국 진출이 러시를 이루고 있고, 21세기 유망 분야의 하나인 방문판매 사업으로 사업 영역을 넓히거나 눈을 돌리는 국내 대기업도 늘고 있는 추세이다. 그런데 방문판매 사업을 새롭게 시작하는 이들 기업의 스카우트 대상 1호가 바로 우리 화진인이라고 한다.

이런 얘기를 들으면 나는 속이 상한다. 많은 시간과 돈을 들여 애써 양성해 놓은 인재들에게 눈독을 들인다는 것이 기분 좋을 리 없기 때문이다. 그러나 한편으로는 우리가 양성한 인재들이 인정받고 대우받는다는 사실에 자부심도 느낀다. 그리고 또 새로운 인재는 얼마든지 다시 만들어낼 자신이 있다.

그렇다면 왜 이 기업들이 우리 화진인을 스카우트 대상 1호로 삼는 것일까. 대답은 간단하다. 우리 화진에서 교육받고 훈련된 사람들은 일반 영업회사 사원들과 모든 면에서 확실한 차별화가 되어 있기 때문이다. 뚜렷한 목표의식과 철저한 프로의식, 적극적인 사고와 충만한 자신감, 제대로 된 인성과 예의 염치, 세련된 매너와 옷차림, 그 어떤 사람의 마음도 움직일 수 있는 확신에 찬 화술, 심지어 당당한 걸음걸이까지 20대에서 30대, 또 50대, 60대 할머니를 막론하고 그야말로 하나같이 '똑!' 소리가 난다. 그러니 어디에 내놔도 일당백의 역할을 충분히 해내고도 남고, 그래서 우리 화진인의 인기는 어디에 가나 상종가를 치는 것이다.

겉모습으로 보는 우리 화진인은 우선 옷차림부터가 다르다. 나는 옷차림이야말로 자신을 남에게 소개하는 최고의 추천장이라고 늘 강조한다. 옷이 날개인 것이며 사람의 첫인상은 옷차림에서부터 좌우되는 법이다. 초기에 우리 화진의 우먼들은 바지를 입는 법이 없었다. 멋있고 세련된 양장은 5, 60대 할머니 뷰티메신저들도 마찬가지이다. 남성 뷰티메신저가 늘면서 여성들의 바지 착용을 허용했지만 여성이 바지를 입으면 긴장도가 떨어진다. 자세도 흐트러지기 쉽다.

치마는 여성들만이 입는 특권인데 왜 이런 특권을 아무렇지 않게 생각하고 포기하는가.

우리 화진인은 또 눈빛이 다르다. 하나같이 반짝반짝하며, 어떤 일이 주어지더라도 목숨을 걸고 해낼 수 있다는 자신감에 넘쳐 있다. 우리 화진화장품의 캐치프레이즈인 '화장 잘 하는 여자, 일 잘 하는 여자' 라는 말처럼 화장도 잘해서 나이에 비해 하나같이 싱그럽고 젊게 보인다. 이런 사람들을 누가 탐내지 않겠는가?

고기 잡는 법도 아닌
인간의 품성을 키워주는 회사

그러나 우리 화진인들의 가장 큰 장점은 뭐니뭐니해도 화진만의 특별한 교육을 통해 올바른 인성이 잘 갖춰져 있다는 것이다.

'먼저 인간이 되라!' 우리 화진은 뷰티메신저들에게 세일즈의 중요성이나 기법, 상품과 제도에 대한 교육을 하지 않는다. 누구보다 물건을 많이 팔 재주와 능력이 있고, 당장 회사에 큰 이익을 안겨줄 수 있는 사람일지라도 무엇보다 먼저 올바른 인간성을 갖추고 있지 않으면 우리에게는 아무 필요가 없다. "세일즈를 해서 돈 벌려고 왔는데 상품과 제도 교육만 하면 되지 무슨 교육이 필요해요?" 이렇게 말하는 사람은 우리 화진에서는 아예 받아주지도 않는다.

어떤 일에 종사하든 다 마찬가지겠지만 특히 세일즈맨들에게 있어서 인성교육은 매우 중요하다. 당장 어려워서 돈을 벌기 위해 나왔겠지만 그렇다고 돈이 인생의 전부는 결코 아니다. 이런 사람들을 붙잡고 귀찮게 교육을 시키는 것보다 달라는 물건을 줘서 팔게 하면 회사로서도 편하다. 그러나 회사 역시 돈을 버는 것만이 전부는 아니다. 그래서 우리는 회사를 찾아온 사람들에게 상품 파는 방법을 가르치기보다 먼저 가장 인간적이고 원초적인, 인간으로서 갖춰야 할 품성, 기본적인 도리부터 가르친다. 상품을 팔고 안 팔고는 두 번째 문제이며 이런 교육만 받고 상품을 안 팔아도 우리는 전혀 개의치 않는다. 이것은 회장님의 철학이기도 하다.

그렇다! 열심히, 정직하게 살지 못하는 사람이 어느 누구한테 어떤 물건인들 제대로 팔 수 있겠는가? 내 자신을 사랑할 줄 모르는 사람이 어떻게 남을 사랑하고, 남을 배려할 줄 모르는 사람이 어떻게 고객의 입장이 될 수 있겠는가? 가정을 소중히 여길 줄 모르는 사람이 어떻게 회사와 고객을 소중히 여기고 가족에게 믿음을 주며, 부모에게 불효하는 사람이 어떻게 떳떳하게 고객들을 만나 큰소리를 칠 수 있겠는가?

나는 강조한다.

'돈 버는 기계가 되기에 앞서 사람 냄새 나는 인간이 되라!'

돈 버는 기계보다 사람 냄새 나는 인간

사실 우리 주변의 실패한 사람들을 보면 하나의 공통점을 발견할 수 있다. 그들 대부분은 자신이 하는 일에 있어서 능력이 없거나 모자라서 실패하는 것이 아니라, 사람으로서 갖춰야 할 기본적인 품성이 부족하고 마땅히 해야 할 도리를 다할 줄 모르는 사람이라는 것이다. 능력은 있지만 인간이 지녀야 할 기본적인 품성을 갖추지 못한 사람들은 한때 성공할 수 있을지 몰라도 결국은 실패한다. 시간이 지날수록 그 사람의 됨됨이를 알게 되면 호감을 갖고 도와줬던 사람들도 결국은 등을 돌리기 때문이다.

그래서 우리 화진은 처음부터 판매 방법을 가르쳐서 돈 버는 기계를 만들기보다는 인성교육을 통해 먼저 사람 냄새가 나는 인간으로, 인간으로서 기본적인 도리를 지키며 솔선수범할 줄 아는, 제대로 된 사람부터 만든다. 능력개발은 그 다음이다. 인성이 제대로 갖춰지지 않은 사람에게 능력개발을 시키는 것은 전혀 의미가 없고 오히려 위험하기까지 하다. 이 인성교육은 한두 번, 하루이틀에 끝나는 것이 아니라 1년 365일 계속된다. 우리 화진은 회사 창업 때부터 IMF를 거쳐 오늘에 이르기까지 하루도 빠짐없이 그렇게 해 왔다. 그리고 세상이 아무리 변하고 글로벌 시대, 인류가 달나라에 가서 사는 시대가 올지라도 더 절실하게 요구되는 것이 바로 이 인성교육이라고 굳게 믿고 있다.

그런데 신기한 것은 우리 화진을 찾아와 처음 인성교육을 받은 사람들은 이런 인성교육을 하나같이 좋아한다. "물건 팔아서 돈 벌라고 할 줄 알았는데 세상에 이런 교육 처음 들어요!" 이러다 보니 물건 팔 생각은 아예 하지도 않고 한 달 두 달, 심지어 다섯 달 이상이나 교육만 받으러 오는 할머니들도 있다. 이는 비단 교육을 받는 사람들뿐만 아니다. "제 아내가 화진에 나가기 시작하더니 사람이 확 달라졌습니다. 부모님한테도 잘하고 사람이 너무 의욕적으로 변해 버렸어요."

내 말이 믿기 어려울지도 모르겠다. 그러나 본사에서나 인공위성으로 내보내는 화상교육을 통해 전국 지점에서 지금까지 내 교육을 받은 사람이 모르긴 해도 몇십만 명은 될 것이다. 이들이 다 두 눈을 뜨고 살아있는 증인들인데 내 말이 거짓이라면 내가 왜 금방 들통날 거짓말을 하겠는가?

'한 사람의 전문성을 지닌 전문 직업인으로서, 가정에 충실하고 부모에게 효도하는 주부이자 남편으로서 어느 부분에도 부족함이 없는 사람이 되라!' 우리 화진은 이런 교육에 많은 시간과 정열과 돈을 투자했고 그래서 우리 사원들은 하나같이 돈 버는 기계이기보다 먼저 사람 냄새가 나는 인간이 된 것이다.

유능한 트레이너 밑에
유능한 세일즈맨이 있다

돌이켜 보면 화진에서의 나의 인생은 교육을 빼놓고는 생각할 수도 없다. 지난 15년 세월 가운데 판매가방을 둘러메고 현장을 뛰었던 1년 2개월을 뺀 나머지 시간들은 자나깨나 오로지 교육뿐이었던 것 같다. 나는 심지어 밥 먹는 시간과 잠자는 시간도 아껴가며 사원들의 교육에 모든 것을 쏟았다.

지사장 시절부터 부회장이 되기 전까지 나는 매일같이 비가 오나 눈이 오나 아침 7시 30분이면 관리자 미팅을 했고, 9시면 중간관리자 미팅, 그리고 10시면 사원 미팅, 11시면 그 주 신입사원들에 대한 '차별화 교육'을 실시했다. 이때는 아침, 점심을 먹는 시간이 따로 없었다. 교육이나 상담이 예정보다 조금이라도 길어지면 짬을 내서 빵과 우유로 간단히 때우는 게 다반사였다.

그러나 그 빵과 우유인들 제대로 소화될 리가 없었다. '다음 시간엔 강의 주제가 뭐지? 무슨 얘기를 해야 하지?' 이런 생각을 하느라 머릿속이 터질 것만 같았다. 강의를 알차게 하기 위해서는 그 시간도 쪼개책을 보고 자료를 찾아야 했다. 오후 6시까지 사원들과 개별 미팅을 끝내고 나면 관리자 석회가 기다리고 있다. 그리고 퇴근하자마자 집에 가서는 언제나 밤이 깊도록 홈 미팅을 했다. 그야말로 내 자신은 간 데 없고 오직 교육에 미쳐 파묻히다시피 살아온 세월이었다.

지금은 대표이사들이 실무교육을 하기 때문에 교육량이 다소 줄어들었지만 오전 8시 30분부터 임직원 미팅, 이어 전국 지점 매니저들과의 인공위성 화상을 통한 미팅, 기타 신입사원과 우수사원 미팅 등으로 여전히 눈코 뜰 새가 없다. 지난 15년 동안 내가 한 교육량은 어쩌면 세일즈 부문에서 기네스북에 오르고도 남지 않을까 싶다.

이렇듯 너무 많은 교육을 하다보니 목에 무리가 오고 체력의 한계를 느낄 때도 많았지만 나는 한번도 힘들다는 생각을 해 본 적이 없다. 내가 실시하는 교육을 통해 사원들의 능력이 개발되고 그로 인해 그들이 얻는 성취의 기쁨이 곧 나의 기쁨이 되어 고스란히 내게 돌아오기 때문이다. 한 개인에게는 인생에서 어떤 트레이너를 만나느냐가 자신의 일생에 중요한 영향을 끼친다. 거스 히딩크 같은 명감독 아래에서 뛰어난 선수가 탄생되었듯이 세일즈맨들도 좋은 트레이너 밑에서 강한 훈련을 받아야 뛰어난 프로 세일즈맨으로 태어난다.

내가 화진에서 훈련을 시킨 사람들 가운데는 여성의 몸으로 우리 나라에서 가장 비싼 몸값을 받고 있는 사람들이 적지 않다. 이 정도면 나도 꽤 괜찮은 트레이너가 아닐까?

아무도 내게 말 한 마디를 시키지 않았다

오랜 시간 많은 교육을 통해 어디에 내놔도 손색이 없는 최정예 프로 세일즈맨들을 양성하고 회사를 반석에 올려놓기까지 내 개인적으로는 말 못할 고통이 적지 않았다. 내가 화진에 몸을 담았던 지난 15년은 나에게는 하루하루가 목숨을 건 사투였다. 그리고 이 기간 내내 '나' 라는 존재는 이 세상에 없었다. 화진은 있었고 내 사원들은 있었지만 나는 나를 완전히 버렸었다. 물론 '나' 라는 존재를 내세워서도 안 되는 것이다. 만일 내가 나를 단 한번이라도 회사나 조직보다 위에 올려놓고 살았더라면 지금의 나는 분명 없었을 것이다. 그렇기 때문에 나는 법인사장 시절에도 내 밑의 조직뿐만 아니라 내 조직, 남의 조직 가리지 않고 전국의 조직을 모두 열심히 교육시켰다.

"사장님, 우리 조직 교육시키기도 바쁜데 왜 남의 조직까지 데려다가 교육시켜요?" "그런 소리 마! 회사가 있어야 나도 있는 거야! 회사가 커야 나도 크는 거라구!" 방문판매 회사의 특성상 내 조직이 아니면 그다지 크게 신경을 쓸 필요가 없음에도 불구하고 나는 내 교육을 필요로 하는 사원들은 모두 데려다가 교육을 시켰다. 특히 회사가 풍전등화의 위기에 몰렸던 IMF 시절에는 교육만 하루 최하 8시간에서 최고 12시간까지 했다. 그야말로 나에게는 하루하루가 목숨을 건 싸움이었다.

날마다 그렇게 쉬지 않고 많은 시간의 교육을 하다 보니 나는 늘 목이 퉁퉁 부어있었고, 통증에 시달렸다. 그러나 그 당시 회사의 상황을 봐서라도 나는 교육을 멈출 수가 없었다. 사원들은 계속 증원되고 회사는 부도를 딛고 다시 일어서려고 하는데 내 목 아픈 것을 생각하고 있을 겨를이 없었다. 나에게는 한 사람이라도 더 부지런히 교육을 시켜서 필드로 내보내는 일이 무엇보다도 급선무였다.

'야, 박형미! 너 이렇게 교육을 하다가 죽을 수도 있어! 이러다 병신이 되면 어떡할래?' '아니야, 일을 하다가 죽을 수 있다는 것도 얼마나 떳떳하고 자랑스러워? 당장 쓰러지는 한이 있더라도 계속해!' 나는 이렇게 스스로를 다그치며 아픈 목을 부여잡고 교육을 계속했다. 참으로 내 인생의 모든 것을 걸었던 처절한 싸움의 연속이었다.

그렇게 일을 끝내고 집에 돌아오면 집은 적막이 감도는 절간과도 같았다. 우리 식구 중 아무도 내게 말 한 마디를 시키지 않았기 때문이었다. 그때의 나는 집에서는 언제나 듣기는 해도 말은 못하는 장애인이나 다름없었다. 하루 종일 교육하느라 몸의 에너지와 진이 다 빠져나가 말한 마디 할 수 있는 힘도 없었지만 그것보다 나는 목을 보호하느라고 일부러 말을 하지 않았던 것이다. 그리고 식구들도 누구보다 그것을 잘 알고 있었기 때문에 내게 아예 한 마디의 말도 시키지 않았던 것이었다. 그때 내 심정이 어떠했는지는 아무도 모를 것이다.

10, 20년 전
대학 졸업장은 휴지통에 버려라

IMF를 전후해서 나는 주 이틀, 두 시간씩 시간을 만들어 내로라하는 여러 대학교 경영대학원의 최고경영자 과정(AMP)을 다녔다. 사원들 교육에만도 몸이 열 개라도 부족했던 내가 시간을 쪼개서 악착같이 학교에 다닌 것은 내가 모르고서는 사원들을 가르칠 수가 없다는 신념 때문이었다. 우리 화진의 교육생과 신입사원 가운데는 갓 대학을 졸업한 젊은 남녀에서부터 전직 교수와 법조인, 기업가, 박사, 심지어 미국에서 MBA를 받은 사람까지 수두룩했기 때문에 하나라도 더 새로운 지식으로 내 자신을 무장하지 않으면 이들을 가르칠 수 없다는 생각이 든 것이다. 하루에도 수백, 수천 명을 교육하는 명색이 강사인 내가 지식적으로든 사고방식에서든, 트렌드나 마인드든 뭐든 교육생들보다 더 많이 알고 앞서가지 않으면 그들의 인생을 리드할 자격이 없다고 생각한 것이다.

"저거 어디서 많이 들었던 얘기 아냐? 지금이 어떤 시대인데 저런 케케묵은 구닥다리 소리나 하고 있는 거야?" 세상은 광속(光速)보다 더 빠르게 변하고 있는데 10년 전, 20년 전에 대학 졸업한 것을 가지고 대학을 나왔다며 그때 배운 지식으로 남을 가르치려고 하는 것처럼 어불성설인 것도 없다. 10, 20년 전에 받은 대학 졸업장은 이미 졸업장이 아니다.

내가 눈코 뜰 새 없이 바쁜 가운데서도 대학원 최고경영자 과정을 다닌 것은 바로 이 때문이었다. "대학원 최고경영자 과정요? 그거 인맥 만들려고 다니는 거 아닙니까?" 사실 대학원 최고경영자 과정은 나이를 먹고 어느 정도 성공의 반열에 오른 사람들이 기업체 회장이나 사장, 국회의원 같은 수준 높은 사람들을 많이 사귀고 새로운 인맥을 만들기 위해 다니는 것이라는 선입견을 가진 사람들이 많다. 물론 그런 목적으로 다니는 사람이 없는 것은 아니다. 그러나 나는 오직 내 교육을 기다리고 있는 사원들에게 새로운 지식을 하나라도 더 가르치려고 열심히 다녔다. 그렇기 때문인지 모르겠지만 강의 시간에 강의 내용을 나처럼 꼼꼼하게 메모하는 사람도 솔직히 없었다. 이렇게 강의를 받고 나면 나는 늘 부자가 되어 돌아와 사원들을 교육했다.

또한 사원들에 대한 나의 교육은 어떤 일정 기간만 정해 놓고 하는 것이 아니라 평생을 해야 하는 것이었기 때문에 한 학교가 끝나면 다른 학교로 옮겨 다니면서 계속해서 새로운 지식들을 습득했다. 서울대와 고려대, 서강대 최고경영자 과정은 물론이고 성균관대 행정대학원, 경희대 언론 대학원의 스피치 토론과정, 전경련의 글로벌 과정, EBP 과정 등, 조금이라도 새로운 지식을 습득할 수 있는 곳이라면 닥치는 대로 찾아다니면서 배운 것이다.

나에게 중요한 것은 학벌도 아니고 인맥도 아니었다. 내게는 무엇보다도 내가 배워서 시대를 앞서가야 하고, 우리 조직을 리드해야 한다는 분명한 목적과 사명감이 있었다. 그렇기 때문에 나는 그렇게 공부했고, 앞으로 죽을 때까지도 공부는 계속될 것이다.

언제나 목이 쉬어있는 여자

나는 대학원에 나가서도 집에서처럼 여전히 말을 할 수 없었다. 언제나 퉁퉁 부어있는 목 때문이었다. 혹시라도 목을 고칠 수 있을까 싶어 서울 시내 유명 병원을 찾아가 보기도 했지만 의사들은 한결같이 내 목의 통증을 치료하는 방법은 특별한 게 없고 그저 말을 한 마디도 하지 말고 한 달 이상 휴식을 취하는 것이라는 처방밖에 내주지 않았다.

"강의를 너무 많이 하다보니 성대가 늘 부어있는 겁니다. 무리하거나 방치하면 그 상태로 굳어져 목소리를 영원히 잃으실 수도 있습니다."

의사들은 내게 이런 무서운 얘기를 들려주기도 했다. 그러나 난 하루도 강의를 쉴 수가 없었기 때문에 회사 문 밖으로 나왔을 때는 무조건 말을 하지 않는 것이 상책이었다. 그럼에도 불구하고 어쩌다 밖에서 부득이한 경우로 사람들을 만나 얘기를 해야 할 때면 나는 내가 들어도 탁하고 쉰 듯 들리는 내 목소리가 부끄러웠다. "아니, 목소리가 왜 그러십니까?" "아, 네… 저…." 대인관계에서 사람의 목소리는 무엇보다도 중요한데다 나도 여자인데, 아직 젊은 여자의 목소리가 그렇다는 것이 부끄러워서 나는 어디를 가도 늘 침묵만을 지킬 수밖에 없었다.

나는 갈수록 숨을 쉬기가 어려워졌다. 폐활량이 줄어들고 있었다. 내 자신도 이런 증상을 느끼고 있었지만 그래도 교육은 단 하루라도 멈출 수가 없었다. 사실 영업회사에서 교육이 차지하는 비중은 실로 엄청나다. 특히 내가 실시하는 아침 교육은 바로 그날 그날의 매출과 직결된다. 그렇기 때문에 나는 교육을 하다가 죽을지언정 쉰다는 것은 생각할 수도 없는 것이었다. 쉬기는커녕 오히려 일을 하다가 죽는 것처럼 자랑스럽고 영광스런 것은 없다고 생각할 뿐이었다.

아픈 목을 붙잡고 날마다 회사에서는 어쩔 수 없이 무리한 강의를 하고 학교에 나와서는 말 한 마디를 하지 않자 처음에 동기생들은 나를 이상한 여자로 바라보았다. 어쩌다 짧은 몇 마디의 말을 해도 내 목은 늘 쉬어있었고, 쉰 목소리만 나왔기 때문에 그들은 나를 '목 쉰 여자'로 불렀다. 나중에 나의 목이 항상 쉬어있을 수밖에 없는 이유를 알게 되자 그들은 날더러 지독한 사람이라며 '독하고 강한 여자'로 불러주었다. 또 목은 늘 쉬어있고 말은 한 마디도 하지 않았지만 그들은 내 화려한 옷차림과 당당한 외양만 보고 '야한 여자'로 생각한 사람들도 많았다.

그런데 IMF가 끝나가던 2000년 6월, 내게 생각지도 않았던 광명의 빛이 찾아왔다. 고려대 최고경영자 과정을 함께 밟던 당시 고대 안암병원 원장이신 이비인후과 전문의 최종욱 박사님이 어느 날 내 목소리를 듣고 한번 진찰을 해 보자고 하신 것이다.

"박사님, 다 안 된다고 하던데요?" "좌우간 진찰을 한번 해 봅시다. 내일이라도 좋으니 내 방으로 찾아와요." 이미 휴식 외에는 대안이 없다는 판정을 몇 군데서 받았기 때문에 나는 큰 기대 없이 박사님을 찾아갔다. 진찰에 들어가자마자 박사님은 깜짝 놀라시며 어처구니가 없다는 듯 말씀하셨다. "세상에! 아니, 목을 왜 이 지경이 될 때까지 방치했습니까? 이거 수술하지 않으면 큰일나요. 당장 수술합시다!" 순간 나는 귀를 의심했다. "네에? 수술하면 고칠 수 있습니까?" "글쎄요. 장담할 순 없지만 한번 해 봅시다."

소리는 성대의 진동에 의해 나오는데 내 성대는 부은 상태에서 점점 굳어가고 있어서 방치하면 말을 못 할 수도 있다는 것이었다. 최 박사님이 진단하신 내 목의 병명은 '다발성 성대 부종(多發性 聲帶 浮腫)'으로 음성을 지나치게 과용할 때 성대에 물혹이 생겨 발성장애를 일으키는 병이었다. 그런데 영영 못 고칠 줄 알았던 내 목을 박사님은 수술해서 잘하면 고칠 수가 있다고 하시는 것이 아닌가? 나는 뛸 듯이 기뻤다.

멈춰버린 속사포에 흘린 눈물

그런데 문제가 생겼다. 대신 수술을 하고 나면 한 달 동안 절대로 말을 해서는 안 된다는 것이었다. 나는 깜짝 놀랐다. 한 달 동안이나 말을 해서는 안 되다니, 그럼 그 한 달 동안 날마다 조, 석회는 어떻게 하고 사원 교육은 어떻게 하란 말인가.

"아무래도 안 되겠어요, 박사님. 고쳐주신다는 것은 감사하지만 수술은 나중에 받아야겠어요." 내가 걱정스런 얼굴로 말하자 박사님이 나

4.나는 월 1억짜리 여강사, 괜찮은 트레이너 123

무라시듯 말씀하셨다. "그러다가 목소리를 영영 잃고 싶습니까? 하루라도 빨리 수술을 하지 않으면 안 됩니다. 내 말을 들으세요!" 박사님은 그 자리에서 다짜고짜 수술 날짜를 잡아버렸다. 그러나 수술 다음 날은 대학원 과정에서 유럽으로 단체 여행을 떠나기로 돼 있는 날이었다. 박사님은 회사 일에서 나를 해방시켜 주시기 위해서 일부러 전날 수술을 하고 여행을 떠날 수 있게 배려해 주신 것이다.

수술을 받은 다음 날 아침 나는 전국의 사원들이 화상 모니터를 통해 지켜보고 있는 가운데 강단에 올라가 말 대신 칠판에 글을 썼다.

'저, 어제 목 수술을 받았습니다. 앞으로 한 달 동안 말을 해서는 안 된다고 합니다. 미안합니다.'

이렇게 글을 쓰고 사원들을 바라보노라니 갑자기 가슴 밑바닥에서 뜨거운 것이 뭉클 솟아올랐다. 12년 동안 아침저녁으로, 그리고 오전 오후를 가리지 않고 하루 최고 열두 시간 이상씩 떠들어대던 내가 날개 꺾인 새가 되어 사원들의 모습을 바라볼 수밖에 없다는 사실이 갑자기 나를 슬프게 만들었던 것이다. 그때 내 모습을 본 관리자들은 다 울었다고 한다. 그런 내 모습, 내 열정에 감격했던지 그날 전국에 걸쳐 하루 매출이 엄청나게 올라갔다. 그리고 그날 오후 나는 동기생들과 여행을 떠났고, 여행기간 내내 단 한 마디의 말도 하지 않았다.

여행에서 돌아와 회사에 출근을 했지만 계속 말을 하면 안 되었던 나는 미칠 것만 같았다. 한마디로 사는 것 같지가 않았다. 지난 12년 동안 매일 속사포를 쏘아대듯 무수한 말을 쏟아내고 살았던 나였다. 내 안의 에너지가 완전 탕진될 때까지 말로써 쏟아내야 일하는 것 같았고, 그렇게 일을 하고 집에 돌아가서 침대에 쓰러질 정도가 되어야 마음이 편했던 나였기에 말을 잃고 살아야 했던 그 한 달간은 세상이 텅빈 듯 허전하고 불안했으며, 살아 있다는 짜릿함도 보람도 없었고, 심지어 숨을 쉬면서도 숨쉬는 것 같지가 않았다. 나는 이게 병이었다. 웬만한 사람들 같으면 이런 기회에 푹 쉬면서 요양도 했겠지만 나는 이걸 참지 못하고 좀이 쑤시다 못해 안달이 날 것 같았다.

마침내 지옥과도 같았던 그 한 달이 지나고 나는 예전처럼 힘있는 내 목소리를 되찾았다. 그리고 예전보다 더 열심히 교육을 했다. 교육은 나의 타고난 천직이었다.

교육은 반드시 결과가 나와야 한다

나는 사원들을 가르치기 위해서 여러 대학의 최고경영자 과정을 다녔지만 새로운 지식을 얻는 데 빼놓을 수 없는 것이 독서였다. 경제나 경영학을 전공한 적도 없는데다가 마케팅이나 세일즈에 대해 문외한이나 다름없는 주부였던 내가 갈구하던 지식의 욕구를 충족할 수 있는 가장 효과적인 방법은 단연 독서였다. 그래서 나는 늘 책을 가까이 하는 편이다. 내가 읽는 책들은 대부분이 경영에 관한 책들로 이 분야의 책만 아마 수백 권이 넘을 것이다. 나는 경영에 관한 책 가운데서도 특히 세계적으로 유명한 경영자들의 자서전이나 그들이 쓴 책은 한 권도 빠뜨리지 않고 모두 숙독했다. 그들은 어떤 정신과 습관을 가지고 얼마나, 어떻게 노력을 했고, 그것을 행동으로 실천했으며 그 결과 어떤 성공을 이룩했는지, 그런 과정들이 너무 흥미로웠을 뿐만 아니라 실제로 나에게도 큰 도움이 되었다.

국내에서 성공한 경영자의 자서전으로는 고 정주영 현대그룹 명예회장의 《시련은 있어도 실패는 없다》와 김우중 전 대우그룹 회장의 《세계는 넓고 할 일은 많다》를 가장 감명 깊게 읽었다. 특히 단돈 5백만 원으로 창업한 지 30년 만에 대우그룹을 세계 5백대 기업으로 키운 김우중 회장의 자서전은 나에게 많은 것을 느끼게 했다. 비록 불명예스런 퇴진을 했지만 나는 일찍이 '세계경영'이라는 원대한 포부를 가졌던 그분을 존경한다. 우리 나라 경제발전을 위해 그 어느 대통령일지라도 그분만큼 노력한 사람은 없을 것이다.

늘 새로운 지식에 대한 욕구 때문에 바쁜 일상에서도 내 책상과 가방에는 언제나 책이 있다. 그리고 또 내 침대 머리맡에도 항상 책이 놓여 있어야 안심이 된다. 나는 잠을 자더라도 꼭 책을 읽다가 잠이 들며 밤새 머리맡 스탠드의 불을 끄지 않는다. 육체는 비록 수면에 들더라도 내 뇌는 켜져 있어야 한다는 생각 때문이다. 나쁜 습관일지 모르지만 어쩔 수가 없다. 잠을 자다가도 뭔가 생각나거나 하면 지체없이 메모를 하는 버릇도 오래 됐다. 이처럼 늘 깨어있지 않으면 조직관리 자체가 힘들다. 우물은 목마른 사람이 파는 법이다. 나는 이것이 내 일이기 때문에, 내 직업이기 때문에 이렇게 하는 것이다.

우리 나라에도 의식개혁이나 마케팅, 세일즈 같은 교육을 전문으로 하는 강사들이 많다. 우리 화진의 경우만 하더라도 가끔 대학교수나 의식개혁 전문가 같은 외부강사를 초빙해서 전 사원을 대상으로 강의를 하곤 한다. 그러나 그분들이 하는 교육과 내가 하는 교육은 질적으로 다르다. 그분들은 일정액의 보수를 받고 자신들이 갖고 있는 전문적인 지식을 교육하는 전달자에 불과하지만 나는 내가 오늘 한 시간을 교육하면 곧바로 그것에 대한 결과가 나오고 그 결과는 숫자로 산출된다. 내가 하는 한 시간의 교육이 하루 몇억 원의 매출을 좌우하기 때문에 내가 하는 교육은 그분들과 본질적으로 다를 수밖에 없는 것이다.

따라서 나는 교육을 할 때마다 매회 강사료를 받는 전문강사로서가 아니라 5만 명의 조직과 조직원, 그리고 그 사람들의 수입과 인생의 성공을 책임지고 회사의 경영을 책임지는 경영자로서 강의한다. 그리고 책이나 남의 얘기를 듣고 그것에 의존해서 교육하는 것이 아니라 대부분 내 자신의 직접적인 체험에서 우러나온 생생한 교육을 한다는 점이 다르다.

나는 내 교육을 받으러 온 교육생들을 보면서 15년 전의 나를 만난다. 이들을 통해 15년 전 세일즈에 처음 몸을 담았던 내 모습을 보는 것이다. 나는 나와 만난 사람들에게 내가 직접 체험하고 체득한 모든 것을 전수해서, 그들이 '나도 할 수 있다'는 자신감을 가지고 성공의 길로 갈 수 있도록 인도하고 싶다. 말이 아닌 결과로 보여주고 싶고 확인시켜 주고 싶은 것이다. 그리고 먼 훗날 내 교육을 받고 성공한 누군가를 길에서 만났을 때 이런 말을 듣고 싶다

"그때 당신의 교육이 내 인생을 이렇게 바꾸어 놓았소!"

5

내 생각이
머무는 곳에
내 인생이 있다

생의 막다른 골목에서

1989년 봄, 나는 인생의 막다른 골목으로 내몰려 쫓기고 있었다. 그때 내 나이 스물아홉. 남편의 잇따른 사업 실패로 불어난 빚은 우리 부부가 평생을 갚아도 절대 갚을 수 없는 엄청난 금액이 되어 있었고, 여기저기서 얼마나 빚을 끌어다 썼는지 더 이상 도와줄 사람은커녕 손 벌릴 데도 없는 상황이었다. 지금은 다 자란 내 딸아이에게는 미안한 말이지만 사실 난 그 애를 임신했을 때 낳아 키울 대책이 없어 유산시키려고 했었다. 그러나 그 비용조차 없어 낳아야 했을 정도로 모든 게 막막했다. 게다가 마구잡이로 끌어다 쓴 사채를 갚지 않는다고 밤이면 사채업자들이 집을 찾아와 돈을 갚으라며 협박했다.

그 사람들은 어찌나 막가파로 나오는지 한마디로 사람 사는 것이 아니었다. 천길 낭떠러지 끝에 선 기분이 과연 이럴까? 너무나 막막했다. 아무리 둘러봐도 이 세상에는 나 외에 부모도 형제도 친척도, 아무도 존재하지 않는 것 같았다. 자존심이 남달리 강했던 나는 몇 번이나 자살을 해 버릴까도 생각했지만 차마 그럴 용기는 없었다. 그렇다면 살아야 했다. 어떤 수를 써서라도 질식할 것 같은 현실에서 살아날 방법을 찾아야 했다. 궁리 끝에 나는 취직이라도 하려고 신문광고를 뒤적였지만 나만큼 자존심이 강했던 남편은 그 어려운 상황에서도 내가 밖에 나가 일하는 것을 죽기보다 싫어했다.

"뭐? 여자가 집에서 살림은 안 하고 밖에 나가 뭘 하겠다는 거야? 그 신문 이리 못 내?" 신문광고를 보는 것조차 허락하지 않았고 심지어 신문을 빼앗아 찢어버리기도 했다. 아무리 남편이 못난 사업에 실패했지만 당장 굶어죽는 한이 있더라도 마누라는 밖에 내보내지 않겠다는 그 심정을 이해 못 하는 것은 아니었다. 그러나 나는 18개월 된 아이와 어떻게 해서든 살아야 한다는 일념으로 남편 몰래 열심히 신문광고의 구인란을 훔쳐보았다.

나는 남편과 결혼하기 전까지만 해도 별다른 고생이라고는 모르고 자란 평범한 직장여성이었다. 1981년부터 서소문에 있는 모 에어 카고 항공사에서 수출입 화물의 신용장과 선하증권을 취급하는 업무를 맡아 6년 동안 직장생활을 했다. 그렇기 때문에 비록 결혼하고 나서 일을 쉬었다고 하더라도 직장생활쯤이야 언제 어디서든지 다시 시작할 수 있다는 자신감도 있었다. 그런데 결코 잊을 수가 없는 그해 3월 16일, 신문 구인란에 관리직 직원을 채용한다는 조그만 광고가 눈에 띄었다.

'관리직 사원 모집. 월급 25만원.' 나는 앞뒤를 재고 말고 할 여유가 없었다. 그러나 이 짧은 몇 줄의 광고가 내 인생에서 엄청난 전환점이 되리라는 것을 그때까지만 해도 난 전혀 모르고 있었다. 당시 생사의 기로에 서 있던 내게는 단지 먹고 살 돈을 버는 것만이 당면한 문제였으니까 말이다. 그런데 막상 회사를 찾아간다고 해도 차비가 문제였다. 기가 막히게도 그때 내 호주머니 속에는 시내버스 토큰 하나가 없었다. 나는 옆집 아줌마에게 토큰 세 개를 빌렸다. 그것이 그때 나의 전 재산이었다.

화진과의 운명적인 만남

이튿날 아침 일찍 옷을 단정히 입고 이력서 한 장을 달랑 든 채 부푼 가슴으로 시청 뒤편에 있는 회사를 찾았다. 무엇을 하는 회사인지 어떤 회사인지도 모르고 오직 관리직 사원을 모집한다는 말만 믿고 찾아간 것이다. 낡고 오래된 건물의 비좁은 계단을 따라 2층에 있는 회사를 찾아가니 사무실 안에 로션과 크림 같은 화장품들이 진열돼 있었다. 그렇다고 화장품 회사는 아니고 분명 화장품을 취급하는 회사인 것 같은데 책상과 의자들이 놓여있고 분위기가 이상했다. 그때까지만 해도 나는 영업회사라는 것이 어떻게 생겼는지도 모르는 그야말로 이 분야에 전혀 때가 묻지 않은 순진한 여자였다.

나는 그때 그곳에서 현재 우리 화진그룹의 강현송(姜顯松) 회장님을 처음 만났다. 회장님과 나의 인연은 이렇게 해서 시작되었다. 이런 사실을 잘 모르는 사람 중에는 내가 그룹의 부회장으로 있으니까 회장님과 나 사이가 무슨 친척인 줄로 착각하는 사람이 많은데 그때까지만 해도 회장님과 나는 그날 처음 만난 성도 이름도 모르는 생면부지의 사람이었다. 회장님은 다소 깡마른 얼굴에 시골 아저씨처럼 순박해 보이는 중년의 남자였는데 눈빛은 온화하면서도 무척이나 반짝반짝 빛났다.

그 자리에서 나는 면접을 보았다.

"박형미 씨, 어떤 일을 하고 싶으세요?"

"관리직 사원을 뽑는다는 광고를 보고 왔는데요?"

"좋습니다. 그런데 관리직도 여러 종류가 있죠. 사무실 책상 앞에 앉아 회사 업무를 관리하는 일도 있고 사람을 관리하는 일도 있어요. 어떤 관리를 하든지 간에 일단 우리 회사 업무에 대한 교육부터 받아야 합니다. 할 수 있겠습니까?"

만일 회장님이 그때 처음부터 우리 회사는 영업을 하는 회사니까 밖에 나가 세일즈를 해야 한다고 말했더라면 나는 아마 두말없이 그 자리를 나와 버렸을 것이다. 아니 설령 그렇게 말씀하셨더라도 나는 뛰쳐나오지 못했을지도 모른다. 그때 내 머리 속에는 어떻게든 취직을 해서 월 25만 원이라는 아기 우유값을 벌어야 한다는 일념밖에 없었기 때문이다. 그리고 무엇보다도 자상하고 착해 보이는 회장님의 모습이 마음에 들었다. 저 정도의 분이라면 믿고 일할 수 있겠다는 생각이 든 것이다. 그래서 나는 확신에 찬 어조로 말했다. "네, 사장님. 열심히 한번 해 보겠습니다!"

면접이 끝나고 나서 함께 입사를 지원했던 몇 명의 여성들과 교육을 받기 시작했다. 그 첫날 교육은 회장님이 직접 하셨는데 교육 내용이 뭔가 참 이상했다. 회사 소개나 자랑을 하는 것도 아니고 우리가 앞으로 해야 할 업무에 대한 교육도 아니었다. 회장님은 말씀하셨다.

"여러분은 지금 다들 어려우실 것입니다. 그래서 어떻게든 일을 해 돈을 벌려고 찾아오셨지요?" "네." "하루라도 빨리 가난에서 벗어나고 싫고 가난한 내 자신이 무척이나 원망스러우시죠?" "네." 우리는 회장님이 무슨 말씀을 하시려고 그런 얘기를 꺼내는지 몰라 궁금했다. 그러나 이어지는 회장님의 말씀을 듣고 나는 커다란 쇠망치로 머리를 한 대 얻어맞은 것 같은 엄청난 충격에 빠졌다.

"그러나 지금 이 순간 여러분의 모습은 모두 여러분 각자가 만든 생각의 그림자입니다. 여러분이 지금 서 있는 자리, 살아가는 환경, 모두가 여러분이 원한 것들 뿐입니다. 원했든 원치 않았든 여러분의 정신, 생각, 사고가 지금의 여러분을 만든 것이지요. 이 세상에 원인이 없는 결과는 없습니다!"

'모든 것은 내 탓' 이라는
한마디에 깨어진 고정관념

"내 생각이 머무는 곳에 내 인생이 있고 현재 내가 불행하다고 생각하는 모든 것은 다 내 탓이요, 자기 탓인 것입니다."

나는 시골 아저씨처럼 순박하고 평범하게 보이는 대리점 사장님의 입에서 그런 말이 나올 줄 꿈에도 상상하지 못했다. 만약 화장품을 취급하는 영업회사라면 어떻게 해서든지 듣기 좋은 말로 자신들이 취급하는 화장품의 효능을 최고라고 추켜세우면서 세일즈하는 방법을 가르치고 매출을 많이 올리도록 격려하는 것이 당연한 일 아닌가? 그런데 그런 것을 교육하기는커녕 처음부터 대뜸 내가 겪고 있는 실패와 불행이 바로 '네 탓!' 이라고 질타하면서 생각부터 먼저 바꾸라는 말씀에 나는 갑자기 눈물이 앞을 가렸다.

"내가 성공하는 것은 스스로 성공하겠다고 마음먹었기 때문이고, 실패하는 것은 내가 실패하기로 마음먹었기 때문인 겁니다. 그러니 성공하기 위해서는 제일 먼저 내 생각을 성공하는 사고로 바꿔야 합니다. 지금까지의 삶이 만족스럽지 못하고, 현재의 내 모습과 처지를 변화시키고 싶다면 이제부터라도 성공하는 방향으로 사고를 바꿔야 합니다. 사고를 바꾸면 행동은 자연스럽게 바뀌니까요.

행동이 바뀌면 습관이 바뀌고, 습관이 바뀌면 숙명도 바뀝니다. 숙명이 바뀐다는 것은 곧 실패만 하던 인생이 성공한 인생으로 변한다는 뜻이지요. 남의 탓, 환경 탓, 불평이나 불만 같은 것은 이제부터 던져 버리세요."

눈물이 어찌나 쏟아지던지 도저히 교육을 더 받을 수가 없었다. 나는 교육을 받다 말고 화장실로 뛰어가 엉엉 소리내어 울었다.

회장님의 그 말씀은 내 정곡을 너무나도 아프게 찌르고 있었다. 내가 바로 그랬기 때문이었다. 남편이 거듭 사업에 실패해서 나락을 헤매고 있을 때 나는 남편을 무척이나 원망했다. 남편뿐만 아니라 시댁 식구들은 물론, 남편과 관계있는 사람들까지 모두 원수처럼 보았고, 친구들도 보기 싫었다.

'내가 왜 이렇게 살아야 돼? 왜? 왜?'

사실 그랬다. 그때까지만 해도 나는 내가 겪고 있는 어려움과 환경의 이유를 내 탓으로 생각했던 것이 아니었다. 나같이 '잘난 여자' 가 남편을 잘못 만나서 그렇게 된 것이라며 남의 탓만 하고 있었던 것이다.

나는 잘난 여자가 아니라 못난 여자

나는 남편에게 바라는 것이 딱 한 가지 있었다. 돈을 벌어다 주는 것은 아예 기대하지도 않았고, 다만 친정 쪽에 가서 사업자금을 빌려오라는 말만은 제발 하지 않기를 바랐다. 그러나 어쩔 수 없이 나는 친정에서 돈을 빌려와야 했고, 돈을 빌려다 주면서도 남편에게 잘 해 보라는 말 한마디는커녕 바닥에 휙 던지면서 하는 말이 늘 같았다. "안 될 건데 뭘 또 하겠다는 거예요! 정말 지겹네요!" 물론 속이 상해서 그랬지만 내 스스로 안 된다는 결론을 미리 내려놓고, 울며 겨자 먹기로 사업자금을 던져 주었으니 남편의 사업이 잘 될 수 없다는 것은 누가 보더라도 자명한 일이었다.

그렇게 항상 미움과 원망에 가득 찬 마음으로 살다가 '모든 것이 다 내 탓'이라는 말 한마디를 듣자 남편만 탓을 하던 나의 고정관념이 완전히 깨어져 버린 것이다. 그 후로 나는 혼자 참으로 많이 울었다. 그리고 변하기 시작했다. '그래! 저렇게 잘난 남자가 재수 없는 나 같은 여자를 잘못 만나서 사업이 요 모양 요 꼴이 됐구나!' '내 탓이야, 내 탓! 모든 게 내 탓이라구! 내가 문제야!' 이렇게 생각을 180도로 바꾸면서 나는 그때부터 죽기 살기로 살아봐야겠다고 굳게 결심했다.

그랬다. 내 인생은 정말 내 생각이 머무는 곳에 있었던 것이다. 나는 뒤늦게나마 회장님을 만나게 된 것을 하늘에 감사 드렸다. 내가 조금만 더 일찍 회장님 같은 분을 만났더라면 내 인생은 벌써 확연히 달라졌을 거라는 생각뿐이었다. 회장님의 철학이기도 한 이 말은 이때부터 곧 나의 인생철학이 되었다.

제2의 인생을 찾다

회장님과의 만남과 회장님의 교육은 내 인생을 송두리째 바꿔놓는 내 생애 절호의 계기가 되었다. 교육은 사흘 동안 계속 됐고 그 다음 날부터는 상품 교육과 기본적인 세일즈 기법, 그리고 제도 교육을 받았다. 교육을 받으면서 나는 점차 내가 관리직 내근이 아닌 세일즈를 해야 한다는 것을 알게 되었다. 그러나 첫날 회장님의 교육으로 사고방식이 완전히 바뀐 나는 앞으로 내가 할 일이 관리직이든 영업직이든 전혀 상관이 없었다. 회사보다도, 회장님을 믿었기 때문에 이분과 함께 하는 일이라면 어떤 일이라도 하고 싶었고 누구보다 잘 할 수 있을 것 같았기 때문이었다.

"취직을 했다더니 어떤 회사야?"

사람들이 물어도 난 거침없이 대답했다.

"응, 화장품회사인데 난 영업사원이야!"

"영업사원? 아이구! 네가 세일즈를 할 수 있어?"

지금도 물론 그렇지만 그때의 나는 지금보다도 더 남들 앞에 나서기를 싫어하는 내성적인 성격이었다. 이런 성격 때문에 내가 모르는 사람들을 만나 세일즈를 한다는 것은 꿈에도 생각지 못했고, 나를 아는 사람들 중에서도 내가 감히 이런 일을 할 수 있을 거라고 믿는 사람은 거의 없었다. 그러나 나는 어느 날 갑자기 천지개벽이라도 일어난 것처럼 순식간에 변해 있었다.

마침내 사흘 동안의 교육이 끝나고 나흘째 되던 날 아침 나는 정식으로 출근을 했다. 그런데 이상했다. 내 의식을 완전히 새롭게 일깨워 준

영향도 컸었지만 이상하게도 인연이 되려고 그런 것인지 나는 회장님만 보면 알 수 없는 연민이 솟구치는 것이었다. 당시 회장님이 경영하던 대리점의 여건은 첫눈에 봐도 썩 좋지 않았다. 동병상련이었는지 모르지만 그런 대리점을 일으켜 세우려고 노력하는 진실된 회장님의 모습이 어딘지 모르게 자꾸만 측은하게 느껴진 것이었다.

'그래, 내가 열심히 해서 회장님을 도와드리자!'

마침내 세일즈에 도전하다

나는 정식으로 출근을 하자마자 화장품이 가득 든 가방을 들고 6개월 이상 영업 경력이 있는 선배 사원들을 따라 나섰다. 그런데 시작부터 문제가 생겼다. 예전에 직장생활 하던 것만 생각하고 무심결에 굽이 높은 구두를 신고 나왔던 것이었다.

"어휴, 그런 하이힐을 신고 나오면 어떡해? 가서 굽 낮은 구두 한 켤레 사 신어." 선배들은 발이 아파 뒤뚱거리는 내가 안타깝게 보였던지 이렇게 말했지만 나는 당장 구두 한 켤레도 사 신을 형편이 아니었다. 선배들을 따라 하루 종일 을지로 출판사 골목과 험한 언덕길을 누비고 다니는데 어찌나 발이 아프던지 죽을 지경이었다. '참자! 이 정도도 못 참으면 안 돼! 이를 악물어야 하는 거야 박형미! 아파도 참아!'

막상 선배들을 따라 세일즈에 나섰지만 나는 물건을 팔기보다는 선배들이 실전에서 세일즈를 어떻게 하는지를 배우느라 바빴다. 6개월 이상 영업경력이 있는 베테랑 선배들은 고객을 만나 설득하는 시간이 3분도 채 걸리지 않았다. 그리고 어찌나 화술이 유창한지 나는 선배들이 고객들에게 하는 말을 하나도 알아들을 수가 없었다. 그들은 내게 보란 듯이 당시 상당히 고가였던 팩과 마사지 크림을 고객들에게 서슴 없이 팔았다. 상품 하나를 팔면 돈이 얼마가 남는지 교육을 통해 잘 알 고 있던 나는 돈 버는 것이 그렇게 쉬운 것인지 몰랐다.

'세상에 돈 버는 것이 이렇게 쉽구나! 그런데 이런 돈을 못 벌고 돈 타령만 하고 있었다니!' 나는 자신감이 생겼다. 금방이라도 떼돈을 벌 수 있을 것만 같았다. 그래서 그들에게 말했다. "화장품 팔기 정말 쉽 네요? 저도 혼자서 팔 수 있을 것 같아요." 그러자 그들은 뭐 이런 게 다 있느냐는 얼굴로 나를 바라보았다.

그들에게는 필드에 나온 지 이제 하루밖에 안 된 내가 그렇게 말하는 것이 당돌하고 건방지게 보였을 게 틀림없었다. 나는 혼자 매출을 엄청 나게 많이 올려서 그들을 깜짝 놀라게 해 주고 싶었다. '할 수 있어 박 형미! 저 여자들도 다 하는데 너라고 못할 게 뭐 있어? 빨리 많이 팔아 서 돈을 벌어야 하잖아, 돈 돈 돈!' 나는 이렇게 스스로 용기를 북돋우 면서 떼돈을 벌 꿈에 부풀어 있었다. 마음 속으로 나는 이미 부자가 돼 있었던 것이다.

그 다음날부터 나는 선배들과 떨어져 혼자 상품을 팔러 나갔다. 처음 목표로 정한 곳이 을지로에 있는 한 인쇄소 2층 사무실이었다. 목적지 를 결정하고 자신있게 사무실 계단을 올라갔다. 그런데 이게 어찌된 일 인가? 막상 문을 열고 들어가려니까 온몸이 얼어붙고 발바닥에 못질이 라도 한 것처럼 발이 땅에서 조금도 떨어지지 않는 것이었다.

'세상에 이게 어떻게 된 거야? 누가 뒤에서 나를 잡고 있는 거야?'

그러나 뒤를 돌아보고 옆을 둘러봐도 날 붙잡고 있는 사람은 아무도 없었다. '이래서는 안 돼, 박형미! 어제의 그 결심은 다 어디 간 거야? 힘을 내 이 바보야! 할 수 있어!' 눈을 감고 몇 번이나 심호흡을 했다.

'하느님, 나에게 힘을 주세요. 저는 빨리 돈을 벌어야 합니다.' 믿지도 않는 하느님까지 찾고 간신히 마음을 추스른 후 문을 열고 들어갔다. 그런데 아뿔싸! 이번에는 갑자기 온몸에 마비가 오는 것이었다. 놀란 것은 내가 아니고 사무실 안에 있던 사람들이었다. "아니…? 무슨 일로 오셨어요?" 순간 온몸의 피가 머리로 쏠리면서 얼굴이 불같이 달아올랐다. 나는 무슨 말인가를 해야 했지만 아무 말도 생각나지 않았다. "저 저 저 저… 다름이 아니고 화, 화, 화…."

사람들은 일제히 나를 동물원의 원숭이처럼 바라보고 있었다. "저… 화, 화…." 사람들이 어이없다는 듯이 웃었다. 내가 너무 안돼 보였던지 경리인 듯한 아가씨가 오히려 거들어 주었다. "처음 팔러 오셨나 봐요?" "네. 처 처 처…음이라서요. 오늘 처음 나왔거든요…." 그러자 사람들이 재미있다는 듯이 깔깔 웃었다. 그리고 한 남자가 선심 쓰듯 말했다. "아줌마, 거기 그렇게 서 있지 말고 이리로 와서 한번 자신 있게 얘기해 보세요. 물건을 안 사더라도 들어드릴게요."

세상에 이렇게 고마울 데가 어디 있을까? 물건을 사주고 안 사주고가 문제가 아니었다. 그들은 처음 화장품 판매를 나와 말도 못 붙이고 있는 얼뜨기 화장품 판매 아줌마를 재미 반, 호기심 반으로 이렇게 상대해 주고 있는 것이지만 나는 내 얘기를 들어줄 고객들을, 비록 물건을 안 산다는 전제를 달기는 했어도, 처음으로 만난 것이었다. 그들의 말에 용기와 자신감을 얻고 나는 비로소 그들 가까이로 다가갔다.

'그런데 무슨 말부터 해야 하지?' 가방을 여는데 머리 속이 텅 빈 것처럼 하얘지면서 도무지 아무런 생각도 나지 않았다. 그 사람들은 내 행동 하나하나를 주시하고 있었고, 내 등에서는 식은땀이 흘러내렸다. "괜찮아요 아줌마, 누구나 첨엔 다 그런 거예요. 천천히 한번 얘기해 보세요." "정말 고맙습니다." 나는 떨리는 손으로 제품을 꺼내들고 설명하기 시작했다. "이 제품은요…."

거기까지였다. 나는 제품을 놓고 팜플릿을 꺼내 읽었다. 팜플릿의 큰 제목에서부터 소제목, 쉼표가 있으면 쉬고 마침표는 마치고…. 얼굴이 빨갛게 달아오르고 등에서는 땀이 흐르고 다리는 후들후들 떨려서 내가 무슨 말을 하고 있는지도 몰랐다.

나는 팜플릿에 씌인 글자 외에는 한마디도 더 부연 설명을 하지 못한 채 화장품 가방을 챙겨들고 도망치듯 사무실을 빠져나오고 말았다. 아, 자신 있게 올라갔던 그 계단을 내려올 때의 심정이란….

그때의 수치심과 참담함은 이루 다 말할 수 없었다. 엊저녁까지만 해도 세상이 다 내 것처럼 꿈에 부풀었는데 천당과 지옥의 차이란 바로 이런 것일까.

'이게 뭐야, 이게! 이게 뭐냐구?' 얼마나 분하고 억울한지 길을 걸으면서 계속 울었다. 나는 모든 용기와 자신감을 한꺼번에 잃어버리고 말았다. 그 사무실을 나와 다른 곳을 찾아갈 엄두도 내지 못하고, 하루 종일 공원의 벤치에 앉아 내 자신을 원망하다가 힘없이 터덜터덜 집으로 돌아올 수밖에 없었다.

보름이 지나도록 물건 하나를 팔지 못해

나는 밤새 한숨도 자지 못했다. 자신감과 의욕이 완전 바닥나 세상 살아갈 일이 너무 막막하다 못해 캄캄했기 때문이었다. 그러나 방법이 없었다. 세상에 내가 할 수 있는 일이 무엇이란 말인가? 당장 필요한 돈은 어떻게 하란 말인가? 아무리 생각해 봐도 내가 할 수 있는 일이라곤 없었다. 회장님의 얼굴이 무수히 스쳐갔다. '모든 것은 내 탓입니다! 행복하게 사는 것도 내 탓, 불행하게 사는 것도 내 탓…. 내 생각이 머무는 곳에 내 인생이 있습니다.' 가자, 이대로 주저앉을 수는 없어. 내일은 내일의 해가 뜰 거야!

"그래, 박형미 씨 많이 팔았어?" 다음날 출근하니 선배들이 궁금하다는 듯 물어왔다. 나는 한마디로 유구무언이었다. "거봐. 세일즈라는 게 쉬운 것이 아니야. 세상에 자기 생각대로 되는 일은 없는 거라구!" 나는 참담한 얼굴로 고개를 떨구고 말았다. '왜? 혼자서도 잘할 수 있다고 큰소리치더니! 어디 한번 해 보시지.' 그들이 속으로 비웃는 소리가 귓가에 들리는 것 같았다. 세상 경험이 많은 그들은 벌써 나를 유별난 여자로 취급하고 있었던 것이다. 그러나 내겐 자존심이 있었다. '두고 보자!' 오늘은 정말 뭔가를 보여줘서 그들의 코를 납작하게 만들어 주겠다고 굳게 결심하고 가방을 들고 밖으로 나갔다. 그러나 둘째 날도 결과는 마찬가지였다.

나는 내가 세일즈우먼으로서의 소질이 전혀 없다고 생각했다. 고객만 만나면 온몸이 마비되고 얼굴이 달아올라 말 한마디도 못 할 정도인데 누가 내 말을 들어주고 내 물건을 사 줄 것인가. '포기해, 넌 능력이 없어! 세일즈는 아무나 하는 게 아니야! 박형미, 하루라도 빨리 포기해 버려!' 내 안의 다른 내가 빨리 포기하라고 쉴 새 없이 다그쳤다. 하지만 내 안의 또 다른 나는 포기하는 것을 허락하지 않았다.

'말도 안 돼! 다닌 지 겨우 며칠이나 됐다고 벌써 포기하겠다는 거야? 넌 자존심도 없니? 너는 돈이 필요하잖아? 빨리 일해서 돈을 벌어야지! 더 물러설 곳도 없잖아? 절대로 포기하지 마!' '그래 포기하지 말자! 여기서 포기하면 난 인생의 영원한 패배자가 될 거야!'

나는 결국 포기하지 않고 매일 출근했지만 정말 어처구니없게도 고객들 앞에만 서면 온몸이 얼어붙는 일은 계속되고 사흘, 나흘, 열흘이 지나도록 화장품 하나를 팔지 못했다. 그러자 내가 우습게 여겼던 선배들이 그렇게도 존경스러워 보일 수가 없었다.

'도대체 나에게 어떤 문제가 있을까?' 그때부터 나는 내 자신을 조용히 성찰하기 시작했다. 문제는 나에게 있었다. 그 첫 번째로 이유야 어떻든 세일즈에 몸담은 내 자신부터가 먼저 세일즈라는 일과 영업사원들을 무시하고 있었다. 내 자신이 하는 일에 대해 애정을 갖지 못하고 같은 일에 종사하는 사람들을 멸시하는 상태에서 발전이란 도무지 있을 수가 없는 일이었다. 두 번째로 나는 너무 건방졌다. 돈을 벌고 싶은 욕심과 잘할 수 있다는 자신감만 있었지 세일즈에 대한 기본적인 자세가 되어 있지 않았고, 현장 실습이 너무 부족했다. 남들이 오랜 시간에 걸쳐 몸으로 습득한 경험을 인정하려 하지 않고 의욕과 욕심만을 앞세워 너무 겁 없고 철없이 경거망동을 한 것이었다.

'바로 이거야! 내 탓이야! 나를 고쳐야 해!' 그래서 나는 마음을 고쳐먹고 일을 그만 두더라도 그때까지는 철저한 프로 세일즈우먼이 되겠다고 결심했다. 내가 나의 한계를 극복하지 못하고 좌절하면 앞으로 어떤 일도 할 수 없다는 생각이 들었기 때문이다. 그래서 나는 무엇보다 먼저 내 일을 사랑하기로 했다. 순간적으로나마 내가 무시하고 멸시했던 세일즈라는 일과 영업 일선에서 뛰는 선배들을 존경하고 그들과 하나가 되겠다고 결심했다. 그날 밤부터 나는 혼자 거울 앞에 서서 화술 연습을 하고 심지어 집에서는 잠자고 있는 가족을 고객이라고 생각하고 물건 파는 연습을 하기 시작했다.

어느 정도 자신감이 생기자 실전 연습을 쌓기 위해 큰 올케가 운영하는 식당을 찾아갔다. 당시 큰 올케는 여의도에서 비교적 규모가 큰 식당을 하고 있었는데 점심 시간이 끝나는 오후 두세 시경이면 나는 그 식당의 종업원들을 모아 놓고, 실전 연습에 돌입한 것이었다. 하루 이틀 그렇게 식당을 찾아가 사람들을 모아 놓고, 물건 파는 연습을 하다 보니 조금도 떨리지 않고 말이 술술 나왔다. 종업원들 앞에서 얼마나 입이 닳도록 연습을 했는지 종업원들이 나보다 더 상품 설명을 잘 할 정도였다. 그렇게 정신을 재무장한 후 나는 가방을 들고 다시 필드로 나왔다.

그러나 하루 이틀 사흘…. 열심히 연습한 덕분에 고객들 앞에서 온몸이 얼어붙는 현상은 고쳐졌지만 사람을 설득하는 능력은 아직 부족한 탓인지 아무리 설명을 해도 내 물건을 사주는 사람은 없었다. 결국 보름이 지나도록 나는 물건 하나를 팔지 못한 것이었다. 나는 그만 지칠 대로 지치고 말았다.

첫 오더에 흘린 눈물

'이제 결론을 내리자 박형미, 이건 네 적성이 아니야. 네가 갈 길이 아니야!' '맞아! 더 이상 시간낭비 하지 말고 다른 길을 찾아봐.'

내 안에서도 더 이상 반대의 소리가 들리지 않았다. 세일즈는 애초부터 잘못된 선택이었다고 생각하면서 나는 마침내 포기하기로 작정했다. 회사에 출근하기 시작한지 보름 만의 일이었다. 그래도 회장님께 그만 두겠다는 인사를 하는 것이 도리라고 생각하고 그 이튿날 아침 홀가분한 마음으로 회사를 향했다. 사표를 내기 위해서였다.

그런데 회사에 들어가니 이게 어찌된 일일까.

"박형미 씨, 축하해요! 주문이 왔어요. 첫 주문이에요!" 경리 직원이 마치 자기 일이라도 되는 것처럼 신바람이 나서 호들갑을 떨며 이렇게 말하는 것이 아닌가? 순간 나는 귀를 의심하지 않을 수 없었다. 아무리 생각해 봐도 주문할 고객이라곤 없었기 때문이었다. "주문? 무슨 주문…?" "어제 오후에 만난 고객이래요. 여의도에서 왔어요! 화장품 한 세트요!" 세상에 이럴 수가? 마지막이라고 생각하고 만난 고객이 뜻밖에 주문 전화를 해 온 것이었다. 세일즈에 나선 지 열엿새 만의 첫 주문이었다. 순간 나는 콧등이 시큰거리면서 금방이라도 눈물이 쏟아질 것만 같았다.

사실 나는 바로 전날 오후 '마지막으로 한번만 더 두드려 보자! 정말 여기가 끝이야!' 라는 생각으로 여의도 국회 앞 금산빌딩 10층에 있는 항만 관련협회 사무실을 찾아갔었다.

사무실 안에는 30대 중반의 한 여성이 앉아 일을 하고 있었는데 올드

미스였던 이 여성은 피부 상태가 매우 좋지 않았다. 내가 화장품을 팔러왔다고 하니까 내가 오늘 자신을 찾아온 일곱 번째 화장품 영업사원이란다. 첫마디에 맥이 탁 풀렸다. 그래서 나는 큰 기대도 하지 않고 오늘 회사를 그만 둘 입장에서 내가 만나는 마지막 고객이라고 생각하고 조금도 부담 없이, 한 시간 동안이나 정말 내가 할 수 있는 한 최선을 다해 상품을 설명했다.

"알았어요. 생각해 보고 나중에 연락드릴게요." 생각해 보고 나중에 연락을 해 준다는 말은 십중팔구 완곡한 거절의 뜻이나 다름없다. 그러나 상관없었다. 나는 어차피 회사로 돌아가면 사표를 낼 것이기 때문이었다. 그동안 짊어지고 있던 무거운 짐을 벗어버린 것처럼 나는 차라리 마음이 편했고 더 이상 아쉬움도 미련도 없이 사무실을 나왔던 것이다.

"박형미 씨 축하합니다. 수고했어요. 드디어 신고를 했군요. 세일즈는 처음 한 건 올리기가 어렵습니다. 이젠 잘 하실 수 있을 겁니다." 다들 축하를 해 주었지만 누구보다도 기뻐했던 분은 회장님이었다. 회사를 그만두겠다고 찾아온 자리가 진정한 세일즈우먼으로서의 출발을 축하 받는 자리로 바뀐 것이었다. 나는 얼마나 기뻤던지 화장실로 달려가 펑펑 눈물을 쏟았다.

그때 내가 맛본 기분은 세일즈를 해보지 않은 사람은 모른다. 나는 온 천하를 얻은 듯 눈에 아무 것도 보이지 않았다. 세일즈에 종사하는 사람들이 다 그렇겠지만 첫 오더를 따내는 것이 가장 중요하다. 그런데 첫 오더를 이렇게 극적으로 따냈으니 두려울 것이 뭐가 있겠는가. 이 세상의 어떤 것도 무섭지 않고 미래가 조금도 걱정되지 않았다. 그

열엿새째 되던 날 첫 주문을 따고 나서부터는 영업활동에 자신감과 가속도가 붙기 시작했다. 전혀 거칠 것이라곤 없었다. 그날 이후 나는 한 달 동안 129개나 되는 상품을 팔았다. 이 판매량은 나와 함께 입사한 신입사원들이 한 달 판매하는 양에 비해 무려 두세 배 이상이나 많은 것이었다.

그리고 이런 자신감과 영업력을 바탕으로 나는 입사 6개월이 되던 때부터 지사장에 도전을 해서 8개월 만에 그 자리에 올랐다. 내가 회사를 그만두겠다고 작정하고 집을 나서던 날, 여의도에서 그 올드미스 고객을 만나지 않았더라면 내 인생은 과연 어떻게 되었을까. 나는 지금 어디서 무엇을 하고 있을까. 지금 와서 생각해 봐도 아찔하기만 하다. 성공과 실패, 천당과 지옥은 불과 백지 한 장 차이라는 것을 나는 그때 뼈저리게 느꼈다.

이렇듯 희망은 더 이상 오갈 곳이 없는 벼랑 끝에서 나를 기다리고 있었던 것이다. 만약 내가 그 벼랑 끝까지 가지 않고 중도에서 주저앉아 버렸더라면 그를 결코 만나지 못했을 것이 틀림없다.

위기를 기회로

세일즈에 완전히 자신감이 붙은 데다가 지사장까지 되어 사기충천해서 열심히 뛰고 있던 어느 날 회사에 뜻하지 않은 위기가 찾아왔다. 아침에 출근을 하니 회장님을 비롯해 직원들의 얼굴이 사색이 되어 있었다.

사정을 알고 보니 철저히 방문판매만 한다며 대리점을 비롯한 영업조직을 독려해 왔던 본사가 자금난 때문이었는지 몰라도 대리점들과의 약속을 헌신짝처럼 저버리고 화장품을 대거 할인판매 코너에 풀었던 것이다. 일선 영업조직에서는 난리가 났다. 방문판매 영업조직을 거느린 회사가 물건을 시중에 직판하는 것, 특히 할인코너에 공급하는 것은 그 영업조직에 대한 절대적인 배신이다.

정말 있을 수 없는 일이었다. 판매사원들의 피땀어린 노력으로 회사와 브랜드의 인지도가 높아지자 사원들은 안중에도 없이 본사의 이익만을 위해서 그렇게 하는 것은 너무나 무책임하고 몰염치하며 부도덕한 일이기 때문이다. 또 제품을 할인코너에 싼값으로 덤핑 처리해 버리면 판매사원들에게 비싼 값을 주고 산 고객들은 뭐라고 하겠는가. 속았다고 생각하고 계약해지가 줄을 잇게 된다. 그런 만큼 본사로서는 절대 해서는 안 될 불문율을 깨뜨린 것이었다.

전국의 대리점 사장들이 본사로 몰려가 거세게 항의했지만 막무가내였다. 우리는 정말 황당하고 난감했다. 그때 회장님이 경영하던 우리 대리점은 그동안의 어려움을 딛고 점점 탄탄한 영업조직을 갖춰가고 있었다.

"어떻게 하실 겁니까, 사장님?" "본사에 약속을 지키라고 요구해도 받아들여지지 않습니다. 미련을 버립시다. 대신…" 회장님은 위기를 기회로 삼자며 이 기회에 우리 고유 브랜드를 갖는 화장품 회사를 설립하자고 하셨다. 우리는 깜짝 놀랐다. "오랫동안 생각해 오고 준비해 온 것입니다. 자체 브랜드 화장품을 OEM 방식으로 개발해서 판매할 복안이 세워져 있습니다."

자체 브랜드의 화장품 개발과 판매… 그것은 한마디로 창업이었다.

그러나 영업 일선에서 뛰고 있는 우리는 경쟁이 치열한 화장품 업계에서 신규 브랜드가 시장에 발을 붙이고 뿌리를 내린다는 것이 얼마나 어렵고 힘든 일인가를 누구보다도 잘 아는 사람들이었다. 게다가 영업을 적극적으로 지원할 수 있을 정도로 충분한 자금력을 가진 대기업도 아니기 때문에 회사의 사활은 오로지 영업조직의 활동 여하에 달려 있었다. 사원들은 정말 어려운 선택을 해야만 하는 기로에 서게 되었다.

"물론 어려운 길인 줄은 압니다. 회사를 옮기고 싶은 분은 떠나십시오. 붙잡지 않겠습니다. 하지만 저와 함께 하시는 분들에게는 제 개인의 어떤 이익도 바라지 않고 여러분께 다 나눠 드리겠습니다."

회장님의 말씀은 진심이었다. 그때까지 내가 곁에서 지켜본 회장님은 능히 그러고도 남으실 분이었다. 회장님은 무엇보다 신의를 가장 중요하게 여기는 분이었다. 실제로 회장님은 우리 회사가 번성하자 그 당시에 같이 고생했던 사원들을 일일이 챙겨서 높은 자리에 앉혔다.

이처럼 물욕이 없는 대신 앞을 내다보는 혜안이 있고, 무슨 일을 하든지 기지가 넘치는 분이기 때문에 당신이 평소 꿈꾸어 왔던 일을 이제 실행에 옮기려는 것이었다.

당시 건강이 좋지 않았던 회장님은 이 일로 얼마나 많은 고민을 하셨는지 안색이 누렇게 변해 있어서 나는 가슴이 너무 아팠다. 사람들은 망설이거나 떠나가기도 했지만 나는 회장님과는 죽어도 같이 죽고 살아도 같이 살겠다고 결심했다. 나는 조금도 주저없이 말씀드렸다.

"깃발을 꽂으세요. 저는 사장님 뒤를 따르겠습니다."

새로운 브랜드의 탄생

오늘날 우리 화진이라는 화장품 브랜드는 이렇게 해서 세상에 태어났다. 이제부터 우리에게 주어진 일은 열심히 뛰어서 고객들에게 우리 브랜드를 알리고 많은 판매고를 올려 회사를 살리는 일이었다.

"자, 여러분! 우리 목숨을 걸고 한번 뛰어 봅시다! 사람은 한 번 죽지 두 번 죽지 않습니다. 죽을 각오로 뛰면 이 세상에 못 할 게 뭐가 있겠어요?" 우리의 각오는 정말 비장했다. 그 어느 업종보다도 경쟁이 치열한 화장품 업계에서 이름 없는 회사의 신생 브랜드가 살아남으려면 그야말로 목숨을 걸어야 했기 때문이었다. 그때부터 나는 신생 창업회사의 오너는 아니었지만 내가 곧 회사이고 회사가 곧 나라는 생각으로 일하기 시작했다. 회사가 성공하지 못하면 나의 성공도 있을 수 없다는 생각에서였다.

'여의도로 가자!'

나는 먼저 새로운 시장의 개척을 위해 내게 첫 오더의 기쁨을 안겨준 여의도에 지사를 설립하겠다는 사업계획서를 회장님에게 제출했다. 당시 여의도는 오피스 빌딩과 식당가, 그리고 아파트만이 들어서 있어서 영업회사의 지점은 없었다. 특히 그 무렵에는 전철도 없었고, 버스편도 많지 않은 관계로 교통이 불편해서 영업사원들이 근무하기에는 최악의 조건이었다. 따라서 그때만 해도 여의도에 영업회사의 지점을 낸다는 것은 일반적인 상식으로서는 이해하기 힘든 일이었다.

"여의도로 가자구요? 어떻게 여의도에 사무실을 내고 영업을 해요? 영업사원을 모집하기도 쉽지 않을 텐데…."

사람들마다 고개를 내저었다. 그러나 나는 생각이 달랐다. 새로운 화장품 브랜드인 우리 화진의 브랜드를 이미지업시키고 널리 알리기 위해서는 소위 하이클라스들이 많이 모여 활동하는 여의도가 최적지라는 판단이 들었던 것이다. 당시 회사는 시청을 중심으로 10여 개의 지사가 설립됐지만 나는 이런 분명한 이유와 목표 때문에 여의도를 택하게 되었다. 결국 회장님은 내 주장을 받아들여 여의도 경도상가 4층 한 구석에 조그만 사무실을 마련해 주었다. 그런데 말이 사무실이지 엘리베이터도 없는데다 쥐벼룩이 얼마나 득실거리는지 조금만 앉아있어도 다리가 가려워서 어쩔 줄을 몰랐다.

'참자! 이 정도만 해도 우리에겐 감사한 거야! 열심히 노력해서 1년 후에, 아니 여섯 달 후에 우린 큰 사무실로 이사갈 거야!'

나는 불평하는 사원들을 독려하며 페인트를 사다가 내 손으로 직접 사무실 벽을 칠했다. 이튿날부터 나는 3명의 판매사원과 함께 시장 개척에 나섰다. 영업의 불모지나 다름없는 여의도에서 사람들에게 인지도가 전혀 없는 신규 브랜드의 화장품을 갖고 영업 활동을 하는 대단한 '도박'을 시작한 것이었다.

회사가 망할까 봐 목숨을 걸어

그러나 우리들의 의욕과는 달리 예상했던 대로 어려움이 한둘이 아니었다. 회사와 브랜드의 인지도가 워낙 생소한 탓에 판매도 신통치 않았고, 함께 일해 보겠다는 영업사원들을 구하기도 쉽지 않았다. "화진화장품요? 그런 화장품 회사가 다 있어요? 전 처음 들어보는데요?" 이렇게 말하는 고객은 솔직해서라도 좋았다. "화진화장품요? 그거 써 봤어요. 별로라서 안 사요!" 세상에! 화장품 회사가 생긴 지 이틀도 안 됐고 처음 소개하는 것인데 써 봤더니 별로라구? 이런 어이없는 일도 많았다. 그러나 우리는 포기하지 않았다. 고객들은 화장품을 거부하는 것이 아니라 세일즈맨 자체를 이렇게 거부한다는 것을 알고 있었기 때문이었다.

한편 회장님이 겪는 고통도 이루 다 말할 수 없었다. 회사는 사원들의 필사적인 노력으로 영업조직이 늘어나면서 점점 외양을 갖춰가기 시작했지만 자금력 없이 시작한 신생회사가 다 그렇듯이 초기 회사 사정은 너무 어려웠기 때문이었다. 한 예로 나는 지사장으로 승진한 이후 3년 동안 월급다운 월급을 제대로 못 받고 다녔다. 판매사원들은 자신의 판매실적에 따라 수당을 받아갔지만 당시 50만 원이었던 내 지사장 기본급은 그나마도 제때 나온 적이 없었다. 하지만 어쩌다 대하는 회장님의 수척한 모습과 고민하는 모습에서 회사의 사정이 여의치 않다는 것을 어렴풋이 알 수 있었기 때문에 한번도 월급을 왜 안 주느냐고 묻거나 따지지 않았다. 오히려 내 딴에는 그렇지 않아도 어려운 회사가 나마저 열심히 하지 않으면 금방이라도 문을 닫을 것 같아서 오직 앞만 보고 죽어라 뛰었다.

'그래! 회사가 어렵다면 내가 회사를 끌고 가자! 내가 주인이라는 생각으로 일하자!' 나는 몇 번이나 입술을 깨물면서 내 자신을 채찍질했고 사원들을 열심히 독려했다. 영업회사가 죽고 사는 것은 오로지 그 회사의 영업력에 달려 있기 때문에 내가 할 수 있는 것이라고는 모든 역량을 총동원해서 매출을 늘리는 길뿐이었고, 그것만이 회장님을 위하고 회사를 위한 것이라는 생각에서였다. 사실 나 역시 월급을 한푼도 못 받는 어려운 상황에서 관리자의 위치를 포기하고 판매가방을 든다면 적지 않은 수입을 올릴 수가 있었다. 나는 이미 세일즈에 물이 오를 대로 올랐었기 때문이었다. 그러나 나에게는 나 혼자 월 5백만 원을 버는 것보다 모든 사원이 다 함께 5백만 원씩 벌도록 해 주는 것이 더 가치 있었고, 그렇게 할 수 있다는 자신감이 있었다. 그래서 당장 어려울지라도 나보다 더 어려운 사원들에게는 내 고객을 넘겨줘서 수입을 더 많이 가져가게 해주었다.

만일 그때 내 호주머니에 눈이 멀어 관리자의 길을 포기하고 판매가방을 들었다면 오늘날의 나는 없었을 것이다. 그때 나를 아는 사람들은 내게 이렇게 말하곤 했다. "박형미 씨, 당신은 왜 그렇게 화진에 목숨을 걸어? 판매가방 들면 누구보다 많이 벌 수 있잖아?" "난 우리 회사가 망할 것 같아서 그래! 나, 우리 회사 망하지 않게 하려고 이러는 거야!"

사실이 그랬다. 나는 내 자신보다도 내가 몸담고 있는 회사가 망하지 않게 하기 위해 처절하리만큼 목숨을 걸고 뛰었다. 여건은 너무나 열악했지만 '목숨을 걸고!' 라는 말 그대로 죽기 아니면 까무라치기로 도전했고 그런 내 앞에서 운명은 늘 내 편이 돼 주었다.

믿는 도끼에 발등을 찍히다

내가 그렇게 앞뒤를 가리지 않고 열심히 뛰니까 영업사원들의 숫자도 이윽고 20여 명으로 불어났다. 나는 신바람이 나서 그들에게 열심히 상품교육을 시켜서 판매활동을 내보냈다. 그들의 활약에 힘입어 매출도 하루가 다르게 쑥쑥 늘어났고, 이대로만 간다면 아무 걱정이 없을 것 같았다. 그러나 그것은 큰 착각이었다. 내 기대는 얼마 가지 않아서 어처구니없게도 산산조각이 나고 만 것이었다. 당시 우리가 팔았던 상품은 기초 화장품 일곱 가지로 가격이 12만7천 원이었다. 그래서 열심히만 하면 어느 정도 수준의 수입이 보장됐다. 그러나 내게서 교육을 받은 그들은 능력이 개발되고 영업에 자신감이 생기자 우리 화장품보다 판매마진이 훨씬 높은 외국계 화장품 회사로 하나 둘씩 빠져나가 버린 것이었다.

회사 내에서도 가장 막강하다고 생각했던 내 조직은 그들이 썰물처럼 빠져나가자 순식간에 와해되고 말았다. 그들의 배신은 내가 미처 예상하지 못했던 크나큰 실수였고 충격이었다. 그들 가운데는 나에게서 처음으로 영업을 배워 일한 친구도 있었다. 하지만 당장 더 많은 수입이 보장된다는 이유 하나만으로 그들은 나를 미련 없이 떠나 버린 것이었다. 자신의 이익을 쫓아 하루에도 수없이 이합집산을 하는 영업의 세계에서 그들만 야속하다고 탓할 수는 없었다. 무엇보다 무너진 영업조직의 재건이 발등의 불이었기 때문이었다. 나는 그대로 죽을 수는 없었다. '두고 보자! 너희들 없이도 더 잘 할 수 있다는 것을 반드시 보여주겠어!'

오기가 발동한 나는 영업사원을 새로 모으기 시작했다. 그리고 그때부터 사원을 뽑을 때면 나름대로 확고한 하나의 기준을 세웠다. 첫째가 영업회사에 몸을 담았거나 여기저기 영업회사를 기웃거린 경력이 있는 사원은 절대 뽑지 않는다는 것이었다. 대신 나는 영업 경험이 없는 젊고 약삭빠른 사람들보다는 세일즈와는 거리가 전혀 없어 보이는 전업주부들을 뽑았다. 그리고 그들에 대한 교육도 상품이나 보수체계 같은 제도보다는 인성교육에 먼저 치중했다. 한마디로 '돈 버는 기계'를 만들기보다 먼저 '사람 냄새가 나는 인간'을 만들고, 함께 일하면서 함께 성공의 열매를 나누는 공동체 의식을 심어주기 위한 교육을 하기 시작한 것이다. 내가 영업사원들에 대한 인성교육의 중요성을 뼈저리게 느낀 것도 바로 이때부터였다.

무너진 조직을 재건하라

나의 이 같은 계획은 그대로 적중했다. "아니, 우리같이 나이 먹고 평생 집에서 살림만 하던 사람도 어디 쓸 곳이 있어요?" "그럼요! 일과 나이가 무슨 상관이에요? 나이 들어서 일할 수 있다는 것 자체만으로도 행복한 거죠. 경험이 없는 것은 배우면서 쌓아 가면 되는 거구요!" 이른바 '대책 없는' 전업주부들을 모은 후에는 눈앞의 목표달성과 매출을 올리기에 급급해서 상품교육과 제도교육만 대충 시켜 필드로 내보내는 대신 가장 먼저 인성교육부터 강도 높게 실시했다.

"아이구, 참말로! 젊은 사람이 구구절절 옳은 소리만 하네? 한번 해볼게요. 그리고 사람도 많이 데려 올게요."

선무당이 사람 잡는다고, 이렇게 세일즈라고는 평생 한번도 해 본 적이 없는 전업주부들을 인성교육으로 단단히 정신 무장시켜 능력을 개발해 주었더니 놀랍게도 이들은 나를 배신하고 떠나간 '선수들' 보다 더 뛰어난 능력을 발휘하기 시작했다. 이들은 나를 중심으로 하나같이 똘똘 뭉쳐 하루가 다르게 많은 실적을 올렸고, 새로운 사원들을 속속 증원시켰다. 사원들은 꼬리에 꼬리를 물고 늘어났다. 이들의 거의가 세일즈라고는 한번도 해 본 적이 없는 사람들이었다. 이것은 교육의 승리였고 내 자신의 승리이기도 했다. 무딘 쇠의 담금질이 강한 쇠를 만드는 것처럼 나는 교육의 힘이라는 것이 얼마나 크고 위대한 것인가를 뼈저리게 느꼈다.

이때 내가 살던 동네 통장님을 비롯해서 나에게 교육을 받고 같이 일하기 시작한 이른바 '대책 없는' 전업주부들 가운데는 현재 남부럽지 않게 성공한 사람도 많다. 우리 화진화장품의 대표이사 라인업을 이루고 있는 호순자, 함봉옥, 석미자 대표이사가 그 주인공들이다. 이들은 하나같이 살림밖에 모르고 살았던 평범한 주부에서 입지전적인 성공을 거둔 신화의 주인공이 된 것이다. 그런 의미에서 나를 배신하고 떠나간 '선수들'은 나에게는 더없이 고마운 스승이었다.

이렇게 열심히 뛰다 보니까 사원이 늘어나고 매출 실적도 계속 늘어나 우리 여의도 지점은 전국 50개 지점 가운데 마침내 1위를 달리기 시작했다. 그러나 나는 결코 자만하지 않았다. 비록 전국 1위를 달리고 있었지만 무엇보다도 우리가 올린 실적에 대해 내 자신이 만족할 수 없었다. 나는 전국 1위에 만족하기는커녕 오히려 걱정을 했다. 그리고 어깨가 무거웠다. 우리 지점이 전국 1위를 차지했다는 것은 전국의 모든 지점을 선도해야 한다는 것을 의미했기 때문이다. 이제야말로 우리 여의도 지점이 명실공히 회사를 이끌어야 하는 때가 온 것이었다.

"다시 한 번 목숨을 겁시다! 나를 믿고, 나만 따라 오세요! 회사의 성공이 곧 여러분의 성공입니다!" 우리는 다시 목숨 걸고 일했고, 매출은 계속 눈덩이처럼 불어났다. 그리고 내가 지사장에서 본부장으로 승진했을 때는 내 밑으로 지사장이 9명이나 됐고, 전체 영업사원의 숫자는 170여 명, 조직과 매출에 있어서 단연 톱이었다. 내가 화진에 몸담고 일하면서 목표 달성을 하지 못한 달이 딱 한 번 있었는데 그때가 바로 그 '선수들'이 한꺼번에 빠져나간 다음 달이었다. 하지만 나는 그 다음 달에는 다시 목표를 달성했으며 그 후로 한 번도 목표를 이루지 못한 적이 없었다. 내가 세운 목표는 내 자신과의 약속이었기 때문에 나는 어떤 일이 있더라도 지켜야 했던 것이었다.

박형미처럼 되는 것이 소원

내가 회사의 중견 간부 자리인 본부장이 되었을 때 나는 처음부터 관리직을 고집했던 나의 판단이 틀리지 않았음을 확인하게 되었다. 대개의 영업회사들이 그러하듯이 영업적인 수완이 뛰어난 사람은 관리직이 되는 것을 기피한다. 관리직이 되면 일정액의 봉급 외에는 큰 인센티브가 없어서 오히려 영업일선에서 뛰는 것보다 수입이 크게 줄어들기 때문이다.

실제로 나보다 먼저 회사에 들어온 선배들 가운데는 영업직이 얻는 메리트가 많아서 관리자로 승진하려는 사람이 없었다. 내가 여의도에서 있었던 시절만 하더라도 판매사원들은 60만 원 이하의 값싼 옷은 입지도 않았다. 어쩌다 고객을 만나 물건 하나만 팔아도 당장 적지 않은 돈이 들어오고 능력이 뛰어난 사원들은 놀면서도 몇 백, 몇 천만 원씩 벌 수 있었기 때문이었다. 그러니 이들은 굳이 관리자를 할 필요도 욕심도 느끼지 않았다. 특히 조직을 관리하는 일이 여간 골치 아플 뿐 아니라 자신의 조직을 만들어서 키우고 중간관리자를 두면 자신의 수당이 떨어져 나가기 때문에 일부러 기피하는 사람도 많았는데 나는 처음부터 그들과 생각이 달랐다.

어려서부터 나는 성취욕이 강하고 승부사 기질이 있어서 그런지 몰라도 뱀의 머리가 될지언정 용의 꼬리는 되기 싫었다. 다른 사람들이 판매로 월 5백만 원을 벌 때 나는 관리자로 월 5백만 원을 벌고 싶었다. 같은 5백만 원이라도 영업사원이 받는 5백만 원과 관리자가 받는 5백만 원은 하늘과 땅만큼의 차이가 있다. 관리자가 그만큼 벌기 위해서는 남다른 조직관리가 필수적이고 보람도 크지만 자기 살을 깎는 고통도 감내할 수 있어야 한다. 그럼에도 불구하고 나는 과감히 관리자의 길을 택했고 내가 받는 수당이 당장 줄어든다 해도 하부 조직을 키워 과감히 분가시켜 나간 것이다. 그리고 내 밑의 중간관리자들이 성공할 수 있도록 최선을 다해 지원한 결과, 결국 조직은 계속해서 늘어났고, 관리자로서도 어느 유능한 판매사원 못지않은 많은 수입이 저절로 생겨난 것이었다.

1997년을 고비로 우리 화진은 첫 번째의 전성기를 맞이하게 된다. 전국의 지점 수는 70개로 늘어났고, 사원수가 3천여 명에 달했다. 이때 회장님은 오랫동안 생각해 왔던 계획을 구체화시키기 시작했다. 그것은 회사의 주인은 어디까지나 사원들이라는 생각으로 회사의 이익을 사원들에게 돌려주기 위한 것으로 우리 사주(社株) 형태의 출자금을 모집한 것이다. 이것은 회사의 이익은 사원들이 가져야 한다는 회장님의 확고한 경영철학에서 나온 것이었다. 사원들이 다투어 백만 원, 2백만 원씩 출자를 했고 회장님은 회사의 이익을 사원들에게 출자한 만큼 나누어 주었다. 회사는 공장을 계속 증설하면서 번창 일로를 걸었고, 나 역시 그때까지 경험해 보지 못한 최고의 전성기를 맞았다.

우리 여의도 지점은 계속해서 늘어나는 사람들로 사무실이 비좁아 계속 이전과 확장을 거듭했다. 당시 국장으로 승진한 나는 수당만 천만 원에서 천 2백만 원에 달했다. 그러자 나는 순식간에 판매사원들의 우상이 되었다. 영업사원들 사이에서는 '박형미처럼 되는 것이 소원'이라는 말이 유행하면서 그들도 나처럼 되기 위해 그야말로 무섭도록 일을 했고 판매고는 갈수록 급증했다. 그 이듬해 나는 '영업조직의 꽃'이라고 할 수 있는 이사로 승진했다. 이사 시절 나는 내 조직만으로 한 달에 12억 원의 매출을 올렸는데 아직도 이 기록은 깨지지 않고 있다.

IMF의 위기를 극복하라

1997년 말에 찾아온 IMF 구제금융 위기는 그때까지 우리가 쌓아온 모든 것을 하루 아침에 물거품으로 만들어 버리고 말았다. 하루에도 수십, 수백 개의 회사가 부도로 쓰러지던 시절이기도 했지만 하루 아침에 매출이 곤두박질을 치면서 그 이듬해 2월 회사는 부도가 났고 공장의 생산라인은 멈춰 섰으며 그 많던 영업조직은 순식간에 붕괴되고 말았다. 특히 당시 회사는 강원도 횡성에 매머드급 공장을 완공하고 중국

진출을 시도하는 등 제2의 도약기를 맞고 있었기 때문에 안타까움은 더욱 컸다. 회장님의 고민은 갈수록 깊어갔다.

IMF 이전에 회사가 너무 잘 나갔던 것도 오히려 화근이 되었다. 무려 120억 원을 투자했던 횡성 공장은 당시 국내 화장품 생산량의 5분의 1을 감당할 수 있을 정도의 대규모인데다 최고의 첨단 시설을 갖추고 있었다. 그러나 부도로 인해 공장은 경매에 넘어가고 은행들은 회사의 자산을 압류했다. 채권자들은 빚을 갚으라고 아우성을 치는데 재고는 산더미처럼 쌓이고, 우리에게 닥친 난관이 하나 둘이 아니었다.

그러나 더욱 심각한 것은 영업조직의 붕괴였다. 당시 우리 여의도 지점은 법인으로 승격돼 나는 '주식회사 서부 화진'의 대표이사로 일하고 있었는데 상황이 이렇다 보니 3천 명이나 됐던 전국의 영업사원들은 우리 서부 화진의 백여 명을 제외하고 모두 떠나버렸다.

회사는 풍전등화와 같은 상황이었고, 회장님의 표현에 따르면 내가 이끄는 서부 화진이 회사에 남은 최후의 보루였다. "큰일이야. 이대로 가다가는 완전 파멸밖에 없어…" 나는 눈앞이 캄캄했다. 회장님과 나는 이 위기를 극복하지 못하면 끝이라는 각오로 재기를 다짐했다. 본사도 아예 우리 서부 화진으로 옮겼다.

"우리는 여기서 이대로 주저앉을 수 없습니다. 우리가 어떻게 만든 회사입니까? 우리의 피와 땀으로 만든 회사이고 우리 삶의 터전입니다. 우리 힘으로 회사를 살립시다! 지금까지 우리 서부 화진은 회사를 선도해 왔습니다. 이제야말로 진짜 숨은 저력을 보여줍시다. 저부터 제 목숨을 여러분 앞에 담보로 내놓겠습니다."

나는 남아있던 사원들을 한 자리에 모아놓고 비장의 연설을 했다. 그 말은 내 진심이었다. 진심은 언제나 진심끼리 통하는 법이다. 사원들은 자신의 개인 통장까지 털어 안간힘을 써가며 회사의 부도를 막았고, 나는 매일매일 판매사원의 증원과 교육에 나섰다.

김밥 외상값만 6백만 원

다시 사원들은 늘어나기 시작했다. 먹고 살기 위해 생활전선에 뛰어든 주부들은 물론이고, 이때는 특히 IMF로 하루 아침에 실직자가 된 남자들까지 세일즈를 하겠다며 우리를 찾아왔다. 우리 화진이 남자 영업사원들을 받아들이기 시작한 것도 바로 이때부터였다. 모두가 한 마음으로 똘똘 뭉쳐 밤낮없이 새로운 사원의 증원에 힘을 쏟다보니 사원들이 다시 크게 늘어나기 시작했다. 그런데 당장 문제가 생겼다. 사원을 모집해서 교육을 시키면 최소한 교육 기간인 나흘 동안 점심은 먹여야 했는데 회사가 워낙 어려운 상황이었기 때문에 현금이 있을 리 만무했다. 나는 회사 근처에서 김밥집을 하는 가게 주인을 불렀다.

"우리 사원들이 먹을 김밥을 좀 외상으로 필요한 만큼 대 주세요."

"아니, 사장님? 값이 얼마나 된다고 김밥값을 다 외상합니까?"

"저를 믿으세요! 앞으로 사원들이 계속해서 늘어날 텐데 제가 책임지고 갚아드릴 테니까 필요한 만큼 배달해 주세요." "알겠습니다." 이렇게 해서 그 김밥집에서 외상으로 시켜다 먹은 김밥값만 무려 6백만 원이 넘을 때도 있었다. 그러나 그렇게 외상값이 많이 쌓여도 그 김밥집 주인은 한 번도 외상값을 독촉하지 않았다. 우리들이 혼연일체로 똘똘 뭉쳐 일하는 모습을 보고 절대 망하지 않을 거라는 확신을 가졌던 모양이었다.

판매가 다소 늘어나고 판매 대금이 회사로 입금되어도 빚을 막는 데에 고스란히 들어갔기 때문에 사무실 운영은 계속해서 어려울 수밖에 없었다. 임대료를 내지 못해 사무실의 임차 보증금도 다 까먹고 전기료, 수도료마저도 내지 못하는 바람에 단전, 단수 통보가 하루가 멀다 하고 날아들었다. 당시 전국 직영점의 임대료와 관리비, 협력업체 미지불금, 체납임금, 세금 등 회사 전체의 채무가 2백억 원에 달했다. 그러나 그보다도 더 무서운 것은 세무서였다. 여의도 세무서에서는 미납 세금에 대한 독촉장이 수시로 날아왔고, 세무 공무원들이 계속해서 사무실을 찾아왔다.

"박 사장님, 어떻게 하실 겁니까? 이 서부 화진만 법인세 미납 세금이 4억 원입니다. 이걸 어떡하려고 그러십니까?" "기다려 주십시오. 저희가 벌어서 꼭 갚겠습니다. 이렇게 모두가 열심히 죽어라고 일하고 있지 않습니까? 반드시 갚겠습니다." "안 됩니다. 저희도 더 이상 기다릴 수 없습니다. 마지막 통보입니다. 회사 통장을 압류하겠습니다."

세상에, 회사 입금통장을 압류하겠다니! 나는 하늘이 노래지는 것 같았다. 회사 통장은 우리 영업사원들이 제품을 팔고 신용카드로 결제한 판매 대금이 일주일 정도의 간격으로 은행에서 입금되는 통장이다. 우리는 이 돈을 찾아서 회사의 수익은 고사하고 영업사원들에게 월급과 수당을 줘야 하기 때문에 우리의 생명줄이나 다름없는 통장인 것이다. 그런데 이것을 압류하겠다니 우리보고 회사를 하지 말라는 말이나 다름없었다.

그때 우리 회사 담당은 여의도 세무서 법인 2계 박충해 계장이었다.

"계장님! 그것은 말도 안 됩니다. 차라리 이 자리에서 저를 죽이세요! 제가 죽었으면 죽었지 그렇게는 못 합니다!"

나는 절망에 빠져서 금방이라도 통곡을 하고 싶었다. 어떻게 일군 회사인데, 내 모든 것을 바친 회사가 이렇게 허망하게 무너지는 것을 도저히 볼 수 없었다.

계장님 국가와 민족을 위해 큰일을 하셨습니다

당장 발등에 불이 떨어진 나는 그 이튿날 대표이사와 간부 10여 명을 데리고 여의도 세무서를 찾아갔다. 당시 나는 이 세금 문제로 세무서에 가서 살다시피 했기 때문에 세무서 직원 중에는 내 얼굴을 모르는 사람이 없을 정도였다. 그때 우리는 누가 보더라도 하나같이 사생결단을 각오한 분위기였다. 나는 박충해 계장을 비롯한 세무서 간부들과 담판을 벌였다.

"세무서도 국민이 있어야 있는 것이 아닙니까? 이 어려운 IMF 시기에 없는 사람들이 열심히 일해서 먹고 살려고 발버둥을 치는데 회사 통장을 압류해 버리면 이들은 뭘 먹고 살고 이들의 생계는 누가 책임집니까? 여의도 세무서에서 책임져 주실 겁니까?"

나는 그야말로 옳은 말만 골라서 했다.

"지금 이 시기는 국가적으로 보더라도 어려운 중소기업을 어떻게 하든 하나라도 더 살려야 할 때가 아닙니까? 우리는 회사를 살릴 자신이 있는데, 사원들이 똘똘 뭉쳐 기어이 살려보겠다는 회사의 통장을 압류해서 회사가 쓰러지면 그때 누가 책임지실 겁니까? 이번에 저희들을 도와주시면 언젠가는 계장님도 국가와 민족을 위해 큰 일을 하셨다는 것을 분명히 깨닫게 되실 겁니다."

나는 결국 세무서로부터 통장의 압류 대신 분할 납부를 받아주겠다는 대답을 이끌어냈다. 지금은 남대문 세무서 법인 2계에 근무하는 박충해 계장은 그때 통장을 압류하지 않은 것은 자신의 커다란 직무유기였지만 나와 우리 사원들의 열정을 보고는 징계를 각오한 채 분할 납부를 받아들였다고 한다. 그때 일이 인연이 되어 나는 지금도 이 박충해 계장과 자주 만나고 연락을 하고 있다. 우리는 약속대로 법인세 체납액을 1년 동안 분할해서 갚은 것은 물론 2백억 원의 채무도 차례로 갚아나가기 시작했다.

그러나 어려움은 이것뿐만이 아니었다. 회사가 잘 나갈 때 출자를 했던 사원들 가운데는 회사가 어려워지자 출자금을 돌려 달라며 아우성 치던 사원들이 많았다.

"당신 보고 출자한 거야! 그러니 당신이 물어내! 노동부에 고발하겠어!" 사실 우리에게 도덕적인 책임은 있을지 몰라도 그들은 회사가 잘 나갈 때 적지 않은 배당금을 가져간 데다가 법적으로 따지더라도 회사가 완전히 문을 닫은 상태였기 때문에 책임져야 할 이유는 없었다. 그러나 그들은 조직폭력배까지 동원해 날마다 사무실을 찾아와서 나를 괴롭혔다.

그때는 나도 회사를 살리기 위해 내가 가진 모든 것을 다 털어 넣은 상태였다. 심지어 몸에 가지고 있던 패물까지도 다 팔아 보탰는데 단하나, 당시 150만 원 정도 나가는 '오팔' 반지만은 마지막까지 팔지 않고 손가락에 끼고 있었다. 사람들은 내가 끼고 있던 그 반지를 보더니 그것까지도 내놓으라고 했다. 나는 기가 막혔다.

"여보세요! 당신들이 돈을 받기 위해서라도 이 반지만큼은 가져가면 안 됩니다."

"그게 무슨 말이오? 돈을 받기 위해서라도 그건 안 된다니?"

"그래요! 우리 사원들은 나를 보면서 나처럼 되려고 노력하는 사람들이에요! 그런데 소위 사장이라는 여자가 손가락에 이런 괜찮은 반지 하나도 없다고 생각해 보세요! 사원들이 나를 보고 무슨 꿈을 갖겠습니까? 꿈을 가져야 일을 하고 일을 해야 돈이 들어오는 것이 아닙니까? 그래야 당신들도 돈을 받을 수가 있는 거구요! 그러니 당신들이 달라는 돈을 주기 위해서라도 이것만큼은 절대 줄 수 없습니다!"

그들은 내 앞에서 더 이상 한 마디의 말도 하지 못하고 물러갔다.

여성잡지의 할인판매
광고 페이지를 몰래 뜯어라

어려움은 끝이 없었다. 회사가 부도 나자 납품대금을 받지 못한 업체들이 자신들이 압류한 우리 화진 제품을 헐값에 할인판매하기 시작한 것이었다.

"사장님, 큰일 났습니다! 이것 좀 보세요? 우리 매직뷰티를 30만 원대에 할인 판매한다는 광고가 여기 나 있어요!" 한 여성잡지에 실린 그

광고를 본 순간 나는 그만 기절할 뻔했다. 우리 사원들이 99만 원에 파는 피부미용기기인 '매직뷰티 V'을 원가도 안 되는 불과 34만 5천 원에 판다는 광고가 실려 있었기 때문이었다. 이것은 정말 세금 체납보다도 더 중대하고 화급한 문제였다. 부도의 와중에 우리 제품을 압류한 업체들이 당장의 현금 확보를 위해 한 짓이었다. TV 자막에도, 신문에도 같은 광고가 나왔다. 이런 상태에서 우리 영업사원들이 어떻게 매직뷰티를 팔 수 있다는 말인가? 사원들도 사원이지만 그보다도 99만 원을 주고 매직뷰티를 산 고객들은 우리를 어떻게 생각할 것인가. 이같이 생각하니 아찔하기만 했다. 아무리 부도가 났을지언정 이 같은 행위는 우리 화진의 명성에 먹칠을 하는 일이었다.

당시 부도로 압류당한 물건 말고도 우리 회사의 창고에는 가공되지 않은 물량까지 합쳐 대략 200억 원어치의 재고 화장품이 있었다. 그러나 회사 사정이 그렇게 어려운 형편임에도 불구하고, 회장님은 이 재고 화장품을 시중 할인판매 코너에서 팔게 하라는 주위의 유혹을 단호하게 뿌리쳤다. 만약 그렇게 했더라면 자금난에 다소 숨통이 트일 수도 있었을 것이다. 그러나 오직 품질 하나만 믿고 방문판매를 고집해 왔던 회장님은 그렇게 하는 것은 회사 이미지의 추락은 물론, 항상 원칙을 고집해 온 자신의 신념에 대한 배반이며 자기를 믿고 따라온 판매사원들에 대한 배신이라고 생각했기 때문에 절대로 그렇게 하지 않았다. 우리가 회장님을 믿고 따를 수 있었던 것도 바로 그런 회장님의 원칙만을 고집하는 변치 않는 소신과 사원에 대한 애정 때문이었다.

나는 전 사원들을 모아 놓고 말했다.

"이것은 정말 중요한 일입니다. 우리 화진이 사느냐 죽느냐 하는 중대한 문제입니다. 여러분, 오늘부터 이 여성잡지가 배포돼 있는 은행이나 관공서를 일일이 모두 찾아다니면서 우리 매직뷰티 할인광고가 실려 있는 페이지를 아무도 모르게 조용히 뜯어 내세요. 그래야 우리가 삽니다!"

내 말 한마디에 작전은 시작됐다. 나를 포함해 우리 사원들은 여성지가 비치돼 있을 법한 곳을 다 찾아다니며 조용히 그 광고 페이지를 뜯어내기 시작했다. 우리 화진이 자랑하는 최고의 주력상품인 '매직뷰티'는 이렇게 해서 다시 살아난 것이다.

고독한 결단과 극약 처방

회사 경영 상태는 어렵지만 그렇다고 할인판매는 꿈에도 생각할 수가 없고, 존망의 기로에 선 회장님은 그때 기발한 아이디어를 하나 떠올렸다. 세상을 살아오면서 직업을 무려 서른 번 이상 바꾸었을 정도로 산전수전을 다 겪어 오신 회장님의 번득이는 지혜는 참으로 예측하기가 힘들 정도이다. 나는 이런 회장님이 생각해 낸 아이디어를 항상 행동으로 옮겨 그것이 옳았음을 입증하는 전위대였다.

"박 사장, 내게 좋은 생각이 있소!" "뭔데요, 회장님?" "재고는 많이 쌓여 있는데 어차피 할인판매는 하지 않을 거고 그럴 바에야 이것을 우리 사원들에게 전부 무상으로 나눠 줍시다." "네에? 그게 무슨 말씀이세요?" "재고로 쌓아두면 산업 쓰레기밖에 안 돼요. 그러니 이것을 사원들에게 무상으로 나눠줘서 사원들의 소득을 보전해 주고 사기를 북

돌아 줍시다. 이렇게 해서 잘 하면 사활의 돌파구를 뚫을 수도 있지 않겠소?"

전부가 아니면 전무를 택하겠다는 이 같은 회장님의 결단은 도박이나 다름없는 극약 처방이었다. 재고 화장품을 그냥 무상으로 나눠 주면 그것을 사원 개인이 사용하거나 남에게 팔 수도 있기 때문에 당장 매출이 떨어질 수도 있었다. 또 한편으로는 사원들의 수입 보전과 사기 진작, 브랜드 홍보의 효과가 클 수도 있었지만 도박처럼 위험 부담 역시 큰 것이었다. 그러나 회장님은 과감한 결단을 내렸다. 재고 화장품을 무상으로 나눠주되 단, 가족이든 판매사원을 희망하는 사람이든 회사 교육장으로 누군가를 데려오는 사람에게만 데려온 사람 수만큼 나눠 준다는 조건이었고, 또 회사를 방문하는 사람에게도 한 시간씩 교육만 받으면 마찬가지로 나눠 준다는 것이었다.

결과는 대성공이었다. 처음에는 판매사원들의 권유로 가족들이 많이 따라 나왔지만 시간이 지나자 실직자에서부터 일반 주부, 학생, 보험설계사, 심지어 나이든 노인들까지 몰려들었다.

"진짜 판매하는 비싼 화장품을 준대요! 또 가서 교육을 한번 들어보세요! 돈 주고도 못 받는 교육이래요!"

소문이 퍼지면서 사람들이 구름떼처럼 모여들기 시작했다. 우리는 이 많은 사람들에게 예외없이 화장품을 무료로 나눠주었다. 그리고 회장님과 나는 때맞춰 구축한 화상방송 시스템을 통해 전국 각 지점의 교육장을 찾아온 많은 사람들에게 매일 열심히 그들의 잠재된 정신력을 일깨우는 교육을 시켰다. 즉, 이 짧은 만남의 기회를 통해 우리가 그들에게 한 것은 회사 소개와 상품 자랑을 통해 상품 판매를 한 것이 아니라, 배고픈 사람들에게 물고기를 나눠 주는 대신 물고기 잡는 법을 가르쳐 준 것이었다.

그러자 놀라운 변화가 일기 시작했다. 처음에는 공짜 화장품을 하나 받을 욕심에 멋모르고 우리 회사를 찾아온 사람들이 교육을 받기 시작하면서부터 하나같이 눈빛이 달라지고 표정이 달라지고, 교육을 받는 자세가 달라졌다. 그리고 한 시간의 교육이 끝나고 두 시간으로 이어져도 자리를 뜨는 사람이 거의 없었다. 사람들은 오히려 교육시간이 너무 짧다고들 말했다. 따라서 하루 한 시간의 교육이 이틀, 사흘로 이어졌는데도 인원은 오히려 더 늘어나는 기현상이 벌어졌다. 이렇게 교육을 받은 사람들은 자신도 모르는 사이에 '나도 뭐든지 할 수 있다'는 자의식에 눈을 뜨면서 앞 다퉈 화진의 가족이 되었다. 그 결과 회사 창고 속의 재고가 줄어드는 것과 반비례해서 회사의 조직은 살아나고 오히려 더 커지기 시작한 것이다.

화진은 회사가 아니라 인간개조 공장

부도를 맞은 지 1년 만인 1999년 1월 마침내 회사는 다시 영업 이익을 내면서 정상 궤도에 진입하기 시작했다. 부도 와중에 쌓인 재고 상품을 사람에게 투자한 회장님의 전략이 보기 좋게 적중한 것이었다. 그 후 계속해서 새로운 직업을 찾는 청장년 실업자와 여성 실업자, 또 한푼이라도 더 수입을 올려 가계에 보태려는 주부들이 우리 화진의 전국 지점에 있는 교육장으로 몰려들었다. 그리고 2001년이 되자 전국의 방문판매 사원의 숫자가 3만5천 명에 달해 IMF 이전보다 그 규모가 열 배 이상 커지게 되었다.

이처럼 IMF는 우리에게 커다란 시련을 안겨 주었지만 아이러니컬하게도 한편으로는 회사의 규모를 확장시킬 수 있는 절호의 기회가 돼 주었다. 직장을 잃고 거리로 쏟아져 나온 사람들에게는 새로운 일자리가 필요했고, 우리는 실의와 절망에 빠져있는 사람들에게 그 사람이 지닌 능력을 개발시켜 주고 성취의 기쁨과 보람을 얻게 해 주었다. 이렇게 함으로써 우리는 서로 '윈 윈' 할 수가 있었는데, 그 시기와 이해관계가 너무나 절묘하게 맞아떨어진 것이다.

그러나 이렇게 시기와 이해가 맞아떨어진 것이 결코 운이 좋아서만은 아니었다. 회사 경영에 있어서 경영진은 무엇보다 원칙을 고수했고, 사원들은 혼연일체가 되어 뛰었으며, 회사를 찾아온 사람들에게 '나도 할 수 있다' 는 자신감을 불어넣어 준 결과, 이 모든 것이 하나가 돼 성공이 가능했던 것이다. 특히 처음에는 공짜로 나눠 주는 화장품이 계기가 되어 찾아왔다가 판매사원이 된 사람들도 단순히 돈 때문에 그렇게 열심히 일을 했다고는 생각되지 않는다. 짧은 시간이라도 우리 화진에 와서 교육을 받은 사람은 그 순간부터 지금까지 지녀온 생각과 고정관념이 바뀌고, 자신도 모르고 있었던 능력이 개발되면서 적극적이고 능동적이며 의욕적인 사람으로 탈바꿈하게 되었다.

"제 일생에 있어서 화진을 만난 것은 가장 큰 행운이었어요!"

"저는 변했습니다. 이제 저를 옛날의 저로 생각하시면 안 돼요! 당신도 이젠 고정관념을 버려야 돼요!"

우리 사원들은 너나 할 것 없이 이렇게 달라진 자신들의 모습에서 희열을 느끼고 성취감을 만끽했기 때문에 하나같이 즐거운 마음으로 열심히 일을 한 것이다. 만약 우리 화진을 찾아온 한 사람 한 사람에게 이런 변화가 주어지지 않았다면 처음에 공짜 화장품 하나를 얻으려고 왔던 이들이 한사코 우리 화진에 몸담고 있어야 할 이유가 없었을 것이다. 솔직히 말해 방문판매나 세일즈를 하는 회사들이 하나 둘이 아닌데다가 우리보다 더 많은 수입을 올릴 수 있는 회사도 많기 때문이다. 그래서 우리 사원들은 스스로가 이렇게 말하는 것을 주저하지 않는다.

"우리 화진은 인간개조 공장이에요!"

능력개발을 너무 많이 시킨 것이 유죄

사람의 능력이란 참으로 무한하며 때론 무섭게 생각될 때가 있다. "IMF 때 우리 회사가 부도가 나게 된 원인 중의 하나가 뭔지 아십니까? 그것은 사원들의 능력을 너무 많이 개발시켰기 때문이에요!" 회장님이나 내가 이런 말을 하면 의아하게 생각하는 사람이 많다. 왜 사원들의 능력을 너무 많이 개발시킨 것이 부도의 원인이 되었을까? 이유는 간단하다. IMF 이전에도 회사는 영업사원들의 능력 배양 교육에 엄청난 재투자를 했다. 회사로서는 그것도 경영상 적지 않은 부담이 되었지만 문제는 교육을 받은 사원들마다 능력이 배양되자 하나같이 승진은 하려 하지 않고 판매에만 열을 올리는 기현상이 벌어졌다는 것이다. 당시 영업사원들의 평균 수입은 월 4백만 원에 달해 웬만한 지역 점포장의 월급을 능가했다. 사정이 이렇다 보니 각 지역의 점포장들조차 조직관리와 경영은 뒤로 미룬 채 방문판매를 위해 자리를 비우는 어처구니없는 현상이 빚어지고 있었다.

조직을 관리해야 할 관리자들이 관리는 하지 않고 당장 큰 돈을 벌기 위해 판매에 나선 것이다. 이 같은 현상이 지속되다 보니 판매수익의 열매를 분배하는 체계적인 시스템이 무너지고 판매조직의 위계질서가 함께 허물어질 수밖에 없었다. 이런 상황에서 IMF라는 거센 폭풍우를 만나게 됐으니 대내외적인 악조건과 맞물려 영업조직이 하루 아침에 속수무책으로 붕괴되어 버린 것이었다.

'다시는 이런 실수를 되풀이하지 말자!' 그래서 회사에서는 관리자들에게는 수입과 자리를 함께 보장해 주면서 판매조직의 위계질서를 확실히 세워나갔다. 일선 영업사원들에게는 기본 수당 외에 늘어난 판매 수량만큼 인센티브 수당을 추가한 것이다. 그것과 동시에 방문판매 영업의 중심 조직인 일선 점포를 보호하기 위해 신설 점포의 임대료와 전체 운영관리비를 회사가 책임지는 직영체제를 갖췄다. 그리고 지방으로 발령되는 점포장에게는 사택까지 제공하는 파격적인 조건을 갖추는 등 다시 판매수익의 대부분을 판매조직 확충에 끊임없이 재투자하기 시작했다.

그러면서 지난 2003년부터는 그동안 '점포'로 분류했던 판매법인의 조직을 '지점'으로 일제히 정비하면서 나를 포함한 판매법인 대표이사와 지점장 등, 책임자급 관리자들에게 4대 보험이 적용되는 완전 월급제를 정착시켰다. 따라서 부회장인 나도 근로자의 한 사람이 된 것이다. "혹시 화진도 다단계회사가 아닌가요?" 간혹 이렇게 묻는 사람도 있지만 천만의 말씀이다. 우리는 절대 다단계가 아닌 정통 방문판매 회사이다. 일선 판매사원이 자신의 판매수당 가운데 일부를 윗선 조직에 리베이트로 떼어 줘야 하는 다단계 판매회사와는 전혀 다른 회사인 것이다.

사람의 능력은 최대한 개발시키는 것이 좋다. 그러나 제대로 관리를 하지 못하면 오히려 낭패를 가져올 수도 있다는 것, IMF가 우리에게 가르쳐 준 교훈의 하나이기도 하다.

빨간 그랜저의 주인공이 되라

2002년 온 국토가 월드컵의 열기와 '대~한민국!'의 뜨거운 함성 속에 파묻혀 있을 때 월드컵 경기가 열리는 대전의 거리축제 현장에서는 어디에서도 볼 수 없는 색다른 이벤트가 열려 국민들의 시선을 사로잡았다. 차체가 온통 붉은 색 일색인 '빨간 그랜저' 20여 대가 카 퍼레이드를 벌이며 시민들의 축제 행렬 속에 그 멋진 모습을 드러냈기 때문이었다. 온 국민이 'Be The Reds!', 붉은 악마가 되자며 붉은 색 티셔츠를 입고 열광하고 있을 때라서 그 축제에 난데없이 등장한 빨간색 그랜저의 카 퍼레이드는 축제의 분위기를 최고조로 이끌었다. 그리고 그 그랜저 차량에는 모두 조그맣게 우리 화진화장품의 로고가 새겨져 있었던 것은 두 말할 필요도 없다.

우리 화진에서는 지난 1997년부터 해마다 특정 목표치를 달성한 대점포, 지금의 지점장들에게 운전기사가 딸린 빨간색 그랜저를 제공하고 있다. 이른바 '빨간 그랜저'로 상징되는 이 포상제도는 우리 화진이 주는 최고의 영예상으로 물론 회장님이 도입하신 것이다.

'빨간 그랜저의 주인이 되라!' 동종의 차 중에서 우리 화진만이 가진 유일한 색상인 이 빨간색 그랜저는 우리 사원들에게는 꿈이요, 선망의 대상이다. 이것은 판매사원들에게 성취 의욕을 북돋아 주고 동기 부여를 위해 만든 상징적인 제도에 불과하지만 빨간 그랜저를 탄다는 것 자체가 많은 수입과 지위를 인정받고 성공의 길로 들어섰음을 입증해 주기 때문이다.

최근에는 이 빨간 그랜저를 타는 성공 신화의 주인공들이 20여 명으로 늘어났다. 나는 사원들에게 말한다. 누구나 언제든지 빨간 그랜저의 주인공이 될 수 있다고. 신화는 누가 만들어 주거나 대신해 줄 수 있는 것이 아니라 스스로 만들어 나가는 것이라고. 결국 내 자신이 성공하는 것도 내 마음 속에 있었고, 우리 화진이 성공하는 것도 우리의 마음 속에 있었다. 내가, 우리가 성공하기를 간절히 바라면서도 성공하기 위한 행동을 하지 않았더라면 지금의 우리는 없었을 것이다.

그리고 우리 화진이 그 어려운 시기를 헤쳐 나오면서 재기에 성공할 수 있었던 큰 원동력은 나 혼자 많이 벌고 성공하겠다는 것이 아니라 더불어 함께 성공하자는 경영철학 때문이었다. 사람을 움직이는 가장 강한 힘은 진실과 감동이다. 진실과 감동처럼 사람에게 기대 이상의 에너지를 분출시키게 하는 것도 없기 때문이다.

6

벼랑 끝에
나를 세워라

벼랑 끝 사회, 벼랑 끝에 선 사람들

세상이 그렇게 변했는지, 세태가 그런 건지 몰라도 언제부터인가 우리 사회에서는 대상과 계층을 막론하고 어떤 상황이 주어지면 쉽사리 타협을 하지 않고 갈 데까지 가 보자는 '벼랑 끝 전술'이 도처에서 횡행하고 있다.

정치권은 정치권대로 걸핏하면 정국을 벼랑 끝으로 몰아넣고, 너 죽고 나 살기 식의 '제로섬(zero-sum)' 게임을 벌인다. 제발 그만 싸우라고 국민들이 질타하지만 콧방귀도 뀌지 않고, 국정을 팽개친 채 오로지 당리당략에 매달린다. 또 노동자와 기업도 마찬가지로 노사협상을 시작하면 어느 쪽이 조금이라도 먼저 양보한다는 것은 상상조차 할 수 없다. 공장이 멈추고 재고가 텅텅 바닥이 나도, 하청업체들이 줄도산한다고 아우성을 쳐도, 국민들이 제발 그만두라고 애원하고 질타를 해도 50일, 100일, 그 이상 가는 파업도 눈썹 하나 까딱 않고 버티어 나간다. 부실기업과 채권단도 다르지 않다. 서로 양보하지 않으면 같이 망하는 것이 불을 보듯 뻔한데도 불구하고 망할 땐 망하더라도 갈 데까지 가

보자며 더 이상 피할 수 없는 극한의 상황까지 협상을 몰고 가는 경우가 허다하다. 정말 대단한 대한민국인 것이다.

그런가 하면 국제사회의 외교 무대에서 이런 '벼랑 끝 전술'을 가장 잘 활용하고 있는 나라가 바로 북한이다. 잘 알다시피 국제사회에서 북한의 벼랑 끝 외교전술은 세계 유일의 초강대국인 미국도 넌더리를 낼 만큼 집요하고 끈질기다. 언제 낭떠러지로 추락할지 모르지만 절대로 쉽게 양보하거나 굴하지 않는다. 오히려 언제든지 함께 자폭할 수 있다는 자세로 협박하는 것이 그들이다.

이런 북한의 벼랑 끝 외교전술에 강대국들도 이미 질려버린 지 오래고, 실제로 북한은 이렇게 해서 자신들이 얻으려는 성과를 톡톡히 챙겨왔다. 이쯤 되면 합리적이거나 이성적인 해결은 기대하기가 어렵고 기(氣)와 정신력과의 싸움이다. 금방 충돌을 눈앞에 둔 채 마주 보고 달리는 열차와 같은 상황에서는 정신력과 배짱이 강한 사람이 승리한다. 이것이 바로 임전배수(臨戰背水)의 전술인 것이다.

그렇다면 당신은 당신 자신을 더 이상 한 발자국도 물러설 수 없는 벼랑 끝에 세우고 당신의 앞길을 가로막고 있는 운명과 맞서 본 적이 있는가. 물론 IMF 이후 지금에 이르기까지 불경기와 매서운 조기퇴직 바람으로, 혹은 카드 빚 때문에 벼랑 끝에 내몰린 사람들이 한둘이 아니다. 또 직장에서의 불상사나 가정 불화 때문에, 취업을 못 해서, 결혼을 못 해서, 수중에 가진 돈이 다 떨어져서, 심지어 삶의 의욕을 상실하고 버림받아 노숙할 수밖에 없는 처지에 이르러서, 그야말로 절체절명의 위기에 선 사람들이 한둘이 아닐 것이다. 그러나 이 같은 경우는 자의가 아닌 타의나 환경에 의한 것이 대부분이다. 내가 말하는 것은 스스로 내 자신을 백척간두의 벼랑 끝 위에 올려놓는 것을 말한다. 당신은 과연 당신 스스로를 벼랑 끝에 세워본 적이 있는가?

당신의 목숨을 담보로 잡혀라

"아니, 그렇지 않아도 벼랑 끝에 와 있는데 나를 벼랑 끝에 세우라니? 떨어져 죽으라는 말이야?" 혹자는 이렇게 말할지도 모른다. 그러나 절대 그렇지 않다. 어쩔 수 없는 환경에 의해서 떠밀리듯이 벼랑 끝에 선 것과 죽기 살기를 각오하고 내 스스로를 벼랑 끝에 세우는 것에는 엄청난 차이가 있다. 세상의 거칠고 고된 파도에 떠밀려 벼랑 끝까지 온 사람은 어떻게 해서든 그 낭떠러지에서 떨어지지 않으려고 나무뿌리 하나라도 잡고 필사적인 발버둥을 친다. '내 손을 잡아 줘! 나 떨어져 죽을 것 같단 말이야! 사람 살려!' 세상은 냉혹해서 아무도 손을 잡아 주지 않는다. 그 손을 잡아 주었다가는 자기도 같이 추락할 수 있기 때문이다. 신용이 파탄나 구제불능에 이른 사람이 자포자기한 상태에서 도와 달라고 손을 내밀면 부모나 형제도 도와 주지 않는다. '미안하다, 나를 원망해도 어쩔 수 없어! 살 사람이나 살자!'

그러나 이와는 반대로 더 이상 갈 곳 없는 막다른 상황에서 오히려 자신을 벼랑 끝에 세우고 운명에 정면 승부를 거는 사람은 그 마음가짐이 다르고 눈빛에서부터 비장함이 넘친다. '운명아 비켜라! 아무리 네가 나의 길을 가로막더라도 나는 너를 밟고 지나가야겠다!' 자신을 낭떠러지로 밀어내려는 운명과 죽기를 각오하고 싸운다. '나에게 더 이상 퇴로는 없다! 너에게 결코 굴복할 수 없다! 내 목숨을 담보로 할 테니 너는 비켜라!' 지성이면 감천이다. '사즉생(死卽生)'의 각오 앞에서는 운명도 길을 비켜줄 수밖에 없다.

이처럼 어쩔 수 없는 환경에 의해서 피동적으로 벼랑 끝에 세워진 사람과 가혹한 운명에 도전하기 위해 스스로를 벼랑 끝에 세운 사람은 정반대의 차이가 있다. 전자(前者)는 벼랑 끝에 매달려 남이 도와 주지 않으면 떨어져 죽거나, 죽지는 않더라도 큰 상처를 입게 돼 재기가 쉽지 않다. 아니, 어쩌면 떨어져 죽는 것이 자신에게는 더 낫다고 생각하는 사람일 수도 있다. 이 사람들은 이렇게 된 원인을 자기 자신에게서 찾으려 하지 않고, 남의 탓을 하며 자신의 운명을 저주한다. '나는 틀렸어! 희망이라고는 없어! 내가 왜 이렇게 살아야 돼? 부모님은 날 왜 이 세상에 태어나게 하신 거야? 차라리 죽어 버리고 싶어!'

그러나 후자(後者)는 남이 도와주길 기다리지 않는다. 이 세상에는 오직 나뿐이다. 내가 먼저 내 목숨을 담보로 잡혔기 때문에 차라리 부담이 없고 마음이 편하다. '내가 이 어려운 난관을 뚫고 나가지 못한다면 나는 단지 살기 위해 꿈틀대는 벌레 같은 인간에 지나지 않을 것이다. 나는 내 운명과 싸우다가 죽는 한이 있더라도 결코 무릎을 꿇지 않겠다!' '바람아 더 세게 불어라! 그래도 나는 절대 낭떠러지 밑으로 떨어지지 않는다. 이 고통을 두려워하기보다는 철저하게 즐겨보련다!'

당신의 정신적인 에너지를 올인하라

돌이켜 보면 내가 화진에 몸담고 살아온 지난 15년 세월은 '목숨을 걸고!'의 연속이었다. 우리 화진화장품과 같은 방문판매 회사나 영업을 위주로 하는 회사들은 주로 아침 조회를 할 때마다 마음의 결의를 다지기 위해 각종 구호를 외치는데 내 자신의 구호는 단연 '목숨을 걸고!' 였다.

"아니, 누구나 다 자기 일에 목숨을 걸고 일하죠! 목숨 안 걸고 일하는 사람이 어디 있어요?" 누구는 그렇게 말할지도 모른다. 그러나 나는 '말장난'을 하려는 것이 아니다. 그 절실함의 차이를 말하는 것이다. 사람은 숟가락으로 밥을 떠먹는 것에 목숨을 걸지 않는다. 슈퍼에 물건을 사러가면서 자기 목숨을 걸고 가는 사람은 없다. 직장에서 서류 한 장 작성하면서 목숨을 거는 직장인은 없고 학교에서 학생들을 가르치면서 목숨까지 거는 선생님도 마찬가지로 없다.

그러나 사람이 생사의 기로에 섰을 때나 성공과 실패의 갈림길에 섰을 때, 어떤 일인가 매우 중대한 일을 하지 않으면 안 될 때, 그 일이 자신의 인생과 미래에 매우 중요한 영향을 끼치는 것이라면 상황은 분명히 달라져야 한다. 이 경우, 자기 자신을 벼랑 끝에 세우고 목숨을 거는 사람은 자신의 인생을 자신이 선택한다는 것을 의미한다. 그렇지 않으면 운명이 이끄는 대로 선택당할 수밖에 없다. 그런데 분명한 것은 한계에 도전하는 사람에게는 성취의 기쁨과 행복이 그를 선택하는 데 비해, 한계에 도전하지 않는 사람에게는 좌절과 불행이 그를 선택한다는 것이다. 부자로 사느냐, 가난하게 사느냐의 차이도 바로 여기에 달려있는 것이다.

"나는 제발 한번만 잘살아 봤으면 좋겠어! 남들처럼 부자로 살고 싶어!" 누구나 자신이 가난하게 사는 것을 바라는 사람은 없다. 누구나 가난을 선택하지 않는다. 그러나 내 자신이 가난을 선택하진 않지만 내 의지와 무능이 가난을 선택한다. 아무리 노력하고 발버둥쳐도 내 의지대로 살아지지 않는 것이 인생인데, 입 벌리고 감나무 밑에 누워 있는 사람은 어떻게 되겠는가? 목숨을 걸고 살아가는 사람에게 이런 사람의 모습은 참으로 황당하고 어처구니없을 수밖에 없는 것이다.

인간이 철학자가 되려면 고통 속으로 들어가봐야 한다. 나를 벼랑 끝에 세우고, 그 고통을 즐기면서 목숨을 걸고 내 운명에 도전할 때라야 사람은 인생의 참 맛을 알게 된다. 목숨을 건다는 것은 우리 몸 안에 있는 '육체적인 에너지'를 올인하는 것이 아니라 '정신적인 에너지'를 올인한다는 것이다. 이것은 참 중요하다. 사람은 환경이 바뀔 때마다 눈에 보이는 것은 1차적으로 다 잃는다. 상황과 여건이 변화할 때마다 잃는다. 사람의 육체적인 에너지도 이와 같아서 한계가 있고 고갈될 때가 있다. 그러나 눈에 보이지 않는 정신적인 에너지는 누구에게나 다 그대로 있다.

육체적인 에너지가 아닌 정신적인 에너지를 끌어내 한 가지 목표에 올인하는 것, 이것이 바로 목숨을 거는 것이다.

지금 내가 누리는 것은 내 목숨을 담보한 대가

"그렇게 날마다 목숨을 걸면 불안해서 어떻게 살아요?" 이렇게 말하는 사람이 있을지도 모른다. 그러나 앞서 말한 것처럼 목숨을 걸면 차라리 마음이 편하다. 그리고 목숨을 거는 것이 안전하다. 사람들은 욕심 없이 안일하게 사는 것이 가장 안전하다고 생각할지 모르지만 그것은 큰 착각이다. 언제 생각지도 않았던 불행이 찾아올지 모르기 때문이다. 목숨을 걸지 않으면 이런 예측하기 힘든 불행에 대비할 수가 없고 보장도 되지 않는다. 그러나 목숨을 걸면 그 순간은 말할 수 없이 고통스럽더라도 그 어떤 것도 두렵지 않다.

내가 처음 화진에 입사했을 때 이른 아침이면 나는 18개월이었던 갓난아기를 업고 나가서 남에게 맡겨놓고 출근했는데, 그때 내 신조가 그날 아침에 들고 나간 화장품은 목숨을 걸고서라도 그날 중에 다 판다는 것이었다. 저녁 퇴근길에 아기를 받아 업고 그날 팔다 남은 무거운 화장품 가방까지 들고 집에 올 때는 가방의 무게로 인해 나의 심신은 짓눌리고 더욱 피폐해진다는 생각에서 그날 가방은 반드시 비우기로 작정한 것이다.

'어떤 일이 있더라도 다 팔아라! 그 어린 핏덩이에게 퉁퉁 불은 젖 한번도 못 주면서 물건을 팔러 나와 다 못 팔고 돌아가다니!' 그런 나를 절대 용서할 수 없었기 때문이었다. 이런 내가 어떻게 목숨을 걸지 않을 수 있었겠는가? 화장품이 가득 든 가방은 천근이고 아무리 다리가 아파도 목표를 채우기 전까지는 밥 먹는 시간도 남들처럼 여유 있게 가져본 적이 없었다. 식당에 들어가 음식 나오기를 차분히 기다렸다가 먹는다는 것은 감히 생각도 못했고, 김밥 한 줄 사서 길가나 버스 안에서 먹는 일이 다반사였다. 나는 반드시 목표로 한 수량을 판 다음에 점심을 먹기로 내 자신과 약속했었다. 그래야만 하루 판매 목표에 차질이 없기 때문이었다. 그래서 나는 남보다 항상 먼저, 그리고 항상 많이 파는 편이었지만 내게 이런 하루하루는 피를 말리는 '목숨을 걸고!'의 연속이 아닐 수 없었다.

사실 세일즈맨이 가져가는 수입은 그 일에 자신의 목숨을 거는 정도와 비례한다고 할 수 있다. 얼마만큼 절실히 자기의 모든 것을 걸고 뛰느냐에 따라 수입이 달라지기 때문이다. 세일즈맨의 수입은 자기 자신이 저당 잡힌 목숨, 다시 말해 생명에 대한 감가상각비로 얻는 것이기 때문에 목숨을 많이 저당 잡히면 잡힐수록 수입도 늘어난다! 원하는 꿈도 그만큼 앞당길 수 있다. 남보다 더 빨리 성공하고 싶으면 내 목숨의 99%가 아니라 100% 전부를 올인해야 하는 것이다.

그렇다! 지금 내가 누리고 있는 이 모든 것, 40대의 젊은 부회장, 월 1억 원의 월급은 절대로 거저 받는 것이 아니다. 지난 15년 동안 내 목숨을 담보로 잡혀놓고 열심히 뛴 노력의 대가이자 전문성의 보상일 뿐인 것이다. 나는 빨리 돈을 벌고 성공하고 싶어서 내 능력 이상으로 무리한 목표를 세우고 그것을 달성하기 위해 그야말로 내 자신을 철저히 혹사시켰다. 그리고 나는 내가 세운 목표에서 한 발짝이라도 물러서면 그대로 모든 것을 잃고 죽는다는 확실한 배수진을 치고 벼랑 끝 낭떠러지에 스스로 나를 세웠던 것이다.

그렇다면 내 이런 에너지의 원천은 무엇이었을까?

정신무리와 행동무리, 시간무리

나는 우리 화진의 신입사원 교육이 있을 때 사원들의 정신력을 배양하기 위한 단골 메뉴로 세 가지의 무리 법칙에 대해 자주 얘기하곤 한다. 그것은 '정신무리(精神無理)'와 '행동무리(行動無理)', '시간무리(時間無理)', 이 세 가지인데 사실 이 세 가지는 무슨 특별한 것은 아니다. 내가 지금까지 한 얘기 중에 이 내용은 거의 다 들어있기 때문이다.

"정신무리, 행동무리, 시간무리? 그게 뭐죠?"

물론 처음 듣는 분이 많을 것이다. 이 세 가지의 무리법칙은 심리학이나 경제, 경영학 교과서, 심지어 일반 처세술을 다룬 책에도 없는 것으로서 식자(識者)들이 들으면 비웃을지도 모른다. 그러나 나는 이 분야에 체계적인 공부나 연구를 한 심리학자가 아니다. 이 세 가지 법칙은 단지 지난 15년 동안 내가 세일즈에 몸담아 오면서 직접 겪고 느낀 데서 나온 것이니만큼 부족하거나 얼토당토 않은 얘기라고 할지라도 먼저 이해해 주길 바란다.

어떤 일에 '무리(無理)'를 한다는 것은 자신의 능력 이상으로 생각하고 실제 행동한다는 것을 말한다. 눈에는 보이지 않지만 사람에게는 누구나 주어진 능력이라는 것이 있고, 또 그 능력의 한계, '임계점(臨界點; critical point)'과 '피로점(疲勞點)'이라는 것이 있다. 여기서 내가 말하는 '무리'는 사람의 능력이 이 임계점과 피로점을 넘어선 것을 의미하는 것이다. 사람의 능력은 누구나 이를 넘어서면 내면세계에서 질적, 화학적인 변화가 일어나 자신 안에 숨겨진 놀라운 에너지가 발생한다. 이것이 바로 어떤 알 수 없는 초월적(超越的)인 능력인 것이다.

사람들은 이런 초월적인 에너지와 능력을 통해 놀라운 경험을 하기도 하는데, 예를 들어 아무리 연약한 엄마라도 자기 자식이 자동차의 바퀴 밑에 깔리면 혼자서라도 그 무거운 차체를 들어올리는 것이 그것이다. 또 경찰에 쫓기는 범인이 달아나다가 강을 맞닥뜨리면 평소에는 엄두도 못낼 넓은 강폭도 눈깜짝할 사이에 뛰어넘는다. 불치병으로 사형선고를 받았던 사람이 갑자기 완치된다든지 하는 일도 마찬가지이다. 초월적인 힘이란 바로 이런 것이다.

내가 말하는 정신무리와 행동무리, 시간무리도 목표했던 한 가지 일을 도모함에 있어서 항상 이 임계점을 뛰어넘는 무리의 상태를 지속하고, 여기에서 얻어지는 초월적인 에너지로 놀라운 성과를 거두자는 것이 핵심이다. 즉, 정신력을 극대화시키고 행동의 폭을 극대화하며 시간을 최대한 활용하면 어떤 일이든 남보다 몇 배 이상의 성과를 거둘 수 있다는 것이다. 여기서 가장 중요한 것은 정신, 즉 정신무리이다. 목표를 세운 후에 정신력만 집중시키면 행동과 시간은 여기에 맞춰 저절로 따라오기 때문이다.

나는 내 경험으로도 확인했듯이 이 정신과 행동, 시간의 세 가지 무리를 통해 내 안에 잠재돼 있는 초월적인 에너지와 능력을 일깨우면 이 세상에 불가능한 일은 없을 거라고 굳게 믿고 있다.

인간의 정신이란 무엇인가

그렇다면 때로 내 몸 안에 없는 초월적인 힘을 발휘하는 이 인간의 정신이란 어떤 것일까? 내가 일 때문에 스트레스를 받고 부정적인 생각을 하고 있거나 누군가를 증오하고 있을 때면 어김없이 미국에 있는 내 딸아이에게서 전화가 온다.

"엄마 있잖아요! 저, 너무 속이 상해요!"

기숙사 생활에 문제가 있다면서 불평하는 전화를 한 것이다. 그런데 내가 즐겁고 신이 나 있으면 마찬가지로 즐거운 소식을 전하는 전화가 온다. 한국과 미국이라는 엄청난 거리에도 불구하고 서로 텔레파시가 통하고 있는 것이다. 그래서 나는 힘든 일이 있어도 가능하면 항상 즐거운 기분을 유지하려고 노력한다. 이 얘기는 자식을 키우는 부모라면 다 이해할 수 있을 것이다. 내 팔순의 어머니도 마찬가지이다. 지금은 약간 치매 증세가 있어서 떼를 쓰시기도 하지만 아침에 출근할 때마다 나는 어머니를 붙잡고 말씀드린다.

"어머니, 우리 칠남매 사랑하시죠? 저 없어도 울지 말고 투정하지 마시구요, 항상 좋은 생각만 하세요. 그래야 자식들 일도 잘 풀리는 거예요. 어머니, 저 사랑하시죠?" 나와 우리 가족, 그리고 어머니를 돌보는 사람들이 치매 증세 때문에 가끔 어린애처럼 구시는 어머니를 귀찮다는 마음으로 돌보거나 행여 짜증난 목소리로 대하기라도 하면 우리 어머니도 점점 더 미운 짓을 하신다. 그러나 반대로 즐거운 마음으로 정성을 다해 모시면 증세가 호전되는 것이다.

관리자가 사원을 대하는 마음가짐 역시 조금도 틀리지 않다. '저 사람은 아니야! 저런 있으나마나한 사람은 제발 그만 좀 나와 주었으면 좋겠어!' '아니, 저 사람은 있으나마나가 아니라 아주 없어야 해! 도대체 왜 나오는 거야?' 이렇게 그 사원을 미워하고 부정적인 생각을 하면 그 사람에게는 꼭 무슨 일이 생겨 회사에 나올 수 없는 상황이 만들어진다. 일하기 싫은 사람도 마찬가지이다. '아휴, 일 하는 거 지겨워! 회사에 나가지 말고 한 일주일만 푹 쉬면 좋겠어!' 이런 얘기를 입버릇처럼 하는 사람은 길을 가다가도 차에 치여 그 '일주일' 정도의 치료가 필요한 부상을 입는다. 이런 것을 보더라도 '말이 씨가 된다'는 옛말은 조금도 틀리지가 않다. 그런데 이처럼 말이 씨가 되는 것은 우연히 그렇게 되는 것이 아니라 그것을 원하는 사람의 정신이 만든다는 사실이다. 나는 회사에서 사원들과 개별 면담을 할 때에도 능력이 있는 사원에게는 강한 자기 암시를 심어준다.

"당신은 틀림없이 잘할 거야! 월 5백만 원은 너끈히 벌 수 있어!"

이렇게 믿음을 주면 그 사원은 실제로 그 이상을 해냈다. 이것이 바로 정신의 힘이다. 사원들은 자신의 힘으로 일하는 것이 아니라 관리자의 정신이 주는 힘으로 일하는 것이다. 그러나 관리자라고 해서 아무나 이런 말을 할 수 있는 것은 아니다. 자신감이 없는 관리자는 이런 말도 할 수가 없는 것이다.

사실, 능력의 한계는 곧 정신력의 한계라고 할 수 있다. 할 수 없다고 생각하는 것은 내가 만든 능력의 한계, 다시 말해 상상력의 한계에 불과할 뿐이다. 사람의 행복이나 불행도 다 정신력에 달려 있다. 가난한 사람들이 가난을 대물림하는 것은 '가난'이라는 사고의 대물림 때문에 일어나는 것이다. 보고 듣는 것이 모두 가난의 행위와 결과일 때는 정신의 뿌리까지도 그것에 찌들기 때문에 쉽게 헤어나지 못한다. 사람이 병이 드는 것도 마찬가지이다. 사람의 병 가운데는 타인에 대한 미움과 원망 때문에, 자학과 고민, 짜증과 스트레스 때문에 생기는 병이 많다. 바로 이런 것들이 대표적인 현대병인 암의 원인이 되기도 한다. 또 한 예로, 한 사람이 부부싸움을 하고 출근을 하면 대체적으로 다른 사람도 다 부부싸움을 하고 나온 것처럼 보인다.

'이상해! 다들 나처럼 부부싸움을 했나?'

관리자가 부부싸움을 하고 출근을 안 하면 사원들도 출근을 안 한다. 참으로 신기한 일이 아닐 수 없다. 회사에서 회장님과 나 사이에 혹시 조금이라도 불편한 일이 있기라도 하면 우리 회사 전체 매출도 떨어진다. 그래서 나는 가능하면 회장님의 말씀을 받들고 행여 사소한 오해의 소지라도 없애려고 무척 노력한다. 마음을 다스리는 것은 모든 것을 이긴다. 마음을 다스린다는 것은 정신을 다스린다는 것이다.

이 '정신의 힘'을 누구보다 확실히 믿고 강조하는 분이 회장님이다.

정신은 눈에 보이지 않는 '제3의 물질'

회장님은 대리점 사장 시절, 공장에서 상품이 도착하면 1층에서 4층 사무실까지 그 무거운 제품을 계단으로 직접 나르셨다고 했다. "아무도 손대지 마! 이거 나르는 일은 내 거야!" 배송하는 사람들이 나르겠다고 해도 이것만큼은 막무가내로 못하게 했다. "이건 내 복(福)이야! 누구도 내 복을 건드리지 마!" 그러면서 제품 박스 하나하나마다 혼을 불어넣으셨다는 것이다. "이 제품을 사용하는 고객에게 좋은 효과가 있게 해 주세요. 이 제품을 파는 우리 사원들이 돈을 많이 벌게 해 주세요."

한번은 그 회사 화장품을 판매하는 전국의 대리점들이 화장품에 문제가 있어서 고객들이 반품을 해온다며 본사에 항의하는 소동이 일어났다고 한다. 그런데 회장님의 대리점에서 판 제품은 단 한 건의 반품도 없었다. 똑같은 제품인데도 이렇게 달랐다는 것이다. 본사에서는 회장님 대리점은 전혀 문제가 없는데 왜 본사 탓을 하느냐고 몰아붙였고, 그래서 본사 사람들과 대리점 사장들이 몰려와 확인하느라 법석을 떨었다고 한다.

참으로 희한한 일이지만 이 세상에는 이처럼 믿기 어려운 일들이 많다. 회장님은 제품 하나하나에 '이 제품을 팔고 사용하는 모든 사람이 잘 되게 해 주십시오!' 하는 당신의 정신, 혼(魂)을 담았기 때문에 전혀 문제가 생기지 않았는지도 모를 일이다. 회장님은 우리의 이 정신을 눈에 보이지 않는 '제3의 물질'이라고까지 부르고 있다. 이 세상에는 눈에 보이지 않는 정신세계의 어떤 법칙이 존재하고 있는데 이것을 알지 못하는 사람들은 눈에 보이고 만질 수 있는 것에만 집착하고 있다는 것이다. 그러나 이 정신세계의 법칙을 깨닫게 되면 보이지 않는 것의 가치가 더욱 크다는 것을 알게 된다고 강조하신다.

흔히 우리는 '저 사람은 조상복도 많다' '나는 조상복도 지지리 없다' 하는 말을 많이 하는데 이 '조상복(祖上福)'이라는 것도 분명히 있는 것이라고 나는 믿는다. 내가 착하고 열심히, 순리에 역행하지 않고 정직하게 살았다면 그 대가는 분명히 주어지기 마련이며 그것이 복(福)의 형태로 오는 것이다. 이 복은 오늘 당장 받을 수도 있고 오늘 못 받으면 10년 후, 그리고 내가 못 받으면 내 후손들에게 내려질 수도 있다. 이것이 나의 복, 그리고 조상의 복인 것이다. 이처럼 눈에 보이지 않는 것, 손으로 만질 수 없는 정신세계의 오묘한 법칙이라는 것을 나는 설명하기가 힘들다.

어쨌거나 나는 이 같은 정신의 위대한 힘과 능력을 믿고 있다. 나뿐만이 아니라 우리 회사 대표이사들과 사원들도 믿지 않는 사람이 드물다. 바로 이런 '정신의 힘'을 제대로 알고 나서 이것을 초월적인 힘으로 이끌어 내 능력을 발휘시키는 것이 바로 내가 말하려고 하는 '정신무리'이다. 그러나 이 정신무리도 누구나, 아무 때나 할 수 있는 것이 아니다. 분명한 목표, 즉 차바퀴에 깔린 내 아기를 살려내기 위해서 차체를 들어야 하고, 나를 쫓는 경찰에게 붙잡히지 않기 위해서 높은 담이나 강도 뛰어넘어야 하는 절실하고 절박한 목표가 있을 때라야만 가능한 것이다.

정신의 무리는
반드시 목표가 있어야 한다

우리가 즐겨 사용하는 말 가운데 '정신일도 하사불성(精神一到 何事不成)'이라는 말이 있다. 정신을 한 곳으로 모으면 이루지 못할 일이 없다는 얘기다. 군대를 다녀온 5, 60대 남성들이라면 다들 경험했겠지만 회장님이 쓰신 《머슴이 될래 주인이 될래》라는 책을 보면 군대 시절 '30초 안에 밥 먹기' 얘기가 나온다. 똑딱똑딱…, 10분, 5분, 아니 1분도 아니고 30초 안에 밥 한 그릇을 먹는다는 것은 지금 사람들로서는 상상하기가 힘들 것이다. 훈련병들을 밥상이 놓인 식탁 앞에 차렷 자세로 앉혀 놓고 구대장이 "식사 시작! 실시!" 하고 구령을 외치면 그야말로 번갯불에 콩 볶아 먹듯이 한 그릇의 밥을 후다닥 모두 해치워야 하는 것이다.

그리고 시계를 보고 있다가 정확히 30초 만에 "동작 그만, 식사 끝!"을 외치면 무조건 수저를 놓아야 한다. 입 안에 든 밥알을 우물거려서도 안 된다. 그야말로 동작 그만! 하지 않으면 죽음이기 때문이다. 원래 식사를 천천히 하는 습관이 있는 회장님은 처음에 두 숟가락도 못 드셨다고 했다. 한 숟가락을 들고 김치 국물 떠 먹고 꼭꼭 씹어서 삼킨 후에 두 번째 숟가락을 뜨려고 하면 '식사 끄읏!' 하니 식사가 느린 사람은 참으로 환장할 일이 아닐 수 없다. 20년 이상 천천히 식사하는 습관이 몸에 밴 사람이 이것을 하루 아침에 어떻게 고칠 것인가? 그러나 그 다음날은 두 숟가락, 그리고 그 다음 날은 세 숟가락… 밥 먹는 것에 온 정신을 몰두하니까 결국은 30초 안에 밥 한 그릇과 반찬, 국 한 그릇을 말끔히 비울 수가 있었다고 한다.

이 '30초 안의 식사'도 정신과 행동, 시간의 무리를 했기 때문에 가능한 것이었다. 먼저 30초 안에 식사를 하지 않으면 굶을 수밖에 없었기 때문에 이런 절박감이 반드시 그 안에 먹어야 한다는 '목표'를 만들었다. 이 목표가 만들어지자 정신이 무리를 불렀으며 이 정신무리가 행동의 무리와 시간의 무리를 불러 결국은 성공한 것이다. 이것을 보면 정신과 행동, 시간무리를 통해 초월적인 능력을 발휘하기 위해서는 무엇보다도 먼저 목표가 있어야 한다는 것을 알 수 있다. 아무런 목표도 없는 사람에게 이런 무리와 초월적인 힘이 무슨 필요가 있겠는가?

"여러분, 이 매직뷰티를 전혀 모르는 사람을 찾아가 금방 팔 수 있겠습니까?" 내가 우리 화진을 찾아와 교육을 받는 사람들에게 처음 이렇게 말하면 "자신 있습니다!"라고 말하는 사람은 한 사람도 없다. 가격이 143만 원으로 비교적 고가이기 때문이다. "그럼, 만약 전혀 모르는 사람에게 이 매직뷰티 두 대를 팔면 제가 아파트 한 채를 드리지요. 그렇다면 팔 수 있겠나요? 손 들어 보세요!" 매직뷰티 두 대만 팔면 아파트 한 채를 준다? 그까짓 거 못 팔 게 어딨어? 사람들은 불과 3초 만에 생각이 달라진다. 손을 들지 않은 사람이 이상하다.

문제는 바로 이것이다. 아파트 한 채라는 크고 값진 '목표'가 있기 때문에 나는 할 수 있는 것이다. 실제로 아파트 한 채를 준다면 143만 원이 아니라 5백만 원, 천만 원짜리 상품이라도 못 팔 사람은 이 세상에 한 사람도 없을 것이다. 이런 각오로 뛰면 한 달에 매직뷰티 30대를 팔지 못하라는 법이 없다. 그런데 당신의 인생에는 과연 이런 목표가 있는가?

정신의 무리는 시너지를 부른다

성공한 사람과 실패한 사람, 뛰어난 사람과 평범한 사람의 차이는 누구에게나 공평하게 주어진 '정신'이라는 것을 남보다 얼마만큼 더 활용하느냐와 덜 활용하느냐에 달려있다. 고 정주영 회장이나 이건희 회장, 김우중 회장 같은 분들은 평범한 사람들이 자기 정신력의 한계를 백 퍼센트로 잡을 때 2백, 3백, 그 이상으로 잡고 무리했기 때문에 성공했거나 자신의 꿈을 펼칠 수 있었던 것이다. 뿐만 아니라 모험을 즐기고 남이 하지 못하는 것을 이뤄내는 사람도 하나같이 놀라운 정신력, 다시 말해 평범한 사람들이 보기에는 엄청난 정신무리, 그것을 성취한 사람들이다. 히말라야에서 8천 미터 이상인 14개의 고봉을 모두 정복한 산

악인 엄홍길 씨가 그 대표적인 예라고 할 수 있다. 특히 이분은 군에서 훈련이 가장 혹독하기로 소문난 'UDT 대원' 출신으로 산을 오를 때마다 특유의 그 강인한 군인정신으로 출발했다고 한다.

"아휴, 할 일도 없는데 일찍 일어나면 뭘 해?"

아무 생각도 없는 사람은 늘어지게 자고 아침 일곱 시, 여덟 시에 일어난다. 하지만 자신이 반드시 해야 할 일이 있고 목표가 있는 사람은 누가 깨우지 않아도 새벽 세 시, 네 시에 일어난다. 자기 정신력의 한계를 백으로 잡는 평범한 사람은 특별한 목표가 있을 수 없지만 그것을 3백, 5백 이상으로 잡고, 남들이 불가능하다고 생각할 때 나는 해낼 수 있다고 생각하는 사람은 모두 확고하고 높은 목표를 가지고 있다.

대체로 관리자는 세 부류로 나눌 수 있는데 회사에서 정해 준 목표치를 달성하지 못하는 사람, 정한 목표치를 그대로 달성하는 사람, 그리고 목표치 이상을 달성하는 사람이다. 나는 관리자 시절, 언제나 남보다 목표를 크고 높게 잡았다. 한 관리자 밑에 50명의 사원이 출근할 경우 회사에서 기대하는 최고 수치나 사원들의 적절한 수입을 감안한 월 판매량이 5천 개 정도라고 하면 대개의 관리자들은 3천~4천 개의 목표가 고작이다. 어떤 영업조직을 가나 '파레트의 법칙'처럼 제대로 일하는 사람은 전체 인원의 20% 밖에 안 되기 때문에 실제 효율은 그렇게 높지 않은 것이다. 그러나 이럴 때 나는 묻지도 않고 만 개였다.

"아니, 우리가 어떻게 만 개를 해요?"

"그럼 우리도 남들처럼 2천 개만 할까? 쉬엄쉬엄 놀면서 팔면 돼. 그런데 돈은 얼마나 갖고 들어갈 거야? 기왕 나와 고생하는데 적게 가져가고 싶어, 많이 가져 가고 싶어?"

사원들이 힘들다고 불평한다며 관리자가 월 2천 개를 목표로 삼는 것은 사원들을 위하는 것이 아니라 오히려 죽이는 것이다. 월 2천 개를 팔아서는 무엇보다 사원들의 수입보장이 안 되는데 당장 몸은 편할지 몰라도 그런 수입으로 사원들이 어떻게 자신이 하는 일에 희망을 갖겠는가? 사원들이 모이기는커녕 떨어져 나가지 않으면 다행이다. 설령 사원들이 2천 개만 하자고 해도 이 관리자는 5천 개 이상으로 목표를 잡고 사원들을 끌고 나가야 한다. "여러분들이 못 팔면 제가 팔게요! 저만 따라오세요!" 관리자의 솔선수범과 자기희생이 필요한 것이다. '잘 되고 안 되는 환경'은 관리자 스스로가 만드는 것이다.

50명의 사원을 데리고 5천 개를 목표로 하는 관리자는 회사가 시키는 대로 열심히 사원들을 독려해서 항상 그 판매목표를 달성한다. 인원도 줄어들지 않고 늘 그 상태로 유지된다. 그러나 발전이 없다. 회사에서 기대하는 목표만 채우면 된다는 생각으로 안주하기 때문에 그 이상의 발전을 하지 못하는 것이다.

그러나 만 개를 목표로 정한 관리자는 그야말로 바짝 정신을 차리고 무리를 하지 않으면 안 된다. 한 시간, 10분, 아니 단 1분도 긴장을 늦출 수가 없다. '어떤 일이 있더라도 우린 목표를 달성해야 해!' 목표를 달성하기 위해서는 당연히 사원도 증원된다. 50명이 백 명이 되고, 백 명이 2백 명이 된다. 만 개였던 목표는 2만 개가 되고, 2만 개의 목표가 4만 개 되는 것도 순식간이다. 이처럼 높은 '목표'를 설정하고 관리자가 정신무리를 하면 사원들도 자연히 따라오기 마련이다. 관리자의 정신무리 하나가 조직 전체에 놀라운 시너지 효과를 가져오는 것이다.

실제로 나는 이렇게 했다. 이렇게 하지 않았더라면 오늘의 나는 불가 능했을 것이다. 그런데 여기에서 중요한 것이 있다. 그것은 자신의 말에 대한 책임감이다. "저 관리자, 만 개를 달성하겠다고 하더니 말뿐이 잖아?" 목표는 높이 설정해 놓고 행동으로써 결과를 만들어 내지 못하면 그야말로 그 관리자는 패가망신을 하게 된다. 사원들의 사기는 저하되고 조직은 붕괴되기 때문이다. 따라서 정신무리 뒤에는 반드시 실천으로써 성과를 입증하는 행동, 그것도 과도한 목표를 달성하기 위해 무리를 하지 않으면 안 되는 행동의 무리가 수반되어야 한다.

행동을 무리한다는 것은 어떤 것인가

우리 화진에는 보통 사람들이 상상하기 힘들 정도로 무서운 능력을 지 닌 여성들이 많지만 그 중에서도 내가 아주 대단하게 생각하는 여성이 '뷰티메신저'로 일하고 있는 이민희 씨다. 나는 그녀를 한마디로 '능력 개발이 된 여성', '정신무리'와 '행동무리', '시간무리'를 완벽하게 이 끌어 낼 줄 아는 여성으로 꼽는 데 주저하지 않는다. 어느 정도로 능력 이 개발돼 있느냐 하면 일요일에 남편이 젖먹이 아이를 두 시간만 맡아 봐 주면 그 두 시간 동안에 남편의 한 달 월급을 벌어오는 정도이다.

'말도 안 돼! 세상에 어떻게 두 시간 만에 남편 한 달 월급을 벌어 요?' 믿지 못할 사람이 많을 것이다. 그러나 그녀는 실제로 그렇게 해 내고 있기 때문에 더욱 존경스러운 것이다. 아기를 낳아 기르느라 요즘 은 세일즈에 전념하지 못하지만 그녀의 활동시간은 항상 정오부터 오후 6시까지이다. 이것은 누가 이렇게 하라고 시킨 것이 아니라 그녀 스스로 그렇게 일하겠다고 정한 것이다. 그녀는 출근하자마자 쇼핑백 두 개 가득히 제품을 채운 후 양손으로 들고 나가면 그야말로 '하늘이 두 쪽' 나는 한이 있더라도 그 제품을 오더로 연결하고 회사로 돌아온다. 그리고 도착해서 5분만 남아도 그 시간에 재출고를 하며 오후 6시 '땡' 하는 시간에 엘리베이터를 타고 칼같이 퇴근한다. 한마디로 시간관리에 철두철미한 여성이다. 그런데 놀라운 것은 제품을 가득 채운 쇼핑백은 여간 무거운 게 아니어서 손잡이를 만들어 들지 않으면 손바닥이 너무 아파서 들고 갈 수가 없는데 그녀는 한 번도 별도의 손잡이를 만들어서 들어본 적이 없다는 것이다.

"이민희 씨, 어디 손 좀 봐요." 그녀의 손바닥은 무거운 쇼핑백을 얼마나 많이 들고 다녔는지 두껍게 못이 박혀 있다. 그렇다면 그녀는 왜 보통 사람들처럼 그 무거운 쇼핑백에 손잡이를 만들어 드는 것을 한사코 마다하는 것일까?

"저는 늘 제 손바닥이 아프고 물집이 생겨야 합니다. 어깨가 내려앉는 것 같고 다리가 천근만근 무거워야 합니다. 이상하게 들릴지 몰라도 그래야 판매가 잘 됩니다. 한시라도 빨리 이 고통에서 벗어나려면 제가 기를 쓰고 물건을 팔아야 되기 때문이죠!"

정말 그녀는 손바닥이 아프고 물집이 잡히는 것을 즐기는 것이다. 보통 사람의 경우, 제품이 가득 든 쇼핑백이 무거우면 손바닥이 아프고 물집이 생길까 봐 손잡이를 만들어 들고, 무거워서 가다 쉬기를 반복할 텐데 그녀는 오히려 무겁고 고통스러울 때 행동이 더 빨라진다는 것이다. 이것이 바로 내가 말하는 행동무리가 아니고 무엇이겠는가?

"이 무거운 쇼핑백이 저의 트레이너입니다" 그렇다. 그녀에게는 자신의 손에 못을 박이게 하는 그 무겁고 고통스런 쇼핑백이 자신의 트레이너였던 것이다.

중요한 것은 이런 행동무리를 우리 이민희 씨만이 할 수 있는 것이 아니라는 점이다. 누구나 다 이렇게 할 수 있다. 그런데 나만 못 한다면 내게 무슨 문제가 있는 것일까?

목표를 크게 잡으면 행동이 달라진다

정신무리와 마찬가지로 행동무리 역시 목표가 없으면 따라올 수가 없다. 그래서 정신무리가 있는 곳에는 반드시 행동무리가 있다. 누구나 다 이런 경험을 갖고 있겠지만 이 정신무리와 행동무리, 시간무리가 가져다 주는 효과를 가장 극명하게 보여주는 예가 학창 시절의 시험공부일 것이다. '나는 어떤 일이 있어도 이번 시험에서 1등을 해야겠어!' 평소 1등을 한 번도 해 보지 못한 학생이 이렇게 결심을 하고 목표를 세웠다면 이것이 바로 정신무리이다. '나 역시 죽어도 1등을 뺏기지 않겠어!' 항상 1등을 하는 학생이 1등을 뺏기지 않으려고 사력을 다하는 것도 정신무리가 없이는 불가능하다.

나는 고등학교 다닐 때 처음에 조그만 도읍지에서 자취생활을 했는데 이 자취집 할머니는 조금이라도 밤늦게까지 전깃불을 켜놓고 공부하거나 놀고 있으면 그야말로 불호령을 내리곤 했다. 시험공부는 해야 하고, 요즘처럼 독서실이 있는 것도 아닌데다 할머니는 밤 열 시가 넘으면 불 안 끈다며 성화를 부리시니 나는 어떻게 해야 좋을지 고민하다가 꾀를 생각해 냈다. 그것은 솜이불로 불빛이 새어나갈 수 있는 창문과 방문을 빈틈없이 둘러치는 것이었다. 그렇게 해서 나는 시험 일주일 전부터 시험기간 내내 할머니 몰래 불을 켜 놓고 밤새워 공부를 할 수 있었다.

그 당시 우리들의 학구열은 지금 생각해 봐도 지독했던 것 같다. 남들에게 지지 않기 위해서, 반드시 1등을 하기 위해서 몸에 해로운 줄도 모르고 '타이밍'이라는 잠 안 오는 약을 과용해 가면서까지 몇 날 며칠 밤을 새우곤 했으니 말이다. 지금 생각해 보면 그때의 공부 습관이 내 인생에 좋은 스승이 되었던 것 같다. 그래서 나는 지금도 열심히 최선을 다하는 모습을 보면 성적에 관계없이 칭찬한다.

그런데 정말 중요한 것은 이런 행동무리의 결과가 당장 안 나온다고 할지라도 언젠가는 반드시 내게 돌아온다는 것이다. 내가 판매사원으로 일하던 어느 여름날, 그날 따라 태풍이 몰아쳐서 비가 무섭게 쏟아지고 천둥 번개가 치는데 주문 전화가 왔다. 한 고객이 내가 판 제품을 사용해 보고 효과를 보았다며 자신의 언니에게 선물하고 싶다고 배달해 줄 수 없느냐는 것이었다.

"그런데 거기도 지금 비가 많이 오죠? 그럼 내일 가져다 주실래요?"

"아닙니다. 이 정도는 괜찮아요. 지금 갖다드리겠습니다."

고객의 마음이란 조석변개(朝夕變改)이다. 아침에 주문했다가도 저녁 아니, 한 시간이 못 돼서 취소하는 사람도 있다. 이까짓 천둥 번개가 무서우랴! 우산 하나를 받치고 한 손에는 무거운 상품 가방을 든 채 그

사나운 비바람 속을 나섰다. 비바람이 너무 심해서 우산은 쓰나마나였다. 내 모습은 그야말로 '비 맞은 장닭꼴'이 되어 고객의 언니 집에 찾아갔다. 그러나 배달만 하고 그냥 올 수는 없었다. 젖은 몸으로 대충 얼굴만 닦은 채 한 시간 동안 제품의 효능과 사용법을 충분히 설명해 주고 나서 다시 그 빗속을 뚫고 돌아왔다. 그런데 그 이튿날 아침 그 고객에게서 전화가 왔다. "죄송하지만 이 화장품요. 제 피부에는 잘 안 맞는 것 같아요. 반품하고 싶은데 다시 와서 좀 가져가 주실래요?" 나는 화장품을 반품받기 위해서 어쩔 수 없이 다시 그 집으로 가야 했다. 그러나 나는 그 고객을 원망하지 않았다. 나도 인간이니까 서운한 맘이 없을 순 없었지만 내가 여기에 쏟은 열정, 그 에너지는 반드시 다른 곳에서 돌아온다는 굳건한 믿음이 있기 때문이다. 이것이 바로 '대가지불(代價支佛)'이다. 내가 오늘 백 개의 상품 판매에 목숨을 걸고 행동무리를 했다면 오늘 당장은 아니더라도 좌절하지 않고 계속 열심히 하면 어떤 방법으로든 그 대가는 돌아온다. 열정을 다하는 정신, 행동의 무리와 제3의 물질이라고 하는 정신의 세계 사이에는 어떤 보이지 않는 연결고리가 있어서 반드시 응분의 대가가 돌아온다는 것이다.

내 자신이 어떤 일과 목표에 대해 쏟는 열정은 일종의 저축이다. 우리 인생은 이런 열정의 저축통장인 것이다. 그 통장에 열정이 적게 쌓인 사람은 대가도 적게 받지만 남보다 많이 쌓인 사람은 분명 큰 대가를 받게 된다. 지하수를 펌프질할 때 사람들의 눈에는 물이 파이프를 타고 올라오는 것이 보이지 않는다. 그런데 물이 이제 거의 다 올라왔는데도 물이 안 나오는 것으로 판단하고 펌프질을 멈춰버리는 사람이 있다. 이 지하수와 마찬가지로 우리가 인생을 열심히 펌프질하면 눈에 보이지 않는 그 무엇인가가 계속해서 올라오고 있다는 것을 알아야 한다. 목표를 크게 잡으면 행동이 달라진다. 그리고 그 행동무리 뒤에는 반드시 그것을 보상해 주는 대가지불이 있다.

시간무리란 무엇인가

내가 말하는 정신무리와 행동무리가 어떤 것인지를 이해하신 분이라면 이 시간무리에 대해서도 새삼스런 부연 설명이 필요 없을 것이다. 요즘 나의 수면 시간은 하루 다섯 시간이지만 한참 일할 때는 하루 네 시간 이상을 자면 내 인생이 어떻게 되는 줄 알았다.

지금도 마찬가지지만 나는 항상 집을 회사에서 자동차로 5분 거리 이내에 있는 곳에 구했다. 내가 이렇게 하는 이유는 돈을 벌기 위한 것이 아니라 시간을 벌기 위한 것이다. 흔히 하는 말처럼 시간은 곧 돈이다. 그래서 나는 매일같이 시간과의 전쟁을 한다. 내가 만일 출근시간에 30분 이상, 심지어 한 시간 이상을 낭비하며 살았더라면 오늘의 나는 없었을 것이고 무엇보다 내 자신을 용서하지 않았을 것이다.

하루 24시간이라는 것은 인간이라면 누구에게나 공평하게 주어진 자본금이다. 우리 인생의 성패는 하루 24시간이라는 자본금을 어떻게 사용하느냐에 달려있다. 시간의 '질'이 다르기 때문이다. 나는 '돈'이 없다는 것은 인정할 수 있지만 '시간'이 없다는 것은 절대로 인정 못 한다. 누구는 하루 30시간을 가졌는가, 50시간을 가졌는가? '이거, 아주 크고 중요한 일인데 말야, 시간이 없어서 도저히 난 못 할 것 같아….'

이것 또한 게으름이고 핑계이다. 크고 중요한 일이 있다면, 그 일을 꼭 해야 한다면 하루 두 시간만 자면 된다. 만일 그렇게 할 수 없다면 그것은 이미 '크고 중요한' 일이 아니다. 해도 되고 안 해도 되는 절실한 일이 아니기 때문에 시간이 없고 바쁘다는 핑계로 안 하는 것이다. 남들은 1분, 1초를 아껴가며 잠도 하루 서너 시간을 자고 죽어라고 일하는데, 이렇게 해도 성공하기가 힘든 세상에 놀 것 다 놀고, 잠 잘 것 다 자면서 성공하기를 바란다고? 어림 반 푼어치도 없는 소리이다. 부의 쟁취도 이 시간에 달려있다. 목표가 없는 사람은 하루 24시간을 가치없게 쓰지만 목표가 뚜렷한 사람은 1분, 1초도 다 돈으로 보인다.

나는 항상 사원들에게 돈보다 시간을 아끼라고 강조한다. 돈은 없어지면 다시 벌 수 있다. 그러나 시간은 빛처럼 지나가는 것이어서 돌이킬 수가 없다. '돈은 빌려주더라도 시간은 절대 빌려주지 마라!' 그런데 사람들은 이와 반대이다. 돈은 안 빌려줘도 같이 놀자고 하면 그 금싸라기 같은 시간에 같이 놀아주는 것이다. 이럴 때는 차라리 돈을 빌려줘 버리고 같이 노는 시간을 내가 활용하는 것이 낫다.

시간도 반드시 목표를 정해야 한다. '그래, 나도 이제부터 돈 벌어야지! 성공해야지!' 이렇게 결심하고서도 시간에 대한 확고한 목표, 기한을 설정하지 않으면 아무런 의미가 없다. 오히려 시간이 많으면 사람들은 더 아무 것도 못한다. '나는 앞으로 3년 안에 꼭 5억 원을 벌겠다!' '나는 이 제품을 오늘 몇 시까지 반드시 고객에게 시집을 보내겠다!' 이런 목표를 세우고 '시간무리'를 하는 사람만이 성공한다. '이거 오늘 안에 팔아야지…' 이렇게 오늘 자정까지 팔겠다고 느슨하게 마음먹은 사람은 그 제품을 팔지 못 한다. '무리하더라도 이 제품을 오늘 오후 세 시까지 팔겠다!' 오늘 몇 시까지 팔겠다는 구체적인 시한을 못박은 사람은 분명 결과를 낸다. 시간무리란 바로 이런 것이다.

나는 내가 화진에 다니기 전 우리가 진 빚을 계산해 봤더니 부부 두 사람이 열심히 일해 받는 평균적인 수입으로는 내 나이 90세가 되어야만 이 빚의 청산이 가능했다. 그러나 나는 화진에 와서 교육을 받고 정신무리와 행동무리, 시간무리만 하면 되는 세일즈를 알고 나서 이 빚을 갚는 기간을 훨씬 앞당길 수 있다는 확실한 자신감을 얻었다. 그리고 목표를 정해 놓고 열심히 일한 결과 마침내 1989년 3월 말부터 1994년 12월말까지 불과 6년 만에 말끔히 갚아 버렸다. 결국 해도 되고 안 해도 되는 것이 아니라 분명한 시간을 정해 놓고 그에 대한 책임을 지는 것이 정신과 행동, 시간무리인 것이다. 이 무리가 주는 시너지 효과를 절대 간과해서는 안 된다.

정신과 행동, 시간의 무리 없이는 성공도 없다

나는 본사에서 우리 뷰티메신저를 만나거나, 전국의 지점을 순회하면서 이들을 만나면 "여러분, 오늘 하루 동안 열심히 하세요"라고 말하지 않는다. 사람의 육체적 능력은 한계가 있는데 오늘 '하루 동안' 내내 열심히 하라고 하는 것은 지쳐서 죽으라는 말과 다르지 않다. 대신 나는 이렇게 말을 한다. "여러분, 오늘 6시까지만 열심히 하세요!" "세 시까지 꼭 재출고하세요!" 이런 식으로 말하면서 뷰티메신저들에게 확실한 자기암시를 심어주는 것이다. "하루 동안 열심히 하세요"와 "6시까지만 열심히 하세요"라는 말이 낳는 결과는 하늘과 땅 차이다. 내가 우리 뷰티메신저들에게 먼저 그 정해진 시간까지의 목표달성이라는 시간무리의 개념을 심어주면 그들은 대부분 책임을 완수한다. 이처럼 짧은 한마디의 말에도 기를 불어넣어 주는 것이 매우 중요하다. 그래서 나는 우리 전국의 출고를 담당하는 직원에게도 뷰티메신저들에게 "열심히 하세요"라는 말 대신 웃으면서 꼭 이렇게 말하라고 교육한다. "세 시 안에 멋있게 재출고하세요! 파이팅!"

지금까지 내가 15년 동안 세일즈 현장에서 보고 느낀 경험을 토대로 정신무리와 행동무리, 시간무리라는 세 가지의 무리법칙에 대해 설명했는데 이 얘기가 독자 여러분에게 얼마만큼 공감을 주었는지 모르겠다. 그러나 성공한 사람들의 대부분은 이렇게 정신과 행동, 시간에 있어서 남다르게 앞서 갔고, 이런 무리가 결국은 그들에게 원하는 것을 이룰 수 있게 하는 원동력이 되었다.

정신무리와 행동무리, 시간무리를 단적으로 말해 주는 사례가 앞에서도 언급한 바 있는 전 대우그룹 김우중 회장이 피난살이 시절 대구 방천시장에서 신문팔이를 하며 발휘했던 놀라운 기지이다.

아버지가 없이 가족 네 명을 부양해야 했던 소년가장 김우중은 매일 아침 신문보급소에서 신문 백 부를 받아다 팔아야 생계를 유지할 수가 있었다. 신문을 가장 많이 사보는 곳은 보급소에서 멀리 떨어진 방천시장이었는데 처음에는 시장까지 달려가는 도중에 신문을 사려는 사람들에게 한 부, 두 부씩 팔면서 갔다. 그러나 시장에 도착해 보니 다른 아이들이 신문을 이미 다 팔아버린 후라서 나머지 신문은 팔 수가 없었다. 그래서 소년 김우중이 생각해 낸 것이 도중에 한 부, 두 부씩 파는 것에 욕심을 내지 말고 곧바로 시장으로 달려가 파는 것이었다. 이것은 꽤 성과가 있었다. 그러나 다른 아이들도 모두 그렇게 따라서, 이번에는 잔돈을 주고받는 시간을 아끼려고 미리 잔돈을 삼각형으로 접어 준비하고 있다가 잽싸게 내주고 다른 집으로 달려가는 방법을 썼다. 이것도 큰 효과가 있었다. 그러나 마찬가지로 다른 아이들이 따라하는 바람에 재미를 볼 수 없게 되자 이번에는 가게마다 미리 신문을 다 돌려놓고, 나중에 돌아가면서 수금을 하는 방식으로 전환을 했다. 이렇게 하다 보니 돈을 못 받는 집도 생기는 등 비록 리스크는 있었지만 전체적으로 큰 이익이 되었다고 한다.

당시 소년가장 김우중에게는 어떤 일이 있어도 꼭 신문 백 부를 팔아야 한다는 분명한 목표가 있었다. 당장 네 식구 끼니 해결도 문제였지만, 그래야만 1등을 할 수 있었기 때문이다. 그래서 치열한 경쟁 속에서 신문을 모두 팔기 위해서는 정신의 무리를 해야 했고, 그 정신의 무리가 행동의 무리와 시간의 무리를 수반할 수밖에 없었던 것이다. 어린 시절 이런 경험이 몸에 배었기에 그의 앞에는 불가능이 없었고, 그는 계속 신화를 낳는 주인공이 되었다. 너무 이상이 지나쳐 꿈을 접어야 했지만 이런 이유 때문에 나는 그분을 누구보다 존경하는 것이다.

나는 정신과 행동, 시간 무리, 이 세 가지의 무리가 주는 놀라운 힘을 누구보다 믿는 최고의 신봉자이다. 대부분의 사람들은 이 세상을 자신이 가진 능력으로만 산다고 생각한다. 그러나 자신이 가진 능력 외에

이 세 가지의 무리를 더하게 되면 뭔가 눈에 보이지 않는 플러스 알파의 힘이 분명 작용하고 있다. "기적이 일어났어, 기적!" 사람들은 믿기 어려운 현상이 일어나면 기적이라고 하면서 놀란다. 그러나 기적이란 다른 게 아니다. 절실하고 간절한 목표를 갖고 정신과 행동, 시간을 무리하면 누구에게나 기적은 일어날 수 있다. 그래서 사이비 종교에서도 기적은 쉽게 일어나는 것이다.

내 자신을 시험대에 올리다

1990년 내가 지사장이 되어 여의도에 지점을 냈을 때 나는 어느 정도 영업에 대해 물이 올라 있었고, 무엇이든지 해낼 수 있다는 자신감에 충만해 있었다. 그러나 나는 당장 사는 집을 비워주고 이사를 해야 하는 문제에 부딪쳤다. 수중에 돈이 한푼도 없었기 때문이었다. 당시 나는 시흥 4동에서 방 두 칸짜리 다세대 주택을 2천5백만 원에 전세로 살고 있었다. '겉보리 서 말이면 처가살이는 하지 마라'고 했는데 당시 우리 부부는 결혼을 하고 나서 2년 동안 친정에서 살았다. 그리고 친정의 도움으로 그 집이나마 얻은 것이었는데 사업을 하던 남편이 집을 공증 잡히는 바람에 법원에서 차압이 들어와 그나마도 잃게 된 것이었다.

　나는 지사장이 되기 전까지 판매를 하면서 돈을 벌기는 했지만 그 돈은 우선 급한 빚을 갚아나가는 데도 턱없이 부족했다. 그러니 나한테 이사를 할 만한 큰 돈이 있을 리 만무했다. 공증료를 비롯해서 모든 것을 청산하고 나니 내 손에 쥐어진 돈이라곤 단돈 2백만 원뿐이었다. 이 2백만 원도 공증한 이후에 전세금을 올려준 것이어서 그나마 건진 것이었다. 나는 2백만 원이라도 손에 쥘 수 있다는 것이 기뻤다. 그런데 도대체 2백만 원으로 무엇을 할 수 있을까. 물론 급한 대로 단칸짜리 지하 월세방이라도 들어갈 수 있겠지만 나름대로 능력이 개발되고 삶에 자신이 붙은 나는 예전의 내가 아니었다.

'난, 더 이상 빚에 쪼들리며 가난하게 살지 않을 거야! 이제 초라하게 빈티를 내면서 살고 싶지 않아!' 그동안 너무 억눌리면서 살아왔던 탓일까? 나는 남이 보기에도 깜짝 놀랄 만큼 무모한 계획을 세웠다. 그때 내가 살던 동네 뒤편 산꼭대기 일대에는 빌라가 많이 지어지고 있었는데 분양이 안 돼 오랫동안 비어있는 빌라가 많았다. 건축주를 찾아가 전세 3천만 원짜리 25평 빌라를 보증금 백만 원에 월세로 달라고 말했다. 건축주는 기가 막히다는 표정이었다.

"뭐요? 아줌마 혹시 미친 거 아니요?" "저 안 미쳤어요. 한 달은 2천9백만 원의 이자를 월세로 주고 석 달 안에 나머지 그 2천9백만 원을 꼭 갚을게요. 어차피 한 달 안에 안 나갈 빌라잖아요?" "기가 막혀서….." "석 달 안에 꼭 갚을게요. 만일 석 달 안에 이 돈을 못 갚으면 집을 비우고 보증금 백만 원도 다 포기할게요. 아저씨도 손해 볼 게 하나도 없잖아요?" "허 참…!"

나는 그 건축주에게도 당장은 어려워서 이렇지만 나는 능력 있는 여자이기 때문에 그 정도의 돈은 충분히 갚을 수 있다고 큰소리를 쳤다. 그 건축주는 어이가 없어 하면서도 내 기세에 눌려 정말 그렇게 돈을 많이 버는 여자인줄 알고 결국 내 제안을 받아들였다. 어차피 분양도 잘 안 되는 판국에 손해날 게 없었기 때문이었다.

나는 나머지 백만 원은 이사비용으로 써서 그 빌라로 이사를 했다. 내가 그렇게 한 것은 겁이 없어서가 아니라 단돈 2백만 원, 이사비용을 뺀 백만 원으로는 도저히 달리 어찌할 도리가 없었기 때문이었다. '난 이 빌라를 석 달 안에 반드시 내 것으로 만들겠다!' 어쨌거나 일은 저질러 놓았고 나는 돈을 벌어야 했다. 그 다음 날부터 나는 스스로 3천만 원이라는 목표와 3개월이라는 기한을 정하고 내 자신을 무섭게 혹사시키기 시작했다. 정신과 행동, 시간의 무리…. 밤잠을 거의 자지 않고 별을 보고 출근했으며 별을 보고 퇴근하는 날의 연속이었다. 나는 그 목표에 내 자신을 완전 올인한 것이었다. 그 결과 나는 석 달 동안 번 돈에 약간의 대출 받은 돈을 합쳐 약속한 대로 나머지 잔금 2천9백만 원을 모두 갚았다. 나는 해낸 것이었다. 그러자 그때 나에게는 이 세상에 뵈는 것이 없었다. 기뻐서 잠도 오지 않았다.

'나에게는 3천만 원이 있다!' 이 자신감이 나를 무서울 것이 없는 사람으로 만들었고, 나를 끊임없이 발전시키는 동력이 되었다.

겁 없는 여자의 겁 없는 도전

'거, 무리수 두지 마!' 바둑에서는 말할 것도 없이 누군가 무슨 일을 하는 데 있어서 너무 의욕부터 앞세우거나 턱없이 앞서 나갈 때 우리는 '무리수'를 둔다고 말한다. 그런데 과연 이런 무리수를 두는 것이 반드시 나쁘기만 한 것일까?

'위험한 장사가 많이 남는 법이야!' 도박을 좋아하는 사람들이라면 으레 입에 올리고 사는 말이다. 그렇다고 내가 매사에 무리수를 두라든가 도박사들의 한탕 심리를 옹호하는 것은 결코 아니다. 그러나 오갈 데가 없는 절체절명의 위기에서는 내 자신을 한번 벼랑 끝에 세우고 과감한 무리수를 던져볼 필요가 있다는 것이다. 만일 그것을 이겨낼 만한 강인한 정신력 즉, 정신과 행동과 시간을 실제로 확실하게 무리할 자신이 있다면 말이다.

나는 단돈 백만 원으로 25평짜리 빌라에서 전세를 살기 시작한 지 정확히 1년 만에 시흥동 현대아파트 30평짜리를 전세 4천만 원에 얻어 이사했다. 당장 사는 데에는 그 집도 불편함이 없었지만 사원들이 계속 늘어나다 보니 문제가 생겼다. 저녁에 사원들과 홈 미팅을 하기엔 집이 비좁은 데다가 회사에서 집까지의 거리도 너무 멀다는 것이었다.

나는 여의도에 큰 아파트를 얻어 이사하기로 결심했다. 내 수중에는 6천만 원이라는 돈이 모여 있었다. 그래서 전세 1억2천만 원짜리 미주 아파트를 6천만 원의 보증금에 다달이 월세를 주기로 하고 얻었다. 물론 나머지 6천만 원도 석 달 안에 꼭 갚겠다는 조건이었다. 나는 그 아파트를 얻어야 할 분명한 이유가 있었다. 우선 그 아파트는 이전의 아파트보다 꽤 넓은 데다가 회사 사무실에서 5분 이내의 거리에 있었다. 이 정도면 회사에서 집까지 오고가는 시간을 충분히 절약할 수 있고, 사원을 얼마든지 데려다 교육시킬 수가 있었다.

'나는 갚을 수 있어!' 나는 내 자신을 매섭게 채찍질했다. 내가 열심히 뛰어서 이 돈을 갚지 못하면 여태까지 쌓아온 노력이 물거품이 될 수도 있었다. 그리고 내가 갚아야 하는 돈은 부족한 전세금뿐만이 아니었다. 전세금은 전세금대로 갚아 나가면서 그 이전에 있던 빚까지 갚아야 했으니 나는 잠시도 뒤를 돌아볼 겨를이 없었고, 나에게는 시간이 돈이었으며 움직이는 것이 돈이었다. 나는 나 자신을 떨어지면 다시 올라올 수 없는 벼랑 끝에 세워놓고, 완벽하게 혹사를 시키기로 작정을 한 것이었다.

집이 사무실 근처에 있었기 때문에 내 아파트는 24시간 풀가동되었다. 아침에 일찍 출근해 사원 조회를 끝마치면 능력개발을 위한 정신교육과 판매교육을 시켰고, 그런 다음에는 사원들과 직접 가방을 둘러메고 밖으로 나가 '현장동행' 관리를 했다. 또 저녁이면 석회를 마친 후에 신입사원들을 집으로 데려와 합숙하면서 교육을 시킨 것이다.

'일에 미친 여자!' 바로 내가 그랬다. 이렇게 분, 초를 아껴가면서 열심히 뛰다보니 하루에 잠자는 시간이 4시간 정도 밖에 안 됐는데, 그럼에도 불구하고 조금도 피곤하지 않았다. 정신과 행동, 시간의 무리가 완전히 몸에 배고 체질화된 것이었다. 전국에서 올라온 사원들이 내 집에서 먹고 자면서 교육을 받았고, 낮에는 사무실에서, 밤에는 내 아파트에서 쉬지 않고 홈 미팅을 가졌다. 조직은 계속 확장되고 내 수입도 늘어갔다. 아울러 회사의 매출도 전년 대비 2백%, 3백%씩 쑥쑥 늘어났다. 그런데 날마다 시도 때도 없이 전국에서 사원들이 밀어닥치다 보니 이 집도 사원들의 홈 미팅 장소로는 턱없이 비좁았다.

"사장님, 저도 사장님 집에서 하룻밤 홈 미팅을 하고 싶어요. 안 되나요?" "큰일 났어요. 홈 미팅 하고 싶다고 지방에서 사원들이 올라오겠대요!" 홈 미팅의 효과는 새삼 설명할 필요가 없을 것이다. 집에 모여 하룻밤 먹고 자면서 교육을 받는 효과는 사무실에서 사흘나흘 교육을 받는 것보다 몇 배의 큰 효과가 있기 때문이다. 약속했던 대로 이미 6천만 원의 돈을 다 갚은 나는 10개월 만에 70평 크기의 서울아파트로 이사를 했다. 전세금은 무려 2억3천만 원! 결국 2년 8개월 만에 나는 백만 원을 2억3천만 원으로 만든 것이었다. 물론 절반은 갚아나가야 할 돈이지만 그때의 나에게는 이제 돈의 액수가 중요하지 않았다. 돈은 그만큼 더 일을 하면 되기 때문이었다.

그러나 아무리 아파트가 넓다고 해도 전국에서 찾아오는 사원들은 계속 늘어나고 며칠 간격으로 최고 20여 명이나 되는 사원들을 앉혀놓고 홈 미팅을 하는 것도 한계가 있었다. 홈 미팅을 하고 싶다는 사원들을 장소 때문에 다 받아들이지 못하는 것도 괴로웠다. 게다가 이렇게 2년을 지내다 보니 북적이는 사람들 속에서 내 사생활이라고는 온 데 간 데가 없었다. '그래, 이럴 바에야 차라리 사원전용 홈 미팅 장소를 만들자!'

날마다 많은 사원이 하룻밤을 먹고 자면서 홈 미팅을 할 장소를 구한다는 것도 쉽지 않고, 우선 비용부터가 만만치 않았기 때문에 궁리 끝에 나는 여의도에서 쉽게 갈 수 있는 경기도 파주시 자유로변에 2백여 평의 땅을 사서 홈 미팅 전용 교육장을 만들었다. 내가 직접 사원 미팅 전용으로 설계한 이 교육장은 1층 전체를 마루로 만들고 2층은 침실이 하나 있는 방을 제외한 응접실을 만들어서 최대 백여 명의 사원들이 모여 미팅을 하고 잠을 잘 수 있게 되어 있었다. 나는 행복했다. 그리고 추석과 설 명절도 이곳에서 사원들과 미팅을 하며 보냈다. 당시 우리 화진맨이라면 이곳을 거쳐 가지 않은 사람이 없을 정도였다.

당신의 인생에 무리수를 던져라

결국 정신은 내게 목표를 주었고, 행동은 그것을 실천으로 옮기게 했으며 시간은 나에게 늘 금싸라기보다 더 귀한 황금 알을 낳는 거위였다. 내가 만일 남들처럼 어떤 목표도 없이 정해진 출근 시간에 출근하고 퇴근 시간에 퇴근했다면, 길거리에서 귀중한 시간을 출퇴근에 허비하고, 남들처럼 일하면서 할 거 다 하고, 잠도 하루에 여섯 시간, 여덟 시간을 잤다면 오늘의 나는 없었을 것이다. 내가 만일 30평 아파트에서 안주했고 40평, 60평에서 안주했다면 오늘과 같이 123평짜리 아파트에서 결코 살지 못했을 것이다. 나는 내 자신을 위해 넓은 아파트를 원한 것이 아니었다. 오히려 나보다는 사원들을 위해서, 그들을 생각하고 그들을 위해 내가 할 수 있는 일이 무엇인가 궁리해 온 '생각의 결과'가 나에게 돌아온 것일 뿐이다.

나는 종종 내 자신을 벼랑 끝에 세우고 정신과 행동, 시간무리를 통해 내가 이룩한 이 과정을 사원들에게 소개할 때가 많다. 사람들은 무엇이든 '돈'과 관련시켜 교육을 하면 이해가 빠르기 때문에 나는 이 과정을 나만의 '재산증식법'이라는 제목으로 들려준다. 그리고 이 재산증식법을 인용해서 세 가지 무리법칙을 강의할 때면 나는 당시 내가 그야말로 목숨을 걸고 헤쳐 나온 이 모든 과정을 직접 목격하고 지켜본 우리 회사 대표이사들을 연단에 세우곤 한다. 그들은 나와 여의도 지사에서 동고동락했던 사람들로 우리집 이사 때마다 집들이를 함께 한 사람들이고, 또 내 집에서 합숙하면서 나의 일거수 일투족을 모두 보아온 사람들이기 때문이다.

나는 사원들에게 교육을 할 때마다 이와 같은 정신무리와 시간무리, 행동무리를 바탕으로 늘 원대한 꿈과 목표를 가지라고 말한다. 당장 남에게 갚을 돈 5백만 원이 필요해서 세일즈에 뛰어드는 사람은 절대 그 5백만 원을 벌지도 갚지도 못한다. 조금이라도 벌면 그 돈을 갚아야 하기 때문에 실제로는 자기에게 남는 것이 없고, 이러니 재미가 없어서 더 못 하는 것이다. 그러나 원대한 꿈과 목표를 가진 사람이 그것을 꼭 이뤄야겠다며 자신을 벼랑 끝에 세울 때는 운명도 길을 비켜준다.

나의 발전은 회사의 발전으로 이어졌고, 나 같은 사람들이 많았기에 오늘의 우리 화진그룹도 짧은 기간에 장족의 발전을 이룩한 것이다.

소위 '뻥'을 잘 치는 사람은 사람들로부터 비웃음의 대상이 된다. "저 사람 뻥치는 거 아냐? 어디서 사기치고 있어!" 하지만 그것이 진짜 뻥으로 끝나지 않고, 현실로 구체화되면 사람들은 그것을 절대로 뻥이라고 하지 않는다. 내가 벼랑 끝에 나를 세우고 무리한 목표를 향해 뛰어들었을 때 주위 사람들은 나에게 뻥을 친다며 '뻥순이' 아니냐는 사람도 있었다. 그러나 내가 목표를 하나 둘씩 이뤄 나가자 그렇게 말하는 사람은 더 이상 눈 씻고 봐도 없었다. 배짱이나 능력이 없는 사람은 뻥도 못 치는 법이다. 문제는 배짱이나 능력이 있어서 남에게 뻥을 친 사람은 어떤 일이 있더라도 그것을 반드시 이뤄내야 한다는 것이다. 그래야 허튼 사람이 안 되고 남에게 신뢰를 얻기 때문이다.

굳이 뻥이 아니더라도 자신에게 주어진 능력의 한계가 어느 정도인지 모르는 사람이라면 한 번쯤 인생에 무리수를 던져볼 필요가 있다. 한번 해 보지도 않고 지레 겁을 먹고 포기하는 것은 자기 자신에 대한 기만이고 자기 비하가 아닐까.

"저도 부회장님처럼 되고 싶어요. 저도 꼭 그렇게 할 거예요!" 사원들이 다투어 나처럼 되고 싶어 했고 실제로 나를 모델로 삼은 사람도 적지 않다. 그러나 초심을 잃지 않고 끝까지 정진한 사람은 성공했는가 하면 잘 나가다가 흐트러지거나 마무리를 잘 못한 사람들은 실패했다.

나는 우리 뷰티메신저와 매니저들을 교육할 때마다 항상 강력하게 주문하는 것이 하나 있다. 그것은 당장 눈에 보이는 현재보다 눈에 보이지 않는 미래를 생각하며 최선을 다하라는 것이다.

성공한 사람은 한마디로 '씨앗에서 새소리를 듣는 사람들'이다. 씨앗 하나만 보고도 그 씨앗이 싹이 터서 자라 언젠가 큰 나무가 될 때 그 나무 위에 앉아 노래하게 될 새소리를 들을 수 있을 만큼 먼 미래를 내다보는 사람이 성공한다는 것이다.

이는 '욕래조 선수목(慾來鳥 先樹木)'이라는 말과 다르지 않다. 새가 날아오기를 바라거든 먼저 나무부터 심으라는 말인데 우리 주위에는 나무도 심지 않고 새가 날아오기만을 기다리는 사람들이 적지 않다. 지금 당장의 상황이나 환경이 좋지 않다고 해서 포기하거나 안주하는 사람은 발전이 없다. 그러나 어려움 속에서도 열심히, 꾸준히 일하는 사람은 그 상황이 달라졌을 때 인생 자체도 달라진다. 그런데 왜 당신은 포기하는가.

물론 사람이 열이면 열, 백이면 백, 모두가 다 성공할 수는 없다. 그러나 나는 사람들에게 불가능하거나 허황된 꿈은 말하지 않는다. 내가 직접 몸으로 실천해서 얻은 결과 이외에는 얘기하지도 않고, 교육하지도 않는다. 나는 내가 경험한 사실만을 얘기한다. 내가 세상의 그 어떤 것도 두려워하지 않는 이유가 바로 여기에 있다.

당신이 위기에 처해 있다거나 능력을 확인하고 싶다면 한 번쯤 당신을 벼랑 끝에 세우고 인생의 무리수를 던져라! 그리고 정신과 행동, 시간무리를 해서 자신의 모든 것을 던져 보라. 나의 사전에 불가능이란 없다는 말은 나폴레옹만의 전매특허가 아니다.

7

열심히 일하라!
운명이 도와준다

사람의 운명에는
알 수 없는 시너지 효과가 있다

'나에게 5천만 원만 있다면, 누가 나에게 5천만 원만 준다면 그야말로 떼돈을 벌 수 있을 텐데….' 돈이 없는 사람들 가운데는 한 번쯤 이런 생각을 해 본 사람이 적지 않을 것이다. 물론 누군가가 5천만 원을 주면 그것으로 주식 투자를 하든지 장사를 하든지 해서 떼돈을 벌 사람들이 많을 것이다. 그런데 당장 그 5천만 원은 없다. 이럴 때 나는 그 사람에게 묻고 싶다.

"그렇다면 문제는 그 5천만 원이군요. 그런데 왜 당신은 그 5천만 원을 당신 자신의 힘으로 벌려고 하지 않고 남이 도와 주기를 기다리십니까?"

설령 남이 5천만 원을 거저 준다고 하자. 그럼 그 돈이 과연 오래갈 수 있을까? 여기에서 아주 중요한, 사람의 눈에는 보이지 않는 절대불변의 놀라운 공식이 있다. 이 '5천만 원을 누가 주면'이 아니라 자신의 힘으로 벌면 5억, 10억 원을 버는 것도 얼마든지 가능하다는 얘기이다.

돈이든 권력이든 명예든 자신의 능력으로 어느 일정한 궤도에 진입하기까지가 문제이지 일단 진입하게 되면 그 이후부터는 놀랍게도 저절로 술술 이루어진다.

"야, 돈 버는 것 쉽더라구! 어느 정도 버니까 그땐 저절로 돈이 막 들어오는 거 있지?"

성공한 사람들이 이렇게 말하는 것을 많이 들었을 것이다. 뿐만 아니라 대통령이나 정치인, 성공한 기업인, 세계적인 예술가, 대학교수, 기타 등등 어느 분야에든 최고가 된 사람이나 전문가가 된 사람에게 물어보라. 그들의 대답은 약속이나 한 것처럼 똑같을 것이다.

"여기까지 오르느라고 나, 처음에 고생 정말 많이 했어! 넘어지고 고꾸라지고 말도 못 해! 그런데 어느 궤도에 오르니까 그때부터는 사람들이 다 저절로 인정해 주더라."

그렇다! 문제는 그 피나는 고생과 노력을 해서 어느 일정 수준의 궤도에 오르면 자신이 믿는 신이 도와주든, 조상이 도와주든, 부모 친척·친구들이 도와주든, 아니면 전혀 생면부지의 사람이 나타나 도와주든 그때부터는 알 수 없는 시너지 효과가 나타나 자신이 하는 일이 일사천리로 풀려 나간다는 것이다. 이 말은 자신의 분야에서 성공을 거둔 사람이라면 누구나 수긍할 수 있을 것이다.

'부자가 돈 벌기 쉽다'는 말처럼 돈도 '없는 사람'보다 '있는 사람'이 번다. 있는 사람은 가진 돈을 더 만들기 위해 없는 사람보다 몇 배나 더 노력한다. 여기서 '있는 사람'은 '내게 5천만 원만 있으면 좋겠다'고 꿈을 꾸던 몽상가가 아니라 진짜로 자신이 노력해서 그 돈을 번 사람이다. 그는 갖은 고생을 하면서 그 '종자돈' 5천만 원을 벌었기 때문에 그 돈이 계속 종자를 쳐서 금방 5억, 10억 원을 만든 것이다.

노력하는 사람에게는 인생의 덤이 있다

그런데 이런 운명의 절대 공식은 세일즈를 하는 사람에게도 예외가 아니다. 우리 화진을 처음 찾아 온 사람들은 교육을 받고 나면 하나같이 '방방' 뜬다. '자신 있어! 나도 부회장처럼 될 거야!' 금방이라도 세상을 다 얻을 것처럼 신바람이 나서 몰려 나가지만 현실은 그렇지가 않다. 세일즈를 하게 되면 세 번의 고비가 찾아오는데 시작한 지 한 달째와 석 달째, 그리고 6개월째에 마지막 고비가 찾아온다. 그럴 때마다 나는 사람들에게 얘기한다.

"여러분, 궤도는 진입하기까지가 어렵습니다. 만약 궤도에 진입한 후로도 계속 지금처럼 고생할 거라면 전 여러분한테 이 일 절대 안 시킵니다. 노력하세요! 노력하는 사람에게 인생의 덤이 붙습니다! 좌절하지 말고 뛰세요!"

사람들은 다시 용기를 얻어 '콩'도 갖고 나가고 '사탕'도 갖고 나가고, 들고 나간 개수만큼 하루에 30명, 40명의 고객을 만난다. 이렇게 하다보면 고객을 설득하는 능력이 생기고, 결국 자신감과 사람을 볼 줄 아는 눈이 생긴다. 그리고 6개월이 지나면 프로, 아니 도사가 되고 그때는 나가라고 등을 떠밀어도 나가지 않는다.

그리고 어느 정도 일정 궤도에 오르면 하루에 고객을 30명이나 40명까지 만날 필요가 전혀 없다. 고객의 눈빛만 봐도 정확한 평가를 할 수 있기 때문에 단 세 명만 만나도 세 개의 오더가 나오고 다섯 명을 만나도 다섯 개의 오더가 나온다. 이것이 바로 인생을 앞당기는 비결인 것이다. 그러나 반드시 경계해야 할 것이 있다. 그 궤도에 오르기까지는 누구에게나 몇 번의 위기가 있는데 이것이 힘들거나 두렵다고 포기하면 절대 안 된다는 것이다.

어려움에 부딪치면 오히려 그것을 철저하게 즐길 줄 알아야 한다. 여기에 그 법칙의 핵심이 들어 있다. 이런 어려움이 주는 좌절과 고통을 딛고 일어서야만 사람은 질적으로 한 단계 상승한다는 점이다. 어렵게 극복하고 보란 듯이 궤도에 올랐을 때라야만 기다리고 있던 운명이 내 손을 잡아준다. 단순하고 평범한 얘기 같지만 이런 인생의 절대 공식을 하찮게 생각하고, 조금만 더 노력하면 궤도에 오를 수 있는데 포기하는 바람에 실패하는 사람들이 우리 주변에는 너무 많다.

누구에게나 주어지고, 누구나 맛볼 수 있는 이 인생의 덤을 혹시 당신은 통째로 놓치고 있는 것은 아닌가?

두려움의 대상은 극복될 때까지 맞서라

어려움이나 두려운 상황에 처하면 그것을 극복하는 방법은 그것과 정면 대결하는 것밖에 없다. 내 딸아이도 어려서부터 피아노와 바이올린, 첼로, 수영을 배웠는데 나는 한 번도 그것을 배우라고 말한 적이 없었다. 아이가 배우고 싶다고 원해서 가르쳤다. 그런데 몇 개월째 수영을 배우던 아이가 어느 날 수영장을 다녀오더니 힘없이 말했다. "엄마, 혹시 수영하다가 죽은 사람 없어요?" 욕심 때문에 배우기 시작했지만 배영을 배우면서는 물도 많이 먹고 제 딴에는 슬슬 무서워지기 시작한 모양이었다. 그것은 아이가 느낀 두려움이었고 거기까지가 한계였다. "저 수영, 그만 배우고 싶어요. 언제까지 배워야 해요?" "난, 너한테 수영을 배우라고 한 적 없다. 그렇지만 그만 두더라도 네가 그 무서워하는 것만은 꼭 이겨내고 그만 뒤라!"

어떤 일에나 두려움은 있다. 그러나 그 두려움 때문에 하던 일 자체를 그만 뒤서는 안 된다. 두려움을 극복하기만 하면 그 다음은 쉬워지고 어떤 어려움도 이길 수 있다는 자신감이 생긴다.

바이올린도 오래 배우다 보니 악기를 세 개나 바꿨다. "엄마, 저 턱뼈가 빠질 것 같아요. 언제까지 해야 돼요?" "콧노래가 나와서 밤잠을 못 자게 될 때까지 해라." "첼로가 너무 무거워요. 언제까지 배워야 해요?" "나는 너한테 그걸 배우라고 강요 안 했다. 선택은 네가 했지만 그만 두더라도 즐거울 때까지 해라!"

나는 어떤 어려움이라도 그것을 이겨내는 방법을 안다. 두렵고 어렵다고, 힘들다고 포기해 버리면 사람은 자신감을 상실하게 된다. 더 이상 그 일은 하기가 힘들어지는 것이다. 그러나 어떤 일이든지 이겨내면 자신감이 생기고 그 자신감에 비례해서 도움작용이 일어나는 것이다. 내 교육방법이 잘 된 것인지, 내 사고방식 그대로 우격다짐인지는 모르지만 나는 아이에게 어떤 일이 닥칠 때마다 무엇보다 그 두려움을 극복하게 했고, 그 결과 그런 과정을 통해 정신적으로 한 단계 성숙한다는 것을 알았다.

어떤 분야든, 무슨 일을 하든지 간에 어렵고 두려움에 봉착하는 단계는 누구에게나 다 있다. 그러나 그것을 극복해야 하는 것은 누구도 대신해 줄 수 없는 바로 '내 몫'이다. 뭐가 무서워서? 누가 잡아먹을까봐? 나는 얘기한다. "여러분, 걱정만 하고 기도만 한다고 해서 누가 도와줍니까? 하느님한테, 조상신에게 기도를 하더라도 최소한 내가 할 수 있는 것은 하고 도와 달라고 하세요!"

그렇다. 사람도 염치가 있어야 하는 법이다. 그런데 무엇이 무서워서 못 한다는 말인가? 너무 힘들고 고통스러워서? 고통이 크면 보람도 그만큼 크다. 나는 하루라도 혼신을 다해 일을 하지 않으면 잠이 안 온다. 하루 종일 내 몸 안에 있는 모든 에너지를 탕진하고 나서 집에 돌아와 침대 바닥과 내 등이 하나가 됐을 때라야 잠이 온다. 그 쾌감과 스릴은 이 세상의 그 무엇과도 바꿀 수 없다.

나는 늘 어디선가 내 자신을 지켜보는 운명의 신이 있다고 믿고 있다. 그래서 항상 내 자신이 부끄럽지 않도록 내게 주어진 일에 혼신의 힘을 다 한다. 이것은 누구나 다 마찬가지겠지만 어느 단계까지 고통을 딛고 자신의 힘으로 올라서야만 기도문도 열리고 신도 도와준다. 이쯤 되면 성공은 이미 예약된 것이나 다름없는 것이다. 이 세상엔 '거저'란 없다.

돈으로 원수를 갚겠소

내 스스로 노력해서 어느 정도 궤도에 오르고 하는 일에 탄력이 붙으면 가장 먼저 나를 바라보는 가족들의 시선이 달라지고 태도가 변하기 시작한다. 내가 화진에 입사하기 전 빚더미에서 헤어나지 못하고 있을 때

나는 어머니에게 그야말로 '웬수'였다. 귀여움을 독차지할 7남매의 막내딸이었음에도 불구하고 이 막내딸과 막내사위가 어머니뿐만 아니라 우리 집안의 웬수였던 것이다. 남편의 사업 실패로 빚이 대추나무에 연 걸리듯이 사방에 걸려 있어서 도저히 헤쳐 나갈 길이 없었다. 나는 집안의 돈이라는 돈은 다 긁어 가는 것도 모자라서 하루가 멀다 하고 오빠, 언니, 형부들에게 손을 내밀었다. 얼마나 괴롭혔으면 우리 부부 때문에 언니들이 이혼한다는 말까지 나올 지경이었을까.

"암만해도 너희 둘 때문에 내가 명대로 못살겠다!"

속이 썩을 대로 썩은 어머니는 나를 원망하며 이런 말씀을 밥 먹듯 하셨다. 오빠나 형부들도 나라면 넌더리를 내기는 마찬가지였다. 특히 작은형부는 나라면 두 손을 들었고, 행여 전화라도 하면 돈 얘기를 꺼 낼까 봐 바쁘다면서 허둥지둥 끊었다. 작은형부는 꽤 재력이 있지만 절대 돈을 안 빌려주는 사람으로 유명했다. 어쩌다 돈 몇 푼을 빌려줘도 얼마나 사람을 질리게 하는지 나는 이를 악물었다. '좋아요! 지금은 내가 아쉬워서 어쩔 수 없지만 두고 봅시다. 어떤 일이 있더라도 돈을 벌어서 돈으로 원수를 갚을 테니!' 눈물을 흘리면서 그 집 대문을 나오곤 했다. 돈이 없으면 부모도 형제도 친구도 없다는 것을 그때처럼 절실히 느껴본 적이 없었다. 내게 돈이 없으면 아무도 필요가 없는 것이었다.

그러나 초기의 고생하던 시기를 지나 일정 궤도에 오르자 사정은 확연히 달라졌다. 가만히 나를 지켜보던 오빠와 형부, 조카를 비롯한 가족들은 내가 한 달에 천만 원 가까운 수입을 올리자 태도가 돌변하기 시작했다. '어? 쟤 어떻게 된 거야? 쟤가 왜 저렇게 달라졌어?' 귀찮게 찾아와서 돈 좀 빌려 달라고 울고불고 하던 옛날의 내가 아니었던 것이다. 그러자 가족이 발 벗고 나를 도와 주기 시작했다. 불과 몇 달 전까지만 해도 나를 가장 경계하고 기피하던 사람들이 누구보다 적극적인 내 후원자로 돌변한 것이었다.

인심은 조석변개라지만 세상에 이처럼 신나는 일이 또 어디 있을까. 나를 누구보다 가장 잘 아는 사람, 특히 가족으로부터 비로소 인정을 받게 되었을 때의 그 기쁨은 참으로 컸다. 그때부터 내가 하는 일은 날개를 달기 시작했다. 홈 미팅 장소가 비좁아 파주에 땅을 사서 건물을 지을 때도 마찬가지였다. 그런 땅을 사서 건물을 지을 돈이 내게는 당장 없었지만 우리가 입주해 있던 여의도 외교빌딩 1층의 충북은행 지점장은 내가 사원들을 데리고 열심히 일하는 모습을 보고 감동한 나머지 1억 원이라는 돈을 흔쾌히 대출해 주었다.

같은 건물에서 지켜본 나의 살아가는 모습, 내가 쌓아올린 신용만을 보고 내게 도움을 준 것이었다. 이것이 바로 도움작용의 하나인 것이다. 내가 처음부터 아무런 노력을 하지 않고, 특히 일정한 궤도에 오르지 못한 상태에서 주저앉았더라면 가족들도, 은행 지점장도 나를 결코 도와 주지 않았을 것이다.

포기하는 사람은 결코 울지 않는다

세일즈맨이라면 자기의 할 일은 따로 하면서 부수적으로 돈을 벌 수 있는 직업이라고 생각하는 사람이 많지만 실상 그것은 어렵고, 또 그렇게 해서는 성공을 거두기도 힘들다. 내가 내 딸아이를 YWCA에서 운영하는 놀이방에 맡겼을 때 놀이방이 문 닫는 시간에 맞춰서 아이를 데리러 갔던 적이 거의 없었다. "아니, 너는 물건 팔러 다닌다는 사람이 네 아이 하나 간수할 시간도 없냐? 조금 늦게 나가고 조금 일찍 들어오면 될 텐데 왜 갓난아기한테 그 고생을 시키냐? 응?"

어쩌다 내가 물건을 다 못 팔아 늦게 들어오는 날이면 가까이에 사셨던 어머니가 아이를 데려오곤 하셨다. 그런 내가 못마땅해서 어머니가 그렇게 말씀하실 때마다 내 가슴은 찢어지는 것 같았다. 내가 왜 그랬을까? 만일 내가 시간을 마음대로 조정할 수 있었더라면 나는 당연히 내 분신처럼 소중한 딸아이를 매일 정해진 문 닫는 시간에 데리러 갔을 것이다. 하지만 난 그때 '어떤 일이 있더라도 판매가방이 텅 빌 때까지는 절대로 퇴근하지 않겠다'는 내 자신과의 약속을 절대 어길 수가 없었다. 그렇다고 놀이방이 다 끝났는데도 밤늦게까지 아이를 그곳에 둘 수는 없었다. 아침에도 마찬가지였다. 나는 늦어도 아침 여섯시 반이면 가방을 메고 집에서 나가야 했는데 그 시간엔 놀이방도 문을 열지 않았다. 그래서 나는 처음에는 아이를 동네에서 고시공부를 하는 남편을 뒷바라지하기 위해 조그만 속셈학원을 운영하던 아는 새댁에게 부탁했다. 그 새댁은 내 딱한 처지를 알고 아침저녁으로 아이를 맡아주었다.

날마다 이른 아침이면 아직 단잠에 빠져있는 아이를 깨우는 일도 보통 고역이 아니었다. "자, 우리 아기 일어나야지. 엄마가 씻겨주고 예쁜 옷 입혀줄게. 착하지?" 잠에 취해 있는 아이를 깨워 세수시키고 머리 빗기고 옷 갈아입혀 새댁에게 데려다 주면 새댁은 아이를 자기 집에서 두어 시간 더 재운 후 아홉 시경에 놀이방으로 데려다 주었다. 그리고 놀이방이 파하는 시간에는 아이를 다시 학원에 데려다 놓으면 내가 밤늦게 그 학원으로 가서 아이를 데려오는 식이었다.

나는 날마다 이른 아침과 늦은 저녁, 아이를 새댁의 학원에 데려다 주었다가 데려오는 일을 반복했다. 그러나 철없는 아이는 아침에 나와 헤어질 때마다 동네가 떠나가라 큰 소리로 울었다. "엄마 가지 마! 엄마…" 태어나서 엄마하고 단 하루도 온전히 지내보지 못한 가엾고 불쌍한 내 딸, 떨어지기 싫어하는 아이를 뒤로 하고 돌아서야 하는 내 마음은 찢어질듯 슬프고 비참했다. 서둘러 회사에 출근해서 조회를 마치고 5백 원짜리 김밥 한 줄을 사서 버스에 오르면 나도 모르게 눈물이 북받쳐 올랐다. 내 가슴을 더욱 아프게 했던 것은 밤늦게 아이를 데리러 가면 시계도 볼 줄 모르고 시간 개념조차 모르는 어린 아이가 한 시간이고 두 시간이고 출입문 앞에 서서 무작정 날 기다리고 있는 모습이었다. 나는 그 모습을 보면서 마음 속으로 얼마나 피눈물을 흘렸는지 모른다. 그런 아이를 보면 정신이 아득해지면서 당장이라도 모든 것을 포기해 버리고 싶은 마음이 굴뚝 같았다. 하루 종일 아이의 울음소리가 내 귓가를 떠나지 않았다. 그럴 때마다 나는 입술을 깨물면서 다짐했다.

'그래, 아가! 조금만 참아라! 아무리 힘들고 어려워도 나는 너 때문에 살련다! 날마다 나를 기다리는 너를 위해서도 어떻게 하든지 나는 이 더러운 가난에서 벗어나련다!' 그때 내 별명은 '울보'였고 걸핏하면 눈물을 짠다고 해서 '짤순이'였다. "아니, 세상에서 제일 강한 여자가 왜 그렇게 우는 거야?" 내가 딸아이를 생각하며 이따금 눈물을 흘리면 사람들은 의아해했다. 그럴 때마다 나는 입술을 깨물며 이렇게 말했다. "포기하지 않으려니까 우는 거야! 포기하려면 울 필요가 없잖아?"

사실 그렇다. 포기하는 사람은 결코 울지 않는다. 포기를 하면 그뿐이기 때문에 울 필요가 없는 것이다. 그러나 나는 결코 포기할 수가 없었기 때문에 울었다. 아니, 애초부터 나는 포기라는 말은 생각지도 않았다.

최선을 다하고 나서 조상을 원망하라

나는 아이를 생각하며 이를 악물고 몸이 으스러지도록, 발이 부르트도록 뛰고 또 뛰었다. 그러다 보니 입사한 지 1년 2개월 동안 가방 8개가 닳아 없어졌고, 여름철이면 싸구려 구두가 보름이면 한 켤레씩 닳아 떨어졌으며 가방과의 마찰로 마 바지가 닳아 해질 정도였다. "살다 살다 당신 같은 독종은 처음 봐! 무섭다, 무서워!" 여자가 한을 품으면 오뉴월에도 서리가 내린다고 했지만 난 유달리 독한 구석이 있는 모양이다. 나는 내게 주어진 일, 내가 해야 할 일, 내가 목표로 세운 일에 관해서만큼은 내 자신과 한 번도 타협해 본 적이 없었다. 1년 2개월 동안 가방 8개가 닳아 없어졌다면 믿을 사람이 없을 것이다. 그러나 나는 이런 피땀 흘린 노력의 결과 어느 정도의 궤도에 오르기 시작했고, 그 이후부터는 세상 그 어떤 것도 두렵지 않았다.

모든 일은 내가 원하는 대로 풀려나가기 시작했다. 내가 백 명을 모아야겠다고 생각하면 백 명의 영업사원들이 모였고, 2백 명을 모아야겠다고 생각하면 금세 2백 명이 모였다. 이렇게 해서 회사는 발전했고 더불어 나도 발전한 것이었다. 지금 나보고 그때처럼 다시 고생하라고

한다면 나는 죽어도 못할 것이다. 아니 그럴 필요가 없다. 누구나 '성
공이 보장된 일정한 궤도'에만 올라오면 다시 내려가는 법은 거의 없
기 때문이다. 그러니 이제 다시 그런 고생은 하지 않아도 된다.

나는 지금도 우리 신입사원 교육 때마다 자신 있게 말한다. "여러분,
저처럼 이렇게 최선을 다해 보고 나서 남편 원망하고, 부모 원망하고,
조상 원망하세요! 저처럼 최선을 다하기 전에는 절대 남을 원망하지
마세요!"

세일즈맨은 1년 365일 판매가방을 지켜야만 집에 갈 수 있는 직업이
다. 만일 그때 어머니 말씀대로 시간을 내 편의대로 썼더라면 과연 오
늘의 내가 있을 수 있었을까. 아니다! 인간이 인간답게 살기 위해 꿈을
갖고 그것을 이루려고 한다면 그 한 가지 목표에 자신의 전부를 바치고
열정을 쏟아부을 필요와 가치가 있다. 인간이 동물과 다른 것은 바로
그 때문이다.

"여러분, 하루 세 끼 밥은 개도 먹고 돼지도 먹습니다! 자식 생각하
고 위하는 것도 개, 돼지 다 마찬가지예요! 그런데 사람이 동물과 다른
것이 뭔지 아세요? 사람에게는 개, 돼지에게 없는 각자의 꿈과 인생이
있다는 거예요!"

우린 사람이기 때문에 목표를 갖고 꿈을 꾸어야 하는 것이다. 당장
고통이 크다고 해서 결코 포기해서는 안 된다. 참고 견뎌서 일정한 궤
도에 오르기만 하면 그때부터는 운명이 당신을 도와 준다는 사실을 추
호도 의심하지 말자!

8

성공 세일즈로
내 팔자를 바꾸자

남보다 더 많은 눈물을 흘리고 더 일찍 성공하자

'나도 이제 자신이 생겼어요. 세일즈로 꼭 성공하고 싶어요. 그런데 어떻게 해야 성공할 수 있나요?' 이 책을 읽으면서 이런 질문이 떠오르는 독자들도 많을 것이다. 물론 그런 자신감이 있다면 당장이라도 세일즈에 뛰어들어 성공하지 말라는 법은 없다. 그러나 성공은 결코 하루 아침에 이뤄지지 않는다. 세일즈를 하든 다른 일을 하든 성공을 꿈꾸는 사람들은 대부분 하루 아침에 일확천금을 얻겠다는 식의 뜬구름을 잡는데 이 세상에 대가 없이 절로 이루어지는 일은 없다. 할 수 있다는 자신감과 강인한 정신력도 필요하지만 이것만으로도 성공은 담보되지 않는다. 중요한 것은 지금까지의 나를 모두 버리고 새롭게 바꿔야 한다는 것이다. 내 사고와 행동, 습관, 심지어 세포 하나하나까지 다 바꿔서 새롭게 태어나지 않으면 성공할 수가 없다.

'세일즈, 그거 적당히 상품 교육이나 받고 밖에 나가서 팔기만 하면 되는 거 아냐?' 이런 사고방식으로는 아예 시작할 필요도 없다. 이런 사고를 가지고 있는 사람은 받아줘서도 안 되고, 설령 받아주는 곳이 있다 해도 가면 안 된다. 당신이 세일즈를 시작한다고 하는 것은 전문성이 보장되는 평생 직업을 선택하는 것이다. 그런데 그저 적당히 물건이나 팔고 돈을 벌겠다는 생각으로 시작하는 사람들이 어떻게 성공할 수가 있겠는가.

세일즈로 성공하겠다고 결심을 했다면 첫째, 이런 의식부터 개혁해야 한다. 부정적이거나 냉소적인 사고방식을 반드시 성공하고 말겠다는 긍정적이고 적극적인 사고로 바꾸는 것이 가장 중요하다.

둘째는 철저한 자기관리다. 하루에도 수많은 사람들을 상대하느니만큼 내 몸가짐과 언행, 시간 약속과 스케줄 관리, 고객관리 등 철저한 자기관리로 고객들에게 좋은 이미지를 심어야 한다. 그리고 그것을 통해 믿음과 신뢰를 줄 수 있는 확실한 내 브랜드를 만들어야 하는 것이다.

셋째는 확고한 목표가 있어야 한다. 세일즈맨의 고용인은 중간관리자나 대리점 사장, 영업회사의 사장도 아니고 바로 나 자신이다. 따라서 일 년, 또는 한 달, 하루, 꼭 달성해야 하고 달성하고 싶은 절실한 목표를 세우는 것이 중요하다.

넷째는 원만한 인간관계이다. 많은 고객을 상대하는 직업이므로 사람을 대하는 데 있어서 모가 나거나 편견을 갖고 있으면 안 된다. 어떤 사람이든지 좋아할 수 있어야 하고 마음 속으로부터 우러나 진심으로 좋아해야 한다.

다섯째가 열정이다. 자신이 하는 일에 자부심과 긍지를 갖고 목숨을 거는 자세로 일하지 않으면 안 된다. 일에 대한 뜨거운 열정이 없는 사람은 결코 성공할 수가 없다.

마지막으로 여섯째가 일이 곧 자신의 인생이라는 생각으로 자기의 일을 즐기는 것이다. 자신이 하는 일을 단순한 생계 수단으로 생각하고 마지못해 하게 되면 힘들고 고통스러워서 단 하루도 견딜 수 없다. 그러나 일을 즐기면 신명이 넘치고 힘들지가 않다. 복은 바로 이런 사람에게 찾아오는 법이다.

위에서 말한 여섯 가지만 지킬 수 있다면 당신은 세일즈맨으로서 이미 절반은 성공한 것이나 다름없다. 하지만 막상 현장에 들어가 보면 생각지도 못했던 어려움도 많다. 따라서 많은 인내가 요구되며 시련과 좌절을 극복해야 할 때도, 때로는 눈물을 흘려야 할 때도 많을 것이다.

그러나 남들이 고생한 만큼 똑같이 고생하고 똑같은 양의 눈물을 흘리면서 그들보다 더 성공하기를 기대해서는 안 된다. 더 많은 눈물을 흘려서 남보다 더 일찍, 더 크게 성공할 수 있다면 얼마든지 흘려도 좋다. 이 삭막하고 메마른 세상에 실컷 울어 성공할 수 있다면 그 또한 얼마나 행복한 일인가.

1인 기업가의 자부심을 가져라

세일즈맨은 아무도 간섭할 사람이 없는 1인 자유기업가이다. 나는 1년 2개월 동안 판매가방을 들고 다니면서도 내가 단순한 세일즈맨이라는 생각은 한 번도 해 본 적이 없다.

'나는 앞으로 분명히 이 회사의 사장이 될 것이다. 나는 사장으로서 판매가방을 들고 다닌다.' 지사장, 본부장, 국장을 하면서도 그것은 마찬가지였다. '나는 장차 사장이 되기 위한 조직관리를 하고 있다. 아니 경영을 배우고 있다.' 이런 마음가짐과 자세로 일했기 때문에 나는 사무실에서 나가는 그 달 임대료와 관리비, 경리 월급, 심지어 사원들이 먹는 물값과 커피값까지 생각하며 판매활동을 했다. 세일즈를 하러 나온 여자가 그저 물건만 팔아도 되는데 철저한 주인의식을 갖고 뛰었던 것이다.

이처럼 세일즈맨은 내가 곧 오너라는 생각으로 일해야 실패하지 않는다. '나는 지금 세일즈를 하고 있지만 두고 봐라. 나는 단순히 물건을 파는 세일즈맨이 아니다. 지금은 1인 기업가에 불과하지만 언젠가 이 세일즈 경험을 밑천 삼아 수백, 수천, 수만 명의 사원을 거느릴 대기업가가 될 것이다!'

꿈을 야무지게 가져라. 당신의 꿈은 분명 이루어질 것이다.

메뚜기 이마에서도 판을 벌여라

세일즈맨에게는 장소가 필요 없다. 버스, 열차, 전철, 움직이면서 만나는 사람이 내 고객이고 걸어다니는 곳이 내 점포이다. 비싼 보증금도 임대료도 필요 없고 값비싼 집기도 필요 없다. 우리 화진의 경우는 심지어 물건값도 필요 없다. 무자본 무점포 1인 기업가가 바로 세일즈맨으로 '장사꾼은 메뚜기 이마에도 판을 벌여야 한다'는 말처럼 언제 어디서나 만나는 사람들에게 자신의 상품을 팔 수 있어야 한다. 내가 판매하는 상품은 내 자신에게도 이익을 안겨 주지만 고객에게도 이익을 안겨 준다. "어머! 이거 나한테 꼭 필요했는데 너무 잘 갖고 오셨네요!" 어쩌면 내가 가져가는 상품은 고객에게 지금 당장 필요한 물건이고 그래서 고객은 내가 오기만을 기다리고 있을지도 모른다. 바쁜 현대인들은 자신에게 필요한 물건이 있어도 시간이 없어서 구입을 미루는 경우가 많다. 이런 사람들에게 정보를 제공해 주고 그것을 구매로 연결시키면 서로에게 '윈 윈' 하는 셈이 된다.

"덕분에 제가 필요한 것을 사게 돼서 정말 기분이 좋네요!" 세일즈맨에 대한 인식은 바뀌어야 한다. 세일즈맨은 이제 고객들을 귀찮게 하는 존재가 아니라 고객들에게 없어서는 안 될 맞춤설계사인 것이다.

고객에게 아줌마 소리를 듣지 말아라

세일즈맨이 파는 상품의 질은 공장에서 결정되는 것이 아니라 1인 기업가인 세일즈맨의 옷차림과 언행을 포함한 전체적인 인상과 인격에 의해 현장에서 결정된다. "저 사람, 항상 봐도 참 깔끔하고 단정해. 인상이 참 좋고 믿음이 가잖아?" 일반 점포도 늘 청결하게 단장하고 고객 맞을 준비를 하듯이 내 자신도 고객에게 산뜻하고 신선한 이미지로 다가갈 수 있도록 자기관리에 철저해야 한다.

나는 세일즈를 하면서 이 회사의 사장이 되겠다는 꿈과 목표가 있었기 때문에 내가 만난 어떤 고객도 절대 소홀히 해 본 적이 없었다. "아휴, 조그만 거밖에 못 사줘서 미안해요." "아니에요. 아무리 작은 물건이라도 최선을 다 할게요. 언제든지 불러주세요." 오늘 10만 원 어치의 물건을 사주는 고객이 10년 후에도 계속 내 고객이 될 수 있고, 장차 우리 회사의 판매사원으로 들어올 수도 있다고 생각했기에 결코 한 사람도 소홀히 할 수 없었던 것이다.

　그것과 함께 나는 내 자신의 자기관리를 누구보다도 철저하게 했다. 처음 세일즈를 시작할 당시 나는 아줌마의 신분이었지만 어디에 가든지, 어떤 사람을 만나든지 '언니'라든가 '아줌마'라는 소리를 듣지 않았다. 내 자신이 단지 세일즈맨이라는 이유로 사람들에게 거절당한 적은 있어도 내 자신의 인격 부족으로 인해 거절당해 본 적은 없다. 어느 분야든 다 마찬가지지만 자기관리를 잘 못 하는 사람은 세일즈맨으로서의 자격이 없다.

상대의 지갑 두께에 내 눈을 맞춰라

일반 점포는 고객들이 당장 필요한 상품을 사러 오지만 세일즈맨은 불특정 다수의 고객을 찾아가 구매 욕구를 불러일으켜서 상품을 파는 사람이다. 사람에게는 누구나 질 좋고 새로운 물건에 대한 호기심과 잠재된 구매욕구가 있다. 따라서 우리가 사무실이나 가정에서 만나는 그 누구나, 심지어 거리에서 만나는 사람도 예외 없이 우리의 고객이 될 수 있는 것이다.

　세일즈맨은 고객과 상담을 했으면 그 자리에서 가능하면 빨리 판매를 성사시키는 것이 중요하다. 사무실로 돌아와 주문을 받으려 하면 그때는 이미 늦다. 길에서 만나면 그 자리에서 판매를 끝내 버려야 한다. 능력 있는 세일즈맨은 오고 가는 눈길 속에서 주문을 한 건씩 성사시킨다. 세일즈맨은 처음 만나는 고객의 수준을 정확히 읽고 그 수준에 자신의 눈 높이를 잘 맞추는 것이 무엇보다도 중요하다. 사람들은 보통 자기의 생활 정도나 의식 수준에 맞춰 남도 자기와 같을 거라는 평가를 쉽게 내리는데 이것이야말로 큰 오산이다.

"이거, 좀 비싼 겁니다. 백만 원이 넘거든요?" "백만 원? 생각보다 너무 싸네? 요즘 백만 원도 돈이야?" 3백만 원이나 5백만 원짜리 상품을 살 수 있을 정도로 경제적인 여유가 있는 부유층 고객에게 백만 원짜리 상품이 비싼 거라고 말하는 세일즈맨은 그 상품을 고객에게 팔기 힘들다. 5백만 원짜리 상품을 살 수 있는 능력이 있는 사람은 백만 원짜리 상품을 사지 않기 때문이다. 그러나 상대의 수준을 정확히 읽을 수 있는 능력 있는 세일즈맨은 과감하게 밀어붙여서 그 상품을 판다. 결국 상대를 정확히 읽고 적극적으로 대시하는 세일즈맨은 많은 수입을 올리는 반면, 상대를 읽지 못하고 자신의 수준에서 처리하는 소심한 세일즈맨은 항상 낙오하는 현상이 나타나는 것이다.

나는 내 성공 스케줄을 관리하는 나의 매니저

세일즈는 눈비가 오고 날씨가 나빠도 밖에 나가서 고객을 만나야 하는 직업이다. '오늘 비 오는데 하루 쉬지 뭐.' 날씨 핑계, 추위와 더위 핑계는 게으른 사람의 변명일 뿐이다. 확고한 목표가 있는데 날씨가 어떻게 장애물이 될 수 있겠는가. 한여름철 장마가 지면 주부들은 바깥 출입을 삼가고 집에 들어앉는 경우가 많다. 가정방문을 하는 화장품 세일즈맨에게는 오히려 유리한 상황이 마련되는 것이다. 이처럼 날씨가 나쁜 것도 세일즈맨에게는 기회가 된다. 심지어 세일즈는 주말과 휴일, 국경일에도 판매활동을 할 수 있는 직업이다. 사람들이 한가한 시간을 보내거나 여럿이 모여 있을 때 오히려 판매를 더 잘 할 수도 있다. 또한 직접 방문해서도 판매할 수 있지만 집에서 전화나 인터넷을 통해서도 상품을 얼마든지 팔 수 있고, 몸이 아파 병원에 누워있는 상태라고 할지라도 전화를 이용해 상품을 팔 수 있는 직업이 세일즈이다. 이런 기회는 세일즈를 하는 사람들 누구에게나 항상 열려있다.

그런데 요즘 주 5일 근무제도가 시행되면서 세일즈맨들도 근무 리듬이 깨어지고 있다. 주 5일 근무제를 실시하기 이전에도 세일즈맨들에게는 샐러리맨들과 마찬가지로 월요병이라는 것이 있었다. 샐러리맨들이 무기력한 월요일에는 세일즈맨들도 영향을 받는 것이었다. 그런데 이젠 주 5일 근무제의 영향으로 세일즈맨들 중에도 이틀을 쉬고, 출근하는 사람들이 늘어나면서 규칙적인 리듬이 깨지고 있다. 그러나 1인 기업가인 세일즈맨들은 주 5일 근무제에 휩쓸려서는 안 된다.

"다들 주 5일 근무를 하는데 우리도 같이 쉬지 뭐. 그렇게 악착같이 살아서 뭘 해?" 이런 사고방식으로는 절대 성공할 수 없다. 남보다 먼저 성공하려는 사람은 규칙적인 리듬을 유지하기 위해서라도 일부러 휴일에 스케줄을 잡고 가방을 들어야 한다. 나는 내 성공 스케줄을 관리하는 나의 매니저이기 때문이다.

정도를 지키면 복리 이자가 돌아온다

'원칙과 정도(正道)를 지켜라!' 세일즈맨들에게 원칙과 정도를 지키는 것처럼 중요한 것은 없다. 아니, 원칙과 정도를 지키지 않으면 패가망신하기 십상이다. 하지만 철저히 지키면 그 대가는 언젠가 복리(複利)

가 되어 돌아와 자신의 인생에 '덤'이 붙는다. 내 경우에도, 짧은 기간에 급성장한 회사의 발전 속도에 나를 맞추다 보니 다소 과도한 변화가 있었지만 세일즈맨으로 일할 때나 관리자로 일할 때, 그리고 경영자의 위치에 올라와서도 나는 한 번도 원칙과 정도를 벗어나 본 적이 없다.

지사장 시절, 내 형편은 무척이나 어려웠지만 나는 판매는 하지 못하고 대신 사원들의 교육과 수입 보장에 심혈을 기울여야 했다. 이것이 당시 내가 지켜야 할 관리자로서의 원칙과 정도였던 것이다. 그런 사정을 몰랐던, 내가 세일즈를 하면서 인연을 맺은 고객들은 내게 끊임없이 주문을 해 왔다.

"박형미 씨, 화장품 한 세트만 갖다 주세요. 왜 요즘 안 찾아오시는 거죠?" 택시 기본요금만 투자하면 당장 적지 않은 돈이 떨어지는 것을 알면서도 나는 그 주문들을 판매사원들에게 넘겨주었다. "어머! 그건 지사장님 거잖아요? 전 조금도 노력을 안 했는데…." 판매사원들은 미안해서 어쩔 줄을 몰라 했다. "알잖아? 지사장은 판매를 하면 안 된다는 거. 이 고객을 당신한테 넘겨줄 테니 고객관리만 철저히 해, 알았지?" 난 항상 이렇게 했기 때문에 사원들에게 원칙과 정도를 지키는 관리자로 각인됐고 그래서 그들에게는 언제나 내 말이 곧 법이었던 것이다.

'돈 몇 푼을 벌기 위해서 편법을 쓰지 말고, 남을 이용하지 마라. 원칙대로 하는 것이 가장 빠른 지름길이다!' 회장님과 나는 사원들을 교육할 때도 항상 강조한다. 우리 화진은 그 어떤 회사보다도 철저하게 원칙과 정도를 걸어왔다고 자부한다. 방문판매 회사의 경우에는 속성상 고객과 사원, 사원과 관리자, 그리고 관리자와 회사 간에 기본원칙과 정도가 무너지면 돈을 조금이라도 더 벌고 싶은 욕심에 편법이 난무하게 되고 오해와 불신이 증폭되게 된다. 원칙과 정도가 지켜지면 신뢰가 쌓이게 되고 그 신뢰가 자산이 된다.

그런데 이 원칙 때문에 사람을 잃는 경우가 있다. 조금씩은 융통성을 발휘해서 감정을 사는 일이 없도록 해야 하는데 너무 원칙만을 고집하다가 사람들 마음에 상처를 주고 결국은 사람마저 잃는 경우도 있다. 원칙을 내세우고 지키되 합리적으로 운용해야 하는 것이다. 그럼에도 불구하고 원칙과 정도는 세일즈맨이라면 반드시 지켜야 할 철칙이다.

5만 명을 만나면
5만 가지의 색깔이 있다

우리 주위를 둘러보면 자존심 하나로 살아간다고 말하는 사람들이 많다. "난 자존심 빼면 시체야! 다른 건 몰라도 내 자존심을 건들면 난 용서 안 해!" 자존심을 지키기 위해서는 전쟁도 불사할 태세로 살아가는 사람들이 의외로 많은 것이다. 하지만 이들이 말하는 자존심이란 실상 알고 보면 '열등감'의 표현이다. 자기의 높은 자존심을 공개적으로 드러내는 사람이야말로 사실은 다른 사람들이 자신을 얕잡아볼까 봐 두려워서 미리 엄포를 놓는 것에 불과한 것이다.

그런데 진정으로 자존심이 강하고 자존심을 지키는 사람이라면 그렇게 드러내놓고 '나를 건드리지 마라'며 경고하지 않는다. 자존심의 진정한 의미를 아는 사람은 다른 사람의 자존심을 잘 살려주는 사람이다. 세일즈를 하다 보면 별의별 고객을 다 만난다. 잘나지도 않았으면서 잘난 척하고 거드름을 피우며 무시하고, 제품에 대해 잘 알지도 못하면서 아는 척한다. 오만 종류의 사람을 만나면 저마다 다른 오만 가지의 색깔을 갖고 있는 것이 사람이다.

"그거 하나 팔면 얼마 남소? 그 돈 내가 줄 테니 대신…"

고객이 왕이라는 말처럼 세일즈맨은 자기의 자존심은 완전히 땅에 내려놓고 고객의 비위를 맞추지 않으면 안 된다. 혹시라도 고객의 자존심을 건들기라도 하면 그 길로 판매는 끝장이기 때문이다. 나 역시 판매사원 시절은 물론이지만 지금도 아침에 출근할 때면 내 오장육부를 빼서 냉장고에 넣어두고 나온다. 간이며 쓸개까지 다 빼놓고 나온다.

나를 낮추고 상대방을 한없이 높여주는 것, 이건 절대 돈이 드는 것이 아니다. 이는 사람을 다루는 한 가지 방법이자 지혜일 뿐이다. 세일즈맨으로 성공하겠다는 사람은 아침에 출근할 때 항상 자신의 오장육부를 냉장고에 모셔 두고 나와야 한다.

오늘 하루를 낭비하면 성공은 10년 늦어진다

우리는 바쁜 아침 출근시간에 불과 2, 3초 차이로 지하철이나 빌딩의 엘리베이터를 놓치고, 다음 차례를 기다려야 하는 일을 흔히 겪는다. 우리는 그 2, 3초 때문에 다음 순서가 올 때까지 4, 5분 아니 그 이상의 시간을 더 허비해야 한다. 그 짧은 순간을 놓침으로써 놓친 시간의 수십 배나 되는 시간의 손실을 입는 것이다.

"아휴, 불과 4, 5분의 시간인데 그게 무슨 큰 상관이 있어요?"

이렇게 말하는 사람은 정신상태에 문제가 있다. 유능한 사람이라면 그 짧은 시간 동안에도 몇 백만 원짜리의 오더를 딸 수가 있고, 그 시간을 아무렇지 않게 생각하는 사람은 그런 큰 기회를 놓칠 수 있기 때문이다. 세일즈맨 가운데는 점심시간이 되면 점심값을 아끼겠다고 집에 가서 밥을 먹는 사람이 있고, 또 주부들 가운데는 자녀들의 밥까지 챙겨주고 다시 일을 하러 나오는 사람들이 있다.

그러나 이것은 하나는 알고 둘은 모르는 소리다. 차라리 점심 먹으러 집에 왔다갔다 하는 시간을 아껴서 세일즈에 잘 활용하면 점심값 몇 십 배의 수입도 올릴 수 있다. 이것은 그 사람의 정신 상태, 마음 자세의 문제인 것이다. 나는 화진에 입사해서는 토요일과 일요일을 쉬지 않은 것은 물론이고, 여름이면 사흘씩 주어지는 휴가도 10년이 넘게 한번도 가 본 적이 없다. 나는 사흘 동안 휴가를 다녀오면 내 인생의 성공이 30년은 늦어질 것 같아서 못 갔다. 정말이다.

내게 주어진 단 1분 1초라도 소홀히 하거나 내 인생의 발전과 아무 관계가 없는 사소한 일에 단 몇 분이라도 소모한다면, 그 시간들 때문에 내 인생은 몇 십 년 늦어질 것 같아서 도저히 시간을 낭비할 수 없었던 것이다.

부자가 되기 위해 겪는 고통을 즐겨라

세일즈맨이 되기 위한 교육을 받고 일단 현장판매에 나서게 되면 열이면 열 모두 교육 받을 때의 하늘을 찌를 듯한 자신감과 패기는 어디로 사라지고 고객을 대면한다는 것 자체가 두려워지게 된다.

'어디로 가야 하나? 누구를 만나 무슨 말부터 어떻게 꺼내지?'

그저 불안하고 망설여진다. 그래서 가방을 들고 이 궁리 저 궁리만 하면서 배회하다가 한 시간, 한 나절이 지나가도록 어디 한 곳 방문하지 못하고 시간만 허비하는 경우가 많은데 그런 두려움과 망설임은 빨리 버려야 한다. '팔긴 팔아야 하는데…'가 아닌 '팔기 위한 고통'을 빨리 체험하고 그것을 즐길 줄 알아야 한다. 빨리 물건을 많이 팔고 돈을 많이 벌어서 '어떻게든 부자가 되어야 하는데…'가 아니라 '부자가 되기 위해 겪어야 하는 고통'을 즐기라는 말이다. 진정한 세일즈맨은 거절을 두려워해서는 안 된다. '고객들의 거절은 세일즈맨을 따라 다니는 그림자'이다. 오늘 막 출시된 상품일지라도 세일즈맨이 모르는 고객을 찾아가면 그들의 대답은 다 한결같다.

"됐어요! 써 봤어요!" 이 경우 고객들은 상품을 거절한 것이 아니라 세일즈맨을 거부하는 것이다. 하지만 무슨 일이든 과정이 없는 결과는 없는 법이다. '골라 아파트, 골라 상가, 골라 사무실!' 여러 대상 가운데 오직 어떤 한 곳을 선택해서 찾아가는 것이 아니라 눈에 보이는 모든 대상, 그 어떤 것을 선택해서 찾아가도 전혀 상관이 없다. 이렇게 과감하게 도전을 하면서 '팔기 위한 고통'을 즐기다 보면 두려움은 봄바람에 눈 녹듯 어느 새 사라진다.

욕망의 대가 지불은 종착역이 없다

세일즈맨은 고객을 처음 만날 때 외모나 옷차림만으로 고객의 모든 것을 판단해서는 절대 안 된다. 여성들 가운데는 자신이 아름다워지는 일이라면 어떤 대가도 불사하고, 그야말로 목숨을 걸고 나서는 사람이 많다. '내가 예뻐질 수만 있다면 가진 모든 것을 다 주어도 좋아!' 이것이 여성들의 공통적인 본능이다. 그래서 자기 몸의 한 부분을 칼로 자르거나 깎고 송곳으로 뚫으며 바늘로 찌르는 고통까지도 충분히 감수한다. 이처럼 아름다움에 대한 갈망이 큰 여성은 비록 지하 단칸방에서 월세를 살고 있을지라도 결코 가난한 고객이 아니다. 지하 단칸방에 산다고 해서 타고난 본능이 없어지지 않기 때문이다.

"어머! 이걸 쓰면 저 정말 예뻐져요?" 여성은 잘살고 못살고를 떠나 자신을 아름답게 만들어 줄 수 있는 사람에게는 언제든지 그에 대한 대가를 아끼지 않고 지불한다. 나는 지하 단칸방에서 어렵게 사는 여성일수록 오히려 그들에게는 고가인 우리 화진의 '매직뷰티'를 써야 한다고 강조하는 사람이다. 의아해 하는 사람이 있을지 모르지만 천만의 말씀! 잘 알다시피 21세기에 접어들면서 인류가 지향하는 것은 이제 건강과 아름다움이다. 이 피부미용 관리기를 사용해서 피부가 좋아지고 아름다워진다면 이 여성은 무엇보다도 먼저 자신의 외모에 자신감을 가지게 될 것이다. 그리고 그 자신감은 삶에 대한 의욕으로 나타나고 그것은 적극적인 사고방식을 갖게 해 더 많은 돈을 벌 수 있게 하기 때문이다.

경제적으로 여유가 있는 사람은 월 2, 3백만 원의 마사지숍 티켓도 아까워하지 않는데 이런 것에 비하면 여성이 피부미용 관리기를 구입해서 사용하는 것은 결코 낭비나 허영이 아니고 자신에 대한 현명한 투자인 것이다. 특히 매직뷰티 같은 피부미용 관리기는 여성의 피부관리뿐 아니라 남성의 피부관리, 목 디스크와 척추 치료 등 다양한 용도로

온 가족이 함께 사용할 수 있으니 오히려 얼마나 경제적인가.

칭찬은 돈이 들지 않는 최고의 뇌물

처음 고객을 만났을 때 그 사람의 마음을 가장 손쉽게 사로잡고 호감을
주도록 하는 것이 칭찬이다. 칭찬이야말로 사람들의 닫힌 마음을 활짝
열게 만들고 상대방을 빨리 받아들이게 하는 마법의 힘을 지니고 있다.
누구에게든지 비록 사소한 것일지라도 칭찬을 할 만한 장점은 있다.

"아유, 집안 분위기가 너무 아늑하고 좋네요?"

"어머! 수석을 수집하세요? 취미가 아주 고상하시네요?"

사무실이나 집을 방문했을 때는 어떤 특별한 물건을 수집하는 취미
가 있을 경우 그것을 칭찬해 주고, 외모에 관해서는 '피부가 거칠지만
아주 미인이다', '손이 예쁘다', '액세서리가 돋보인다' 등등의 칭찬거
리를 빨리 캐치해서 바로 칭찬해 주는 것이 좋은 대인관계의 첩경이다.

칭찬은 세일즈맨이라면 누구에게나 필요하지만 특히 여성들을 많이
상대하는 화장품 세일즈맨에게 있어서 칭찬의 생활화는 더욱 중요하
다. 세일즈맨과 고객은 항상 '대립적 인간관계'에 있다. 앞서 말했듯이
고객이 나를 거부하는 것은 내가 싫어서가 아니라 내가 세일즈맨이라
는 선입견 때문이다. 따라서 세일즈맨은 이런 고객에게 일단 칭찬요법
으로 접근해야 한다.

"어머, 나이보다 훨씬 젊어 보이시네요? 평소 피부관리를 아주 잘하
시나 봐요?" 이런 긍정화법으로 대화를 시작하되 '그러나!' 하면서 부
정화법으로 고객 피부의 문제점을 지적하고 개선할 방안을 제시해 주

어야 한다. 이렇게 하면 고객은 언짢아하기는커녕 오히려 큰 감동을 받게 된다. 칭찬을 많이 한다고 해서 세금을 더 내야 하는 것도 아니다. 칭찬이야말로 돈이 들지 않는 '최고의 뇌물' 이라는 것을 잊지 말자.

말 잘 하는 사람은 세일즈를 하지 마라

흔히 세일즈맨 하면 말을 잘 하는 것이 가장 중요하고 아는 것도 많아야 하며 약간은 사기성이 있는 사람이 상품을 잘 팔 수 있을 것으로 생각하는 사람이 많은데 이것은 세일즈의 기본을 모르는 데서 나온 극히 잘못된 생각이다. 요즘처럼 영악해진 세상에는 제아무리 현란한 수사와 갖은 지식을 다 동원한다고 해도 쉽게 설득당할 사람이 많지 않다.

말을 너무 잘 해도 일단 의심부터 하고, 말이 많아도 싫어하는 세상이 아닌가? 내 경험상으로 보나 우리 회사 뷰티메신저들을 봐도 상품을 가장 잘 파는 사람은 말을 잘하는 사람이 아니라 누구보다 뜨거운 열정을 갖고 진실한 마음으로 고객을 설득하는 사람이다. 언변은 중요하지 않다. 목소리도 마찬가지이다. 목소리가 꾀꼬리 같은 사람이라고 해서 고객들이 신뢰하는 것은 아니다. 목소리가 예뻐야 한다면 나는 세일즈우먼으로서는 낙제감이다. 내 목소리가 어떤지는 앞서 얘기했기 때문에 여러분이 더 잘 알 것이다. 오히려 말을 잘 못 하고 심지어 말투가 어눌해도 진실성이 있어 보이면 고객들은 그런 세일즈맨을 더 신뢰한다.

세일즈맨과 고객 사이에 있어서 말이란 '정보를 전달해 주는 기능'에 그쳐야지 많으면 많을수록 득이 될 게 없다. 사람이 사람을 설득하고 설득당하는 데는 그 말의 내용보다 말을 하는 사람의 태도가 결정적으로 중요한 역할을 한다. 얼마나 진실하고 열정적인 태도로 말을 하느냐가 설득의 기준이 되는 것이다.

특히 요즘 고객들은 아주 똑똑해서 내가 이 상품을 팔면 얼마를 버는지 먼저 알고 있다. 그렇다고 물건값을 잘 깎으려 하지도 않는다. 중요한 것은 어떤 방법으로든 이 상품을 팔아서 얼마를 챙기겠다는 욕심으로 고객을 대하면 고객은 절대 넘어가지 않는다는 점이다. 고객은 내 열정과 진심을 사기 때문이다.

말이 반드시 달변이 아니라도 좋다. 진실한 마음에서 우러나오는 보이지 않는 열정은 천 마디, 만 마디의 유려한 말보다 더 위대한 힘을 발휘한다는 것을 잊지 말자.

내 자신의 인신 매매범이 되라

세일즈맨이 고객을 만나 회사 소개나 제품 설명을 했을 때 고객이 보이는 반응은 천차만별이다. 처음에는 대부분 부정적인 반응을 보이거나 별로 흥미를 보이지 않는다. 이때의 고객의 반응을 액면 그대로 믿을 필요는 없다.

'저거 사고 싶기는 한데 혹시 내가 관심을 가지면 비싸게 달라고 하는 거 아닐까? 일단 모른 척하고 뭐라 하나 한번 들어봐야지.'

이처럼 관심이 있는 고객까지도 대부분 처음에는 없는 척하지만 관심이 없는 고객도 세일즈맨의 설명과 태도 여하에 따라 관심을 갖게 된다. 그런데 이때 고객을 사로잡는 것은 제품이 아니라 세일즈맨의 능력이다. 자동차를 파는 세일즈맨은 고객에게 자동차를 파는 것이 아니다. 그렇기 때문에 새로운 차가 나와도 그 차종에 대해 일일이 설명할 필요가 없다. "이봐, 김 차장! 나 이번에 차를 바꿔야겠는데 말야, 알아서 좋은 걸로 빼 놔!" 고객은 그 차를 사는 것이 아니라 나라는 상품을 사기 때문에 그 차에 대해서 별다른 설명이 필요 없는 것이다. 이 카 세일즈맨이 A자동차를 판매하다가 B자동차 회사로 옮겨 팔아도 그것은 크게 다르지 않다. 보험도 마찬가지이다. 보험설계사들은 한번 신뢰로 맺어진 고객에게는 새 상품이 나와도 설명할 필요가 없다. 고객은 그 설계사를 믿고 가입해 주기 때문이다.

내가 지사장을 할 때에도 그랬다. 대리점 시절 다른 회사 화장품을 팔다가 회사를 창업해 화진이라는 새 브랜드의 화장품을 팔게 됐어도 내 고객은 나를 샀기 때문에 내가 권하는 새 화장품을 쓰는 것이다. 그때 판매사원 가운데는 고객이 마사지 받기를 원하는데 마사지를 전문적으로 해 주는 미용사원이 없어서 상품 팔기가 힘들다고 불평하는 일이 많았다. 나는 그 고객들을 다 사무실로 데리고 오라고 해서 여직원과 함께 커피포트에 물을 끓여 일일이 핸드링 마사지를 해 주었다. 그때는 지금처럼 피부측정기나 관리기도 없었다. 그렇게 하루에 20, 30명씩을 해주고 나면 다리가 퉁퉁 붓곤 했지만 나는 마다할 이유가 있을 수 없었다. 고객이 원하고 판매사원들이 원하기 때문이었다. 솔직히 내 피부도 그렇게 하지 못했을 것이다.

고객들은 그런 나를 진심으로 고마워했다. 피부 마사지 전용숍에서 받는 것보다 내 진심과 정성이 통했기 때문이었다. 그때 내가 상대했던 고객들을 15년이 지난 지금도 우리 뷰티메신저들이 만나는데 우리 직원들은 그들을 만나고 오면 나를 신(神)처럼 모신다. "아니, 부회장님! 그때 고객들을 어떻게 관리하셨길래 지금도 잊지 못하고 부회장님 얘기를 하면서 안부를 물으시는 거예요?" 이럴 때 나는 이렇게 대답한다.

"별것 아니야! 난 고객들에게 내 자신을 철저히 팔았어! 내 몸뿐만이 아니라 정신까지 팔았어! 그래서 그런 거야!"

누구에게나 사랑 받는 효자손이 되라

내 손이 닿지 않는 등이 가려울 때 그 등을 긁어주는 사람처럼 고마운 사람도 없을 것이다. 세일즈맨도 마찬가지이다. 특히 화장품 세일즈맨은 고객에게 단지 화장품이라는 상품을 파는 사람이 아니라 피부가 아름다워지기를 소망하는 고객들에게 꿈을 전달하는 아름다움의 전도사이다. 따라서 화장품 세일즈맨은 더 아름다워지기를 소망하는 고객에게 무조건 우리의 제품을 사라고 설득하거나 강요할 것이 아니라 고객에게 필요한 미용 정보를 제공하고 고객이 고민하고 있는 부분에 대한 해결책을 제시해야 하는 역할이 크다. 그런 다음 선택은 전적으로 고객에게 맡기면 되는 것이다.

그렇기 때문에 화장품 세일즈맨은 평소에 피부와 화장품에 대해서 공부를 많이 해야 한다. 고객이 20명이라면 20명의 고객 각자에게 20가지의 서로 다른 방법으로 해결책을 제시하고 설득할 수 있는 실력을 갖춰야 한다. "이 화장품 성분이 어떤 거죠? 어떤 게 함유돼 있나요?" "전 아무 화장품이나 바르면 피부에 알러지 증세가 나타나는데 어떡하죠?" 요즘 사람들이 얼마나 유식한가? 피부와 화장품에 대한 기본적인 지식은 제쳐놓고, 무조건 화장품만 팔려했을 때 이것을 사 줄 사람은 한 사람도 없다. 또 이런 방식으로 해서 행여 판다고 해도 그것은 화장품을 파는 세일즈맨의 기본자세가 아니며 고객과의 관계도 지속될 수 없을 게 명백하다. 따라서 고객을 설득할 때는 정확한 정보를 제공하고 고객의 피부가 갖고 있는 문제점을 지적하여 '가장 가려워하는 부분의 핵심'을 찔러야 성공한다.

그래서 우리 화진이 고객의 문제점에 대한 해결책을 제시하기 위해 개발한 제품이 바로 피부 종합관리기인 '매직뷰티(Magic Beauty)'이다. 매직뷰티는 지난 1993년 회장님이 직접 개발해서 발명특허까지 따낸 첨단 피부 종합관리기로 처음에 '민네징거'라는 이름으로 출시됐다가 기능을 보완해 96년부터 '매직뷰티'라는 이름으로 판매되고 있다.

이 매직뷰티의 특징은 피부 측정은 물론 '오존 마사지'와 '이온 마사지', '원적외선 마사지' 등 필요한 마사지 기능을 다 갖추고 있어서 언제든지 자신에게 필요한 마사지를 할 수 있다는 점이다.

이 매직뷰티는 '아름다움의 요술'을 부리는 기기라는 이름처럼 정말 신비한 효능을 발휘하는 피부관리기이다.

"어머머! 제 얼굴 좀 보세요! 완전 짝짝이가 됐네요, 짝짝이!"

우리는 이 매직뷰티의 효능을 반신반의하는 고객들에게 직접 눈으로 확인시켜주기 위해 얼굴의 반만 마사지를 받게 하는데, 그 이튿날이면 얼굴이 하나같이 짝짝이가 된다. 마사지를 받은 쪽과 받지 않은 쪽의 피부 상태가 거울에 비춰 보면 너무나 확연히 차이가 나기 때문이다.

자녀들을 변호사와 교수로 둔 우리 회사 정정대 이사는 어느 날 우연히 이 매직뷰티를 구입했다가 그 효능에 깜짝 놀라서 만사를 제쳐놓고, 우리 회사를 찾아와 매직뷰티를 파는 데 앞장선 여성이다. 그녀는 심지어 이 매직뷰티를 호박을 수박으로 만드는 기계라고 말할 정도이다.

비단 이런 매직뷰티뿐만 아니라 세일즈맨들은 항상 고객이 무엇을 원하고 있고, 가려운 곳이 어디인지를 정확히 알고 그곳을 시원하게 긁어줄 수 있는 효자손이 되어야 한다. 그래야 고객으로부터 아낌없는 사랑을 받게 된다.

고슴도치 엄마를 닮아라

세일즈맨은 자기가 고객에게 파는 상품을 세상에서 가장 귀한 보물처럼 여겨야 한다. 자기가 파는 상품을 소중히 여기는 것은 세일즈맨으로서 갖춰야 할 가장 기본적인 도리이며 상품을 귀하게 생각해야만 판매도 성공할 수 있다. 내가 귀하게 여기는 상품은 남도 귀하게 여기고 이렇게 귀하게 여기는 물건이라야 고객도 더욱 사고 싶어 하는 것이다. "이거? 별것 아냐! 진짜 효과가 있는지 없는지 나도 잘 몰라!" "나야 당장 돈이 필요하니까 팔러 다니지만 너 혹시 이건 사지 마!" 아무리 하찮은 상품일지라도 세일즈맨이 자기가 취급하는 상품을 이런 식으로 생각하는데 귀하게 여겨줄 고객은 세상에 단 한 사람도 없다.

그리고 세일즈맨은 자기가 파는 상품의 가격을 절대 디스카운트해서도 안 된다. 내가 파는 이 보물 같은 상품의 가격을 어떻게 감히 깎아준다는 말인가? 상품의 가격을 깎는다는 것은 내 자신을 깎아 내리는 것이다. '어? 깎아 달라니까 깎아 주네? 더 깎을 걸 그랬나?' '저번에도 깎아 줬으니까 이번에도 깎아 주겠지?' 당당하게 제값을 받으면 고객도 나를 다시 평가하게 되지만 내가 가격을 깎아 주면 고객도 나를 깎아 내리고 만만히 본다. 세일즈맨의 입장에서도 깎아 줘야 할 하등의 이유가 없다. 이윤이란 내가 쏟은 노력에 대한 합당한 대가이다. 이 귀한 상품을 소개해서 파는 만큼 정당한 대가를 받아야 한다. 고객은 당당히 제값을 받는 세일즈맨을 오래도록 기억하게 되며 다음부터 다시는 디스카운트를 요구하지도 않는다.

나는 판매사원 시절에 내가 파는 상품이 들어있던 가방을 내 '성공 가방'이라고 불렀다. 그 가방 속에 들어있던 화장품은 내가 원하는 모든 것을 책임지는 내 인생의 전부였기 때문이었다. 이렇게 내 모든 것을 판매가방과 접목시키다 보니 나는 그 가방이 너무나 소중했고, 가방 속에 든 화장품 하나하나가 보물과도 같았다. 같은 가방 속에 든 상품이라고 하더라도 가방 주인이 그 상품을 어떻게 생각하느냐에 따라 상품이 발휘하는 효능과 효과도 확연히 달라진다. 음식에만 혼(魂)이 있는 것이 아니라 상품에도 혼이 있다. 그러나 같은 상품이라고 해서 다 혼이 있는 것은 아니다. 세일즈맨이 파는 상품의 혼은 그 세일즈맨이 불어넣는 것이다. 회장님이 대리점에서 팔 제품 박스 하나하나에 혼을 불어넣으신 것이 바로 그것이다. 이런 혼이 담긴 상품을 구입해 쓰면 고객에게도 큰 효능과 효과가 나타나지만 그렇지 않은 상품은 죽은 상품이나 다름없게 된다. 자신이 소중하게 생각하지도 않는 상품을 고객에게 파는 것은 한마디로 고객에 대한 기만이다.

'고슴도치도 제 새끼가 세상에서 최고인 줄 안다'고 하는데 하물며 내 모든 것을 책임져 주는 내 '성공 가방'이야 더 말해서 무엇할까.

머슴이 될래 주인이 될래?

앞서 말했듯이 '머슴이 될래 주인이 될래'는 우리 화진 강현송 회장님이 내신 자전적 에세이집의 제목이자 이분의 생활철학과 경영철학이다. 주인에게는 누가 일을 시키는 법이 없다. 자기 스스로 일을 찾아서하고 그 일의 결과에 대한 책임을 진다. 그러나 머슴은 시키지 않으면 안 하고 또 시켜도 잘 안 한다. '에라, 내 것도 아닌데 뭐. 내가 열심히 돈을 더 벌어준다고 해서 그 돈을 나눠 주나?'

여기서 중요한 것은 어떤 일이든 주인의 입장에서 일하면 그 생각과 습관이 미래의 내 인생을 만든다는 점이다. 내가 주인이라고 생각하는 사람과 머슴이라고 생각하는 사람을 놓고 보면 지금 당장에는 차이가 없다. 하지만 1년, 2년, 3년 시간이 지나면 주인으로서의 습관에 길들여진 사람과 머슴의 습관에 길들여진 사람은 여러 면에서 상상을 초월하는 큰 차이가 난다. 머슴이 될 것인가 주인이 될 것인가의 생각과 행동 차이가 인생을 결정짓는다는 얘기이다.

한 예로 아파트 관리비만 봐도 머슴과 주인의 차이는 확연히 드러난다. 가정부가 있는 집은 가정부 없는 집에 비해 수도요금과 전기요금이곱으로 나온다. 가정부는 수도꼭지가 열려 있어도 천천히 걸어간다. 그러나 주인은 눈썹이 휘날리게 달려가 잠근다. 같은 참기름도 가정부는 곱빼기로 쓴다. 이렇게 한번 몸에 밴 습관은 바꾸기가 매우 어렵다. 머습 근성이 몸에 밴 가정부가 결혼을 하면 자기 집안에서도 똑같이 행동을 하게 돼 있다. 결국 남편까지도 불행하게 만드는 것이다.

세일즈맨은 1인 기업가이지만 내가 나가는 지점, 점포 사무실 임대료는 자기가 내는 것이 아니다. 집기 비품, 수납, 경리 월급, 전화요금, 커피, 심지어 생수값까지 본사나 지점에서 부담한다. 내 자신이 그 지점의 주인이라고 생각한다면 함부로 낭비하지 않을 것이다. 그 비용은 내가 올린 수입에서 지출되는 것이라고 생각하는 사원이라면 그는 분명 고소득자가 되고 승진도 남보다 빠를 것이 틀림없다. 왜냐고? 그 사람은 '하는 행위가 주인이기 때문'이다. 이런 주인을 어느 조직이 싫어하겠는가.

주인의식이 있는 지점장은 항상 흑자를 이루지만 머슴의식에 사로잡혀 있는 지점장은 임대료도 못 내고 결국은 주어진 자리도 뺏기고 만다. 주인은 주인으로서의 사명을 다 해야 하는데 '행위는 주인이지만 결과는 머슴'에서 벗어나지 못하기 때문이다.

나는 주인인가 머슴인가? 중요한 것은 당장 받는 월급 봉투의 두께가 아니다. 내가 평생을 내 인생의 주인으로 살 것인지 머슴으로 살 것인지는 바로 여러분의 선택에 달려있다.

9

인간 벤처의
성공 신화를 이끌어라

꿈을 보여주는 사람이 되라

나는 늘 우리 화진을 인간 벤처기업이라고 말한다. 혹시 의아하게 생각하는 사람이 있을지 모르지만 사실 우리는 사람에게 투자를 해서 성과를 얻고 성장해 온 회사이니만큼 인간 벤처기업이라는 말이 조금도 틀린 말이 아니다. 따라서 우리 5만 '뷰티메신저' 역시 한 사람 한 사람이 인간벤처이다.

벤처가 무엇인가? 그것은 말 그대로 모험(冒險 ; Venture)이다. 그래서 우리는 이 인간 벤처들이 성공을 향한 모험에서 씩씩하게 성공할 수 있도록 물심양면으로 지원을 아끼지 않고 있다. 이 중에서도 역점을 두고 투자하는 것이 정신교육과 능력개발 교육이며, 뷰티메신저보다 더 심혈을 쏟는 대상이 관리자 즉, '뷰티매니저'들에 대한 교육이다.

우리 화진과 같은 방문판매 회사들에는 관리자의 위치와 역할이 매우 중요하다. 중간관리자야말로 조직의 중추나 다름없기 때문이다. 중간관리자는 회사를 위해서, 그리고 자신의 성공을 위해서 열심히 일하는 한편, 자기 밑에 있는 판매사원들을 열심히 독려해서 그들이 성공할 수 있도록 길을 열어 주는데 앞장서야 한다.

"자, 나를 따라 오세요! 열심히 이끌어 드리겠습니다. 어려우면 손을 잡으세요. 포기하지 말고 함께 갑시다!" 우리가 운동 삼아 하는 단순한 춤동작 하나도 누구를 따라 배우느냐에 따라서 효과가 달라진다. 이와 마찬가지로 일선 판매사원들에게 있어서는 성공도 누구를 모델로 삼고 따라 하느냐에 따라 결과가 크게 달라지는 것이다. 그리고 자신의 밑에 있는 판매사원 한 사람 한 사람이 성공해야 관리자 자신도 성공하는 것은 두말 할 나위가 없다. 지금 우리 화진의 호순자, 설현숙, 나옥심, 함봉옥, 김은심, 김명숙, 조향연, 석미자 등의 대표이사들은 내가 여의도에서 지사장으로 일할 때, 나를 성공 모델로 삼아 열심히 일한 여성들이다. 나는 그들 덕분에 오늘날 현재의 위치까지 올랐다. 이들이 어디에 서 있건, 어떤 일을 하건 내 인생의 보람이며 화진의 자부심이다.

'판매사원들이 나를 보고 꿈을 갖게 만들어라!' 그렇다! 관리자는 일선 판매사원들에게 꿈을 주는 성공 모델로서 그들과 더불어 성공하겠다는 확고한 의지와 자세를 가져야 한다. 성공의 가치기준은 꼭 돈만이 아니다. 현재 자신의 위치와 브랜드 가치가 중요한 것이다. 그리고 관리자는 특히 높은 인격을 갖춰야 한다. 그래야 사람들이 모이고 따르게 되기 때문이다. 회사가 관리자에게 지불하는 것은 이 전체적인 능력과 인격에 대한 대가인 것이다. 그래야 반드시 더불어 성공한다.

두 마리의 토끼를 한꺼번에 잡아라

관리자가 맡고 있는 가장 중요한 업무 중의 하나가 인간관계를 지혜롭고 슬기롭게 잘 관리하는 일이다. 방문판매 조직은 사람과 사람의 관계가 복잡하게 얽히고 설켜 있기 때문에 관리자는 그 사이에서 일어나는 갖가지 변수들을 합리적으로 조정할 수 있는 능력이 있어야 한다. 그 대표적인 것이 판매사원들의 경쟁과 갈등 조정이다.

먼저 관리자는 판매사원 개개인의 능력개발과 조직의 영업성과를 높이기 위해서 판매사원들끼리도 적절하게 경쟁을 시킬 줄 알아야 한다. 선의의 경쟁은 조직의 활력과 함께 매출에도 큰 시너지 효과를 불러오기 때문이다. 그러나 관리자에게는 경쟁 때문에 발생하는 판매사원들 간의 갈등도 조정할 수 있는 능력이 절대 필요하다. 인간관계의 관리는 상당히 어렵고 복잡 미묘한 것이기도 하지만 알고 보면 사실 그 핵심은 단순하고 사소한 것이 대부분이다. 또 각양각색의 많은 사람이 모여 있다 보니 구성원들 사이의 이기주의로 인해 이런저런 갈등이 일어나는 것은 어쩔 수 없는 현상이기도 하다. 그런데 가장 경계해야 할 것은 이런 갈등과 분란이 한번 일어나면 놀랍게도 그 영향은 당사자들에게만 그치지 않고 조직 전체의 사기 저하로 이어져 판매사원들은 의욕을 상실하고 매출은 큰 폭으로 떨어진다는 점이다.

"아휴, 회사 분위기가 왜 이래? 이래 갖고 일할 맛이 나겠어? 오늘은 일하지 말고 그냥 가자구!"

결국 한두 사람의 사소한 갈등과 분란이 판매사원 개개인과 관리자, 지점, 나아가 회사에도 큰 손해와 피해를 끼치게 되는 것이다. 따라서 관리자는 이런 갈등과 분란이 일어나지 않도록 사전에 예방하고 평소 판매사원들에게는 '나' '개인' 이라는 이기주의를 버리고, '모두' '함께'

라는 공동체의 의식을 심어주어 융화에 힘써야 한다. 만약 어쩔 수 없이 갈등이 발생했다면 슬기롭게 조정해서 더 크게 번지지 않도록 최선을 다해야 한다.

또 현재와 같은 예측불허의 시대를 헤쳐 나갈 관리자라면 어떤 위기 상황이 닥쳐도 이를 극복할 수 있는 대처능력이 있어야 한다. 21세기가 요구하는 진정한 능력은 이 같은 '위기대처 능력'이다. 일류대학을 나와 MBA를 땄다고 해도, 하버드대학을 나온 박사라고 해도 위기 대처 능력이 없으면 아무 소용이 없다. 뛰어난 관리자라면 선의의 경쟁과 갈등 조정, 두 마리의 토끼를 한꺼번에 잡아야 한다.

스스로 일어서지 못하면 우리도 버린다

관리자는 자기 스스로 환경을 개척해 나갈 수 있는 힘이 있어야 한다. 회사에서 주어진 상황에만 안주해서는 성공은 고사하고 단기 목표조차 달성하기 어렵다. "난 열심히 하는데 왜 본사에서는 지원을 이렇게 밖에 못해 주는 거야?" 이런 남의 탓, 회사 탓을 하기에 앞서 부족한 점과 문제점을 개선해 나가면서 환경을 스스로 개척하는 관리자야말로 진정한 관리자로서 자격이 있다. 이와 함께 관리자는 판매사원들이 자신의 환경을 개척하고 성공할 수 있도록 돕는 뛰어난 트레이너가 되어야 한다. 우리 회사에 와서 일하겠다는 사람들에게 비전을 제시하고 필요한 교육을 시키는 것은 본사의 몫이지만 그 사람을 직접 성공시키는 것은 전적으로 일선 관리자의 몫이다.

그럼에도 불구하고 환경 탓이나 하면서 관리자의 역할에 충실하지 못하면 우리도 그런 사람은 버릴 수밖에 없다. 더러 인간 위주의 경영을 한다면서 어떻게 그럴 수가 있느냐고 반문하는 사람이 있을지 모르지만 천만의 말씀! 인간 위주의 경영도 일정한 성과를 내는 사람을 위한 경영이다. 회사에 충성하면서 자신은 열심히 뛰었다고 해도 눈에 보이는 성과가 없으면 의미가 없다. 가끔 관리자의 가족들이 아침 일찍 출근해서 밤늦게 퇴근하고 그렇게 열심히 다녔는데 수입이 형편없다고 항의하는 경우도 있다. 그러나 매정하다고 생각할지 모르지만 이런 경우는 그 당사자가 피해를 입은 것이 아니고 회사가 피해자라는 사실을 알아야 한다. 누구보다 관리자는 환경 탓을 해서는 안 된다. 어떤 악조건이라도 스스로 개척해 나가야 한다.

관리자는 특히 회사와 조직원들에 대한 불만을 절대로 입 밖에 내지 말고 불만스러운 조건과 상황에 부딪치면 그것을 자기 방식대로, 자기가 원하는 방향으로 변화시켜서 이끌고 나가야 한다. 자동차도 운전자가 자신의 스타일에 맞춰 길들이는 것처럼 관리자는 조직의 체질도 자기의 체질과 방식에 맞도록 바꿔야 하는 것이다. 이렇게 스스로 일어서지 못하는 사람은 우리도 버린다.

나는 항상 당신을 믿는다

사람들은 모두 저 잘난 멋에 산다. 남들이 보기에는 특별한 재주가 없어 보여도 그 사람의 마음 속에는 자신이 이 세상에서 가장 잘난 사람이라는 자부심이 확고하게 자리잡고 있다. 사람마다 적성과 특기가 제각기 다르기도 하지만 사람들은 누구나 자신은 남들이 갖지 못한 재주한 가지는 갖고 있다고 믿는다. 또 서로 능력이 비슷한 사람들끼리 모였을 때는 서로 자신의 능력이 더 낫다고 생각하기 마련이다.

"잘난 척하지만 웃기지 마! 나는 너보다 못나서 가만 있는 줄 알아?"

"저 관리자는 왜 저 사람만 좋아하는 거야? 아휴, 자존심 상해서 못 있겠어!"

관리자는 이런 불화로 팀워크가 깨지는 일이 없도록 사전에 예방해야 한다. 그리고 모든 사람을 내 사람으로 만들어 열심히 일하도록 하려면 사람들 각자의 보이지 않는 능력을 인정해 주어야 한다. 특히 남과 비교해서 자존심을 상하게 하는 일은 관리자가 절대 범해서는 안 될 금기사항이다. 어떤 사람이라도 자신의 능력을 비판받거나 남과 비교 당할 때는 불같이 화를 낸다. 그렇게 자부심과 자존심을 상하게 해서는 절대로 그 사람을 분발시키거나 움직이게 할 수 없다. 물론 관리자의 경우, 내부적으로 판매사원들을 차별 관리하는 것은 필요하다. 경쟁심을 유발하기 위해서 어느 정도의 비교평가도 할 수가 있다. 그러나 그것이 정도를 넘거나 프라이버시를 침해하게 되면 반감을 불러오게 되는 것이다. 이 때문에 관리자는 사원이 일을 잘못하거나 실수를 하더라도 능력에 대한 비판보다는 조용히 불러 일의 잘못된 방식에 대해 지적을 하는 것이 바람직하다.

판매사원의 능력발휘도 어떤 관리자를 만나느냐에 따라 크게 좌우된다. 항상 사기를 올려주는 트레이너냐, 사기를 저하시키는 트레이너냐에 따라 우등생도 될 수 있고 열등생도 될 수 있다. 열등생인 아이에게 그 학교의 교장선생님이 '이 아이는 기대할 만한 아이입니다' 라고 말하고 관심을 기울였더니 우등생이 되더라는 말도 있다.

'나는 항상 당신을 믿는다!' 이 말 한 마디가 가져오는 놀라운 효과를 직접 한번 체험해 보라.

유능하다는 것은
이력서에 지나지 않는다

사람이 '유능'하다는 기준은 어디에 있을까? 사회에서 말하는 이 유능의 기준은 대체로 공부 많이 해서 좋은 대학 나온 사람, 외국 유학도 다녀오고 석사, 박사 학위를 딴 사람들을 지칭한다고 할 수 있다. 또 대학을 못 나왔을지라도 고학을 해서 고시에 합격한 사람, 남보다 일찍 출세를 하거나 돈을 많이 번 사람, 이들이 소위 말하는 유능한 사람의 범주에 든다고 할 수 있다. 그러나 유능(有能)이란 말 자체는 '능력이 있는 사람'을 뜻하는 것이다. 그렇다면 좋은 대학을 나오고 석, 박사 학위를 땄다거나 고시에 합격한 사람들을 진정 유능한 사람이라고 할 수 있을까?

천만의 말씀! 나는 전적으로 생각이 다르다. 실제로 제도권 교육이나 학원교육을 받으며 기계처럼 암기 위주의 수업을 받고 성장한 요즘 젊은이들은 이 '유능'과는 전혀 거리가 멀다. 특히 대부분 자녀수가 적은 집에서 자랐기 때문에 머리 속에 지식은 가득 들어 있을지 몰라도 소심하고 이기적이며 편협하기가 이를 데 없는 데다 꿈도 용기도 배짱도 없는 사람이 많다. 그리고 이렇게 사회가 유능하다고 인정해 주는 많이 배운 사람들일수록 모든 것을 자기가 교육받은 눈높이에서 보고, 네 방식(方式), 내 방식을 많이 따지며 자만심에 차 있고 오만하다. "우린 그렇게 배운 적이 없거든요? 혹시 뭘 잘못 아시는 거 아닙니까?"

이런 사람들은 이력서 상으로는 유능한 인재일지 몰라도 우리 화진 같은 회사가 요구하는 인재상(像)과는 거리가 멀다. 진정 유능한 인재란 학벌에 있는 것이 아니고 어떤 어려운 일이 닥쳐도 능히 헤쳐갈 수 있는 지혜와 용기를 갖춘 사람이다. 내가 지사장 시절에 증원한 전업주부 가운데는 얼굴에 기미 주근깨가 다닥다닥 붙은 사람, 촌티가 줄줄 흐르는 사람이 많았다. 심지어 남편에게서조차 '네 까짓 게 나가서 무슨 일을 하겠느냐'고 무시를 당하면서 나온 사람도 있었다. 그러나 이들에게 교육을 통해 강한 믿음과 확신을 심어준 결과 이들은 하나같이 열심히 일했고, 현재 높은 직위에 올라 월 수천만 원씩의 수입을 올리는 사람들도 있다.

이력서 상의 유능은 의미가 없다. 평범하거나 그 이하인 사람까지도 유능한 인재로 만들어서 능력을 십분 발휘하게 만들어라. 당신은 틀림없이 멋진 관리자, 뛰어난 트레이너의 소리를 들을 것이다.

몸이 아플 때도 허락을 받고 아파라

관리자에게서는 자기 양심에 아무 것도 거리낄 것이 없을 때 가장 강한 힘이 나온다. 그러므로 판매사원과 마찬가지로 관리자 역시 원칙과 정도를 철저하게 지켜야 한다. 일시적인 인기에 영합해서 인기 위주로 일을 하면 절대로 오래가지 못한다. 또 이런 관리자는 나중에 설령 자신의 지위가 높아졌다 해도 자기가 지키지 않았던 부분에 대해서는 사원들에게 떳떳하게 교육시킬 수 없고 그래서 결국은 밀려나기 마련이다. 나는 우리 화진의 뷰티메신저들이 매니저로 승격할 때 항상 아끼지 않고 하는 말이 있다.

"메신저 시절에는 자기의 능력으로 자신을 위해 일하면 됐다! 그러나 매니저가 되면 그날부터는 사원의 수입 보장을 위해 일해야 한다. 메신저들을 위해 봉사하고 희생할 각오가 없으면 하지 마라!"

그렇다! 일단 관리자가 되면 사원들의 수입 보장이 먼저 되어야 내 수입도 보장받는다. 그렇지 않으면 내 수입이 없어진다. 모든 것이 판매사원 우선이기 때문에 관리자는 몸이 아픈 것도 이들의 허락을 받고 아파야 하는 것이다. 그래야 결과가 나온다. 이처럼 '나는 내가 아니라는 생각'으로 내가 아닌 판매사원들을 위해 모든 것을 바쳐 사심없이 일하다 보면 원칙과 정도를 지킬 수밖에 없고 편법도 변명도 생기지 않는다. 편법이란 자기 욕심 때문에 생기는 것이 아닌가.

반드시 내 몫은 내가 한다는 정신을 갖고 남들이 쌓아 놓은 실적에 손쉽게 무임승차하겠다는 안일한 생각은 버려야 한다. 매출은 관리자의 이런 강한 집념과 추진력에 따라 결정된다. 또한 관리자는 이미 회사에서 사원들에게 베풀기로 결정한 것은 미루지 말고 즉시 베풀어야 한다. 이것을 받은 사람은 누구나 감사해 하고 또 미안해서라도 반드시 실적으로 보답한다.

부모가 똑바로 서 있으면 자녀들도 절대 탈선하지 않는다. 원칙과 정도를 지켜서 판매사원들에게 항상 당당하고 존경받을 수 있는 관리자가 되자.

잘난 아랫사람들이 나를 키운다

현명한 관리자는 자기보다 능력이 뛰어난 사원을 증원하지만 그렇지 못한 관리자는 늘 자기보다 능력이 부족한 사원을 증원한다. 경영학을 연구하는 전문가의 말에 의하면 그릇이 협소한 중소기업의 오너는 자기보다 능력이 뛰어난 부하를 기피하는 경향이 있다고 한다. "저 친구, 일류대학 나왔다고 지방대학 나온 나를 무시하는 거야 뭐야?" 이런 이유로 언제나 사장인 자신을 최고의 능력자로 알고, 시키는 대로 일만 하는 부하를 좋아한다는 것이다. 이렇게 되면 그 회사는 언제나 사장의 능력 범위 내에서 정체될 수밖에 없다. 어쩌다 그 사장보다 능력이 뛰어난 사원이 입사를 하더라도 사장에게 실망하고 떠나고 만다.

'나는 내 밑에 있는 판매사원들을 관리하는 책임자다!'

이렇게 단순한 생각을 하는 관리자가 있다면 이것은 큰 오산이다. 오히려 자기 밑에 있는 판매사원들이야말로 나를 키우는 그룹이기 때문이다. 따라서 이 그룹에는 무능하고 못난 사람보다 유능하고 잘난 사람이 많아야 한다. 그래야 관리자 자신에게 큰 힘이 되고 늘 긴장상태를 유지시킨다.

편협한 관리자 가운데는 이렇게 자기보다 유능하고 잘난 판매사원을 은근히 견제하고 멀리 하는 사람이 있다. 그가 나를 추월할까 봐 두려워하는 불안심리 때문이다. 이런 관리자는 심리적으로 이미 판매사원에게 진 것이다. 결국 유능하고 잘난 판매사원은 이런 관리자를 미련없이 떠나게 되고 그 관리자 역시 오래가지 않아 도태되고 만다. 자기보다 유능하지만 주관적인 선호도에 의해 마음에 들지 않는다는 이유로, 심지어 자기보다 더 예쁘다는 이유로 유능한 판매사원을 놓치는 관리자는 절대로 성공할 자격이 없다. 오히려 관리자는 자기보다 어느 한 가지라도 나은 점이 있는 사람을 증원해서 열심히 이끌고 밀어 주어야 한다. 그런 가운데 함께 경쟁하면서 발전하겠다는 자세를 갖춰나가야 하는 것이다.

자신을 망하게 하는 지름길을 피하라

영업조직의 관리자들에게 있어서 판매실적의 허위과장 보고처럼 무서운 것도 없다. 판매실적의 허위과장 보고는 한마디로 조직을 망가뜨리는 주범이다.

관리자는 원래 본사에 판매실적을 보고할 때 실무적으로 상품이 완전 판매된 후의 입금된 금액을 기준으로 보고해야 하는데 일부 관리자들 중에는 당장 눈앞의 실적에 급급한 나머지 출고된 금액을 기준으로 판매실적을 보고하는 경우가 많다. "당장 실적에서 안 되는데 어쩔 수가 없잖아? 나중에 입금되면 메우지 뭐." 이처럼 입금이 확정되지 않은 단순한 출고를 판매실적으로 보고하는 것은 원칙과 정도를 무시한 것임은 물론, 자신의 양심을 속이는 일이며 회사에 대한 기만행위이다. 또 재고에서 빠져나간 수치를 판매실적이라고 보고한 다음, 나중에 반품 등을 실적에서 빼는 경우도 있는데 아무리 실적이 저조하더라도 판매실적은 사실대로 정확하게 보고해야 한다.

이 같은 '목표와 현실의 괴리'는 전적으로 관리자들의 책임이다. 실제로 이런 허상의 숫자를 경영의 지표로 삼았다가 실패하는 기업들도 있다. 관리자의 보고로 작성되는 장부상의 매출이 크게 늘어났기 때문에 공장에서는 계속 물건을 만들어 내지만 실제 일선에서는 재고가 쌓이게 되고 회사는 결국 감당을 못 한다. 문제는 이런 현상이 어느 한두 지점, 한두 관리자에게서 일어나는 것이 아니라 전국적으로 발생하게 되면 회사는 물건만 만들어 쌓아놓고 결국 자금 회전이 안 돼 문을 닫을 수밖에 없게 된다는 것이다. 따라서 관리자는 당장의 실적에 급급해서 팔지도 않은 물건을 팔았다고 보고하면 안 된다. 만약 승진을 할 때에도 매출로 잡아놓은 재고가 있으면 안 된다.

여기서 매우 중요한 것은 그런 재고를 속이고 승진한 관리자는 그 재고로 반드시 망하게 돼 있다는 점이다. 일단 승진을 해도 신규 매출이 뜰 수 없기 때문이다. '큰일났다! 이렇게 재고가 많은 줄도 모르고 승진을 시켜줬는데 이걸 어떻게 팔지?' 심지어 1년 내내 재고만을 파는 관리자도 있다. 그런데 더 심각한 것은 이런 재고가 주는 심리적인 부담감이 족쇄가 되어 팔 수 있는 물건까지도 못 판다는 데에 있다. 허위 과장 보고가 주는 피해는 이렇게 치명적인 것이다. 이 밖에도 일부 관리자 가운데는 자기 영업조직만의 문제를 회사 전체의 문제인 양, 자기가 힘들면 전체가 다 힘든 것처럼 침소봉대하는 사람도 있다. 그러나 이 같은 행위는 조직 전체의 분위기를 침체시키고 동료들로 하여금 일하고 싶은 의욕마저도 잃게 한다.

사실 그대로, 있는 그대로를 명확하게 보고하고 문제가 있으면 회사와 서로 머리를 맞대고 풀어 나가는 것이 관리자가 걸어야 할 정도인 것이다.

사람들은 모두 당신을 보고 있다

우리는 각자 자기 고유의 이미지를 갖고 있다. 가정에서의 나의 이미지, 동네에서의 나의 이미지, 회사에서의 나의 이미지와 같이 내가 가는 곳마다 나와 관련된 사람들이 보고 느끼는 나의 이미지가 있는 것이다.

여의도 지사장 시절, 나는 20여 명의 프로 세일즈우먼들이 나를 떠나갔을 때 무엇보다도 시급했던 게 당장 사원들을 충원하는 문제였다. 당시 시흥동에 살고 있던 나는 매일 이른 아침 화장품 가방을 메고 나갔다가 밤늦게 집에 돌아와야 했기 때문에 사람들을 사귈 시간이 없었고, 아는 사람이 없어 난감했다. 그렇지만 어떻게든 충원을 하지 않으면 안 되었기 때문에 혹시나 하는 마음으로 동네에 나가 아줌마들부터 찾았다. 그리고 길거리에서 만난 아줌마들에게 지사장의 직함이 찍힌 내 명함을 나눠주면서 판매사원으로 일할 사람을 급히 구하고 있다고 광고를 했다.

그런데 이게 웬일인가? 갑자기 신기한 일이 벌어졌다. 놀랍게도 만나는 사람 모두 나를 모르는 사람이 없었던 것이다.

"우리가 왜 당신을 몰라? 우린 도대체 무슨 일을 하는 여자인가 했네?" 얘기를 듣고 나서 나는 깜짝 놀랐다. 1년 365일 비가 오나 눈이 오나 아침 저녁으로 한 손에는 화장품 가방을 들고 다른 한 손에는 걸음마도 제대로 못 하는 딸아이의 손을 잡고 집으로 가는 나를 동네 상가 사람들치고 모를 리가 없었던 것이다.

'도대체 무슨 일을 하는 여자인데 젊은 여자가 저렇게 열심히 살까?'

그들은 이런 의문을 갖고 말없이 나를 지켜보고 있었던 것이었다.

나는 그 자리에서 신규판매 조직을 만들기 위한 판매사원을 모집하는 중이라고 열심히 설명을 했다. 그랬더니 그 다음 날부터 야단이 났다. "오늘 여기 어디에 여섯 명을 모아 놓았으니 몇 시까지 와요!" "내일은 누구네 집에 일곱 명을 불러놨으니까 그리로 와요!" 여기저기 사람을 모아놨으니 오라는 주문이 끊이지 않는 것이었다. 내가 일년을 하루같이 매일 똑같은 시간에 똑같은 길을 똑같은 모습으로 다녔더니 그 사람들 눈에는 나의 이미지가 건실하고 열심히 일하는 사람으로 기억됐고, 그래서 나로서는 전혀 안면도 없는 동네 아줌마들이 전부 나의 자발적인 협력자가 되어 주었던 것이다.

만약 그때 나의 이미지가 불건전했더라면 이 사람들이 내 말을 믿고 나를 따라와 주었을까? 지금 이 순간 당신도 누군가가 보이지 않는 곳에서 당신의 일거수 일투족을 지켜보고 있다는 것을 명심하자.

구멍가게 주인도 당신을 평가한다

나는 지사장 시절, 사원이 혹시 이유 없이 결근하거나 연락이 없으면 꼭 고기나 과일 바구니를 들고 그 사원 집으로 찾아갔다. 무슨 이유로 결근을 했는지 알아보고 만약 일이 힘들어서 결근한 것이라면 위로하고 설득해서 다시 일을 하도록 만들려는 생각에서였다. 그럴 때마다 나는 그 사람이 사는 동네의 구멍가게에 들러 과일을 사면서 가게 주인에게 결근한 사원에 대해 슬쩍 물어보곤 했다.

"여기 이 골목 몇 번째 집 아줌마 말예요…." 그러면서 나는 가게 주인의 표정을 살핀다. 만약 가게 주인이 인상을 찡그리면서 '그 아줌마요?' 하며 좋지 않은 기색으로 얘기를 하면 나는 그 집에 찾아가지 않았다. 구멍가게 주인은 일상생활에서 거의 매일 마주치는 동네 사람들에 대한 평가를 자기 나름대로 하고 있는 사람이다. 그런 사람에게 좋지 않은 인상을 주고 있는 사람은 인간성 평가에서 이미 낙제를 받은 것이며 장래성이 없는 사람인 것이다. 이렇듯 내가 평소에 큰 신경을 쓰지 않고 무심결에 대하는 사람들도 보이지 않는 곳에서 항상 나를 평가하고 있다는 사실을 잊어서는 안 된다. 특히 그 평가자가 대부분의 사람들이 대수롭지 않게 생각하고 무시하는 사람일수록 더욱 그렇다.

'성공하려면 자신이 다니는 회사 건물의 경비원에게 존경받는 사람이 되라!' 우리 회장님이 늘 하시는 말씀 가운데 하나이다. 하루에도 수백 명의 사람들이 드나드는 건물의 경비들은 사람의 됨됨이를 누구보다도 잘 평가하는 사람이다. 현관문을 들어서면서부터 인사성과 행동거지만 지켜봐도 그들은 '될 사람'인지 '싹수가 노란 사람'인지를 금방 안다. 건물을 청소하는 아줌마들이나 주차장에서 일하는 관리인들도 마찬가지이다.

내가 전혀 알지 못하는 사이에 사람들에게 인정받을 수 있는 사람, 이런 사람이 반드시 성공한다는 것을 잊지 말자.

열심히 부려먹고 성공시켜라

영업조직에서 관리자가 깨어있지 않고 판매사원들을 과감하게 이끌어 주지 않으면 사원들은 일정액의 판매고를 올린 후에 현실에 안주하려는 경향이 강해진다. "야, 이 정도면 됐지! 이 정도 한 것도 대단한 거야!" 그것이 자신들의 한계라고 단정짓고 계속 그 상태에 안주하려고 하는 것이다. 게다가 판매사원들은 대체로 자신을 매섭게 채찍질하는 관리자보다 방관하는 관리자를 좋아한다.

하지만 이런 관리자는 사원들을 망치고 결국 자기 자신을 망치게 된다는 사실을 잊고 있다. 내가 관리자로 한창 조직관리를 할 때 일부 다른 관리자들은 자기 밑의 사원들에게 나를 흥보하는 일도 있었다. "박형미 국장은 정말 사원들을 너무 혹사시켜! 너무 일만 부려먹는데 나는 그러지 않을 거예요!" 이런 말에 사원들이 어떻게 반응하겠는가? "정말 지독하더라구요. 전 그렇게 일 시키는 사람 밑에서는 절대 같이 못 해요!"

자기 관리자의 말에 동조하지 않는 사람이 없을 것이다. 그러나 그것이 나만 좋자고 한 것인가? 그때 내가 무섭게 혹사시켰던 사람들, 나와 함께 고생했던 사람들은 거의가 다 성공했다. 나를 질시하던 관리자처럼 내가 사원들에게 늘 인간적이고, 일도 안 시키고, 안 부려먹고, 노래방에나 가자고 했다면 나를 포함해 이들이 모두 성공할 수 있었을까? 그들이 적당히 하고 있을 동안 나는 최선을 다해서 일했고, 결국 내가 먼저 이사로 승진했다.

인간적이라는 것은 다른 것이 아니다. 돈을 벌어 성공하겠다는 의지가 있는 사람들에게 그것을 쟁취할 수 있게 도와 주고 더불어 함께 가는 것이 진정으로 인간적인 것이다.

판매사원들은 일하고 돈을 벌기 위해 영업회사에 나온 사람들이다. 이런 사람들은 관리자가 욕을 얻어먹는 한이 있더라도 과감히 일을 시켜야 돈을 많이 벌어간다. 그래야 사원들도 진정한 자신감과 보람이 생기는 것이다.

사원들이 불평을 하더라도 열심히 부려먹고 대신 꼭 성공시켜라! 그런 당신이야말로 최고의 트레이너라는 소리를 들을 자격이 있다.

10

여성시대는
여성 스스로가
열어 나가자

이제는 여성이 변해야 한다

이제 우리 나라에도 그동안 구호로만 외쳐왔던 '여성들의 시대'가 서서히 열리고 있다. 많은 여성이 대거 국회에 진출하고 공직사회는 물론 민간기업에서도 두각을 나타내는 여성들이 급증하고 있다. 이와 함께 근래 들어 우리 여성들의 의식이 많이 달라진 것도 사실이다. 지금까지 우리 사회에서 여성은 힘없는 소수자의 입장에서 살아왔지만 이제 시대는 여성들의 능력을 필요로 하고 있고, 여성 역시 현실 참여의 욕구가 그 어느 때보다도 강하다고 할 수 있다.

그러나 이 같은 여성들의 정계 진출과 공직사회, 또는 민간기업의 두드러진 진출은 능력을 갖춘 여성들이 자력으로 쟁취한 것도 있지만 아직까지는 여성에 대한 호의와 배려 차원에서 이뤄지고 있는 것이 대부분이다.

그렇다면 이제 우리 여성들도 달라져야 한다. 이런 변화의 물결과 시대적인 요청에도 불구하고 아직도 과거의 타성이나 낡은 가치관에 사로잡혀 있는 여성들이 있다면 그런 낡은 의식에서 과감히 깨어나야 한다는 얘기이다. 특히 우리 여성들은 이제 남성들에게만 이 사회와 가정의 짐을 혼자 짊어지게 내버려 둘 수 없는 시대에 살고 있다. 따라서 우리 여성들이 앞장서서 기존의 비생산적인 사고방식이나 퇴행적인 습관을 버리고 의식을 개혁하는 한편, 잠재된 능력을 개발해 '세상의 당당한 절반'으로서의 역할을 다할 수 있도록 분발해야 한다.

그럼 이 같은 의식 개혁을 위해 우리 여성들은 먼저 어떤 노력을 해야 할까? 가장 중요한 것이 가정이다. 가정생활 속에서의 여성 의식이 변해야 한다는 것이다. 흔히 하는 말로 가정이 바로 서야 나라가 바로 서기 때문이다. 솔직히 그동안 우리 나라 여성들은 '가부장제도'와 '남존여비' 사상에 길들여진 나머지 의식과 행동이 남성 의존적인 데다 여성 스스로 사회적인 가치와 생산성을 저하시키는 부정적인 말과 습관이 몸에 많이 배어 있다. 먼저 이런 것부터 버리고 고쳐야 한다. 이 습관이야말로 여성들이 극복하고 넘어가야 할 '내 안의 적'인 것이다.

부정적인 말과 습관을 버리자

우리 나라 여성들이 남편에게 자주 사용하는 부정적인 말과 습관의 대표적인 것으로는 '내가 쓰고 싶은 만큼 돈을 쓰게 해 준 적이 있나요?'와 '내가 먹고 싶은 거 언제 마음대로 사서 먹을 수 있게 해 줬어요?', '언제 나한테 입을 것 한번 제대로 입게 해 줘 봤어요?' '언제 나 놀고 싶은 대로 놀게 해 줘 봤어요?' '누구는 이런데 당신은?' 등등 이 다섯 가지를 들 수 있다.

이 세상의 어느 남편치고 아내에게 돈을 쓰고 싶은 만큼 쓰라고 주고 싶지 않은 남편이 있을까? 돈이 많아서 아내나 자녀들에게 물 쓰듯 원없이 쓰게 할 수만 있다면 좋겠지만 문제는 대부분의 남편들에게는 그렇게 할 만한 돈이 없다는 점이다.

또 여성은 남성보다 화려한 세계에 대한 동경심이 더 커서 누구나 영화나 드라마 속에 나오는 주인공처럼 되기를 꿈꾼다. 또 좋은 옷을 입고 멋지고 근사한 식당에 가서 우아하게 맛있는 요리를 먹고 싶은 욕구도 강하다. 1년에 한 번도 고급 호텔에 가서 값비싼 요리를 먹어 보기가 힘든 게 우리 서민들의 형편이 아닌가? 이런 불만이 쌓였기 때문이기도 하겠지만 우리 나라 주부들은 남편과 다투기라도 하면 "결혼해서 언제 나한테 한번 먹고 싶은 거 마음대로 사먹게 해 줘 봤어요?" 하고 원망하는 것이다.

그리고 전업주부도 어엿한 직업이긴 하지만 그래도 밖에서 열심히 일하는 사람들에 비해 시간이 많은 편이다. 자고 싶으면 자고 놀고 싶으면 놀 수 있는 여유가 있고 또 그렇게 하는 사람들이 주부들인데, 이따금 남편들에게 "당신 언제 나 놀고 싶은 대로 놀게 해 줘 봤어요?" 하고 푸념한다.

마지막으로 우리 나라 주부들은 자기 남편과 옆집 남편의 비교를 너무 많이 한다. "옆집 누구는, 또 친구 누구는 결혼기념일날 남편한테 5캐럿짜리 다이아를 선물 받았다던데 나는 언제 그런 것 받아보나?" 하면서 남편의 기를 죽인다.

그런데 이렇게 말하는 주부야말로 스스로 자신이 무능하다고 광고하는 것과 같다. 자기가 벌어서 쓰고 싶은 대로 쓰고, 먹고 싶은 것 사 먹고, 입고 싶은 옷 입고, 해외여행도 가면 될 것이 아닌가?

내가 처음 화진에 나가면서 세일즈를 한다고 했을 때 내 남편은 나에게 무섭게 눈을 부라리며 말했다. "나가기만 해 봐! 다리를 분질러 버릴 테니까!" 그래도 내가 기를 쓰고 나가자 말했다. "회사를 찾아가 불질러 버릴 거야!" 이렇게 협박의 강도를 높이면서 금방 살인이라도 낼 것처럼 반대하던 남편도 어느 날 내가 국장으로 승진해서 월 천만 원 이상의 수입을 올리자 세상에! 그야말로 180도로 사람이 달라졌다. 새벽에 알람이 울리면 득달같이 꺼버리거나 시계를 던져버리던 남편이 알람을 더 크게 키우고 행여 내가 못 일어나면 어서 일어나라면서 깨울 정도로 확 달라져 버린 것이다.

내가 화진에 나오기 전 우리 집에는 쌀이 떨어지는 일도 많았다. 특히 임신 중이었을 때는 영양분을 충분히 섭취해야 했었는데 먹고 싶은 과일은 못 먹을망정 쌀까지 떨어지는 일이 한두 번이 아니다 보니 내 처지를 원망하는 마음이 더욱 심했다. 그때 음식점을 하던 친정 언니가 식당에서는 쓸 수 없다며 누렇게 변한 묵은 쌀을 한 포대 가져왔다. 쌀이 변해서 버리려고 했는데 그 얘길 들으신 어머니가 문득 나를 떠올리신 모양이었다.

"그거 왜 버리냐? 요새 막내가 밥도 제대로 못 먹고 사나 보더라. 버리지 말고 갖다 줘라." 그래서 가져다 준 것이었다. 그때 일을 생각하면 나는 지금도 눈물이 난다. 그 누렇게 뜬 묵은 쌀은 씻으려고 물을 부으면 쌀알이 식혜처럼 물 위에 둥둥 뜰 정도였다. 하지만 목구멍이 포도청이라 그 쌀로 지은 밥도 감지덕지하며 먹기도 했다. 그런데 지금은

난 먹고 싶은 것이 있으면 원하는 것은 뭐든지 마음대로 사 먹을 수 있는 능력이 있다. 남에게 사 달라고 해서 먹는 것이 아니라 내가 내 힘으로 돈을 벌어서 스스로 사 먹는 것이다. 옷 역시 마찬가지이다. 그리고 나는 시간이 나는 대로 여행을 해 보는 것이 꿈이지만 일에 매달려 있다 보니 돈이 없어서가 아니라 시간이 없어서 못 간다.

이처럼 부정적인 말과 습관으로 남편을 원망하지 말고 내가 능력을 갖춰 돈을 벌면 모든 게 다 해결된다. 남편은 돈을 벌어다 아내에게 바치는 기계가 아니다. 아이들 때문에, 살림해야 하기 때문에 돈을 못 번다는 변명은 이해할 수 없는 것이 아니라 용서할 수가 없는 세상이 된 지 오래이다. 아이들 교육은 가정교사에게, 살림은 파출부에게 맡기면 안 될 것이 없다.

실제로 어떤 아내가 남편에게 다이아몬드 5캐럿짜리를 결혼기념 선물로 받았다면 보나마나 그 아내는 돈을 잘 버는 여성일 것임에 틀림없다. 아내가 집에서 날마다 엑스레이나 찍고 채팅이나 하고 앉아 있는데 어떤 멍청한 남편이 5캐럿짜리 다이아몬드 반지를 선물하겠는가.

내가 벌어 나 먹고 싶은 거 맘대로 먹고 남편에게도 50만 원, 백만 원씩 지갑에 넣어주며 이렇게 말해 보자. "당신 회사에서 기죽지 말고 동료들한테 한턱씩 내요! 알았죠?" 이런 아내를 둔 남편이 성공하지 않으면 누가 성공하겠는가?

이 같은 다섯 가지 말은 여성 스스로가 자신의 사회적인 가치를 떨어뜨리고 남편에게 예속당하게 만드는 극히 부정적인 요소들이다. 따라서 이것을 극복하기 위해서는 먼저 주부들의 의식부터가 바뀌어야 한다. 주부가 경제적으로 능력이 있어야 남편도 큰 힘을 얻고 가정이 안정되며 부부가 서로 동등한 위치에 서게 되는 것이 아닐까?

진정한 양성평등의 시대, 진정한 여성의 시대는 거창한 구호나 남성들의 배려로 이뤄지는 것이 아니다. 우리 여성들이 앞장서서 열어나가야 하는 것이다.

무능한 아내는
남편의 수명을 단축시키는 주범

우리 나라 40대 남성의 사망률이 세계 1위라는 것은 다 잘 알 것이다. 세계 2위도 아니고 1위이며 여성 사망률의 3배나 된다고 한다. 특히 자살률이 가장 높은 층도 40대 중반의 남성들이라고 하니 불쌍한 사람들이 우리 나라의 40대들이다.

그런데 왜 한창 일할 나이인 40대 남성들이 이렇게 깊은 나락으로 떨어지는 것일까. 이렇게 되기까지에는 주부, 여성들의 책임이 크다고 말한다면 여러분은 내 말에 동의할 수 있겠는가?

결혼해서 집 사고 자녀 교육시키느라 눈코 뜰새 없이 앞만 보고 일해 온 40대 남성들. 내가 아니면 가정이 유지되지 못하고 쓰러지기 때문에 혼신의 힘을 다해 기를 쓰고 산다. 직장에서는 직장대로 밀려날까 봐 자존심 상해도 참고 스트레스를 받아도 혼자 삭인다. '참자! 내가 여기서 주저앉으면 다 끝장이야! 자식들과 마누라를 위해서라도 참아야 하느니라!' 하지만 파김치가 되어 집에 돌아오면 아내는 아내대로 남의 남편과 비교하며 무능력하다고 스트레스를 주고, 자녀들은 다 컸다고 거들떠보지도 않는다. 이러니 어떤 천하장사가 배겨날까? 그러다 어느 날 직장에서 쫓겨나면 쫓겨났다는 말도 못 하고 도시락을 싸서 북한산에 올라가는 것이 불쌍한 우리 나라 4,50대 남성들이 아닌가. 이런 남편, 이런 아빠에게 무슨 죄가 있다는 말인가. 만약 아내가 남편 못지않거나 그 이상의 능력이 있었다면 남편이 이렇게 기를 못 펴고 살 이유가 있을까.

21세기의 사랑받는 아내는 요부(妖婦)가 아닌 능력을 갖춘 아내이다. 남편이 사업에 실패했다거나 명퇴했다면 재기를 위해 몇억 원 정도는 줄 수 있는 아내가 정말 고맙고 사랑받는 아내라는 것을 잊지 말자.

남편의 부정부패, 아내가 공범이다

국제투명성기구가 발표한 부패지수를 보면 우리 나라는 해마다 좋아지기는커녕 갈수록 후퇴해 50위권까지 추락했다. 정치인들은 말할 것도 없고 공무원, 민간기업 말단 직원에 이르기까지 검은 돈을 챙기기에 혈안이다. 그런데 여성들에게 몰매를 맞을지도 모르겠지만 우리 사회에 만연한 부정부패는 여성들에게도 절반의 책임이 있다고 생각한다.

물론 내 말에 거부감을 갖는 여성도 적지 않을 것이다. 그러나 냉정히 한번 살펴보자. 당신은 남편이 부정한 방법으로 가져온 돈을 받아써 본 일이 있는가 없는가? 남편이 부정한 돈을 가져왔을 때 그것을 빨리 돌려주라고 하며 돌려준 적이 있는가 없는가? 부정부패의 원인이 되는 검은 돈에 대한 1차적인 책임은 이 돈을 주고받은 당사자들에게 있지만 남편들이 밖에서 이런 검은 돈을 갖다 줘도 당연한 것처럼 받아

챙기고 쌓아놓는 주부들의 의식에도 큰 문제가 있다.

"당신은 왜 그런 재주도 없수? 남들은 그 눈먼 돈도 잘 가져오더구만!" 이렇게 한 술 더 뜨거나 내심으로 바라는 주부들도 많을 것이다. 성수대교가 왜 무너지고 삼풍백화점이 왜 무너졌는가? 그것은 두말 할 것도 없이 부실 공사 때문이다. 그럼 왜 부실공사를 하는 것일까? 천억 원이 들어가야 할 공사를 원청업체와 정치권 인사, 관련 공무원 등이 로비자금이다 뭐다 이리저리 떼먹고, 이렇게 넘어온 공사를 또 원청업체와 하청업체, 감리단, 공무원 등이 야합해서 나눠 먹고 7백억, 5백억 원에 지으니 아무리 튼튼하게 짓고 싶어도 공사는 당연히 부실해지고 마는 것이다. 그렇다면 이 검은 돈을 남편 혼자 쓰는가? 혹시라도 남편이 한몫 챙기길 바라는 아내는 없었을까?

'남편이 이번에 높은 자리에 올랐을 때 한몫 챙겨야지!'

지자체 단체장 부인도, 심지어 교육감 사모님도 승진을 청탁하며 갖고 온 돈을 뿌리치지 않는다. 설령 아내가 원치 않고 남편 혼자서 부정을 저질렀다고 할지라도 그런 부패한 돈을 생활에 썼다면 아내는 어쩔 수 없는 공범이 되는 것이다.

내가 우리 사회의 부정부패에 대한 책임의 절반이 여성들에게 있다고 주장하는 이유가 바로 여기에 있다. 이제는 여성들도 사회를 혼탁하게 만든 부정부패의 공범이 아니었는지 한 번쯤 자신을 되돌아보면서 철저히 반성해야 한다. 결국은 우리 여성이 바로 서야 부정부패가 없어지고 우리 사회가 깨끗해진다.

여성이 바로 서야 교육이 바로 선다

요즘 대치동에 가면 방송국에서나 볼 수 있는 로드 매니저들이 많다고 한다. 로드 매니저란 한마디로 가수들의 코디용 가방을 들고 다니거나 방송국을 찾아다니며 앨범을 돌리고 운전 같은 허드렛일을 하는 매니저의 보조를 말한다. 그런데 대치동의 로드 매니저들은 이곳에 사는 중·고등학교 학생 자녀를 가진 학부형, 특히 엄마들이라는 점에서 다르다. 자가용을 세워놓고, 학교 수업이 끝난 자녀들을 이 학원 저 학원으로 데려다 주기에 바쁜 엄마들을 지칭하는 것이다.

이 젊은 엄마들은 집에 '도우미 아줌마'라고 부르는 가정부를 두고 아이들을 기다리면서 동네 커피숍이나 이웃 아파트 누구네 집에 모여 수다로 소일한다. 어느 곳의 집값이 얼마가 올랐느니, 어디에 투자를 하면 좋다느니 화젯거리가 온통 부동산 얘기뿐이다. 그리고 스승의 날만 되면 부근 백화점 잡화 코너와 꽃가게는 사람들로 인산인해를 이루는데, 이런 엄마가 어쩌다 한번 학교에라도 다녀가고 나면 담임선생님의 태도가 달라진다고 한다. 대단한 열성파 엄마들이지만 나는 이런 얘기를 들을 때마다 정말 걱정이 된다. 날마다 모여서 쓸데없는 수다나 떨고 자식들의 로드 매니저나 하는 엄마에게서 자녀들은 과연 무엇을 배울 것인가?

또 가정에서 살림만 하는 주부들 가운데는 자녀들이 학교에서 돌아와 보면 낮잠을 자는 주부들이 많다. 자녀들에게 이런 엄마는 어떤 모습으로 비춰질까? "우리 엄마 별명은 또 자, 예요." 하지만 이런 엄마들은 자녀에게 이렇게 말한다. "얘, 너 공부 잘 해! 꼭 일등 해야 돼!"

엄마는 성장기에 있는 자녀들에게 앞으로 커서 닮고 싶은 모델이 돼 줘야 한다. "내가 크면 절대로 엄마처럼 살지 않을 거야." 만약 이런 말을 듣는 엄마라면 문제가 아닐 수 없다. 엄마가 자녀들에게 보여줘야 할 것은 로드 매니저를 하는 모습도 아니고 잠을 자는 모습도 아닌, 자신의 일을 갖고 항상 바쁘게 일하는 당당한 모습이다. 자녀들은 항상 엄마의 그런 모습을 원하고 존경하며 닮고 싶어 한다.

그런가 하면 우리 나라 교육이 무너지고, 특히 교실이 무너지고 있는데에는 선생님들의 의식에 큰 책임이 있다. 우리가 어려서 초등학교에 다닐 때만 하더라도 선생님은 학생들에게 동경의 대상이었고 우상이었다. 누구나 크면 선생님처럼 되고 싶어했고 실제로 그때의 선생님들은 교사, 사도(師道)를 걷는다는 남다른 자부심과 사명감이 있었다. 학생들을 진정으로 내 자식처럼 위했고 신성한 천직으로 삼았다. 우리는 그런 선생님들을 하나같이 존경했다.

그러나 지금의 선생님들은 어떠한가. 전부 다 그런 것은 아니지만 예전의 선생님들이 가졌던 자부심이나 사명감, 고고한 이미지는 찾아볼수가 없고 단지 교사가 직업이고 학교가 직장일 뿐인, 평범한 직장인에지나지 않는 사람이 많다. "우리 선생님요, 좋아하는 아이들만 좋아해요. 아이들이 왕따를 당하든 말든 신경도 안 써요!" 이런 선생님들에게서 아이들은 무엇을 느끼고 무엇을 배우겠는가. 학부모도 선생님을 '너희 선생'이라고 부르면서 관리인으로밖에 생각하지 않는다.

이와 같은 현실에서 어떻게 교육이 안 무너지고 교실이 안 무너지겠는가? 교사의 대부분을 차지하고 있는 우리 여성들, 그리고 자녀 교육을 지상명제로 알고 있는 우리 학부모들, 내가 여성이 깨이고 여성이 바로 서야만 우리 나라의 교육이 바로 선다고 주장하는 이유가 여기에 있다.

남편의 외도도 아내에게 책임이 있다?

이 글을 읽고 여성을 너무 비하하는 게 아니냐며 기분이 언짢을 여성이 있을는지 모르지만 천만의 말씀이다! 나는 오히려 여성이 지닌 능력을 남성들보다 더 높게 평가하고 옹호하는 '여성 우월주의자'에 가깝다. 단지 같은 여성의 입장에서 우리 여성들이 지닌 문제점을 심층 분석해 보고, 쇄신과 분발의 계기로 삼자는 뜻에서 하는 말이니 조금도 오해가 없기를 바란다.

우리 나라에서 요즘처럼 가정의 탈선이 문제 되던 때도 없었다. 시대가 워낙 빠르게 변하는 데다가 성 개방 풍조까지 생겨서 남편은 남편대로 아내는 아내대로 탈선하는 사람이 많고 심지어 '탈선 공화국'이라는 말이 나올 만큼 심각한 사회문제가 되고 있다. 생전 얼굴도 모르는 사람끼리 채팅으로 만나 불륜 행각을 벌이고 술집에 나가 몸을 팔고, 노래방에 가서 도우미를 하며 낯선 남녀들과 춤추고…. 그러면 남편들은 왜 이렇게 외도를 하는가. 한 예로 일본 여성들은 집에서는 남편을 위해 예쁘게 화장을 하지만 외출을 할 땐 지운다고 한다. 그런데 우리 나라 여성들은 집에서는 화장을 하지 않고 외출할 때만 화장을 한다. 어쩌다 우연히 마주치는 이웃집 남편에게는 조금이라도 잘 보이려고 꾸미면서도 '한번 남편은 영원한 남편'인데 뭐 신경 쓸 필요가 있느냐고 한다. 그래서 집에서는 항상 아무렇게나 다듬은 머리에 부시시한 얼굴, 잠옷인지 무슨 옷인지 모를 평퍼짐한 옷만 입고 있으니 신선한 맛이 없다. 이러니 남편들이 눈을 밖으로 돌리는 것은 당연한 일이 아닐까? 그런 남편들이 어쩌다 룸살롱에라도 가면 머리에서 발끝까지 모델처럼 잘 꾸민 여성들이 나와 접대를 한다. 늘 평퍼짐하게 살아가는 아내와 비교해 보면 하늘과 땅 차이만큼 다르다.

"어이구! 그럼 나도 돈 좀 많이 줘 봐요! 나도 꾸미면 그 여자들보다 못 할 것 같애?" 대부분의 아내들은 나도 잘 꾸미면 그런 여자들보다 더 멋져 보일 수 있다고 말할 것이다. 분명 아내도 항상 잘 꾸미고 있으면 남편은 다른 여자에게 눈을 돌리기는커녕 아내를 자랑스럽게 생각하면서 함께 외출하고 싶어하고 남들에게도 소개하고 싶어할 것이다.

점잖은 대학교수나 판사라고 할지라도 예비군복을 입혀 놓으면 아무 데서나 바지를 내리고 오줌을 눈다. 옷차림이라는 것은 바로 이런 것이다. 항상 단아하고 멋지게 정장을 차려입은 여성들은 그 외양뿐 아니라 정신, 마음가짐도 살아있다. 남편은 이런 아내를 좋아할 수밖에 없기 때문에 탈선하지 않으며 절대 무시하지도 않는다. 이런 엄마의 모습은 자녀들에게도 위엄있게 인식되어 자녀들 역시 엄마를 존경하게 된다.

자격 있는 엄마와 자격 없는 엄마

요즘 컴퓨터 세대인 자녀들은 참 영악하다. 자녀들은 날마다 인터넷으로 세상을 읽고 있고, 각종 지식을 얻는가 하면 심지어는 자신의 부모가 얼마나 유능한지 무능한지, 다른 부모들과 비교 평가도 한다는 것을 알아야 한다. "엄마가 내 고민을 어떻게 알아요?" "우리들의 세상이 어떤 건지 뭘 알아요?" 갖고 싶은 것은 많은데 남처럼 해 주지 못하는 능력 없는 부모를 가진 자녀들의 불만은 여기서 싹튼다. 그리고 좌절감과 자포자기의 심정에서 간혹 유혹에도 빠지며 이것이 결국 탈선으로 이어지기도 한다.

사실 돈 있는 집은 덜 먹고 돈에 신경을 덜 쓰지만 돈 없는 집은 더 먹고 돈에 더 신경을 쓰며 불평한다. "엄마, 저 용돈 좀 주세요." "아니, 용돈 준 지가 언젠데 또 용돈타령이니? 못 줘!" 여자가 나이 마흔을 넘기고서도 자녀들에게 용돈 주는 것을 벌벌 떨고 시장에 나가서는 콩나물값이나 아끼는 엄마에게서 자녀들은 무슨 비전을 발견할 것인가. 대학 때는 해외로 배낭여행을 보내는 것이 이미 필수가 되었고, 심지어 자녀들이 원하면 유학도 보내줘야 한다. 대학을 졸업하고도 취직을 못하면 직장 구할 때까지 다달이 용돈도 대 줘야 한다. 게다가 결혼시키고 집 사는 데 보태주고… 이렇게 하지 못하면 부모 대접도 받지 못하는 세상이 아닌가.

내가 처음 세일즈를 시작할 때 생후 18개월이던 내 딸아이는 중학교 1학년이 되던 때부터 유학을 보내 달라며 졸라댔다. "엄마, 저 유학을 가고 싶어요!" 나는 처음엔 어이가 없었다. 어떻게 그 어린애가 혼자 유학을 간단 말인가? 내가 아이를 유학 보낼 능력이 없어서가 아니었다. 나는 어린아이들을 유학 보낸 많은 엄마들처럼 꼭 미국으로 보내 공부를 잘 시켜야겠다는 욕심이 없었다. 그러나 중 1밖에 안 된 어린애의 생각은 이미 나를 뛰어넘고 있었다. 내 아이는 어린 나이에도 불구하고 혼자 인터넷 사이트에 들어가서 세상이 어떻게 돌아가고 변하고 있는지를 이미 꿰뚫고 있었던 것이다. 내 아이를 자랑하려는 것은 아니지만 내 아이는 남다른 점이 있었다. 세상에 태어나 핏덩이 시절부터 이 엄마와 날마다 아침부터 저녁까지 떨어져 살아야 했던 아이는 그만큼 자생력이랄까, 자립심이 강했다. 엄마가 늘 곁에서 돌봐 주지 못했기 때문에 네 살이 되던 해부터 아이는 자기 혼자 밥을 먹고, 혼자 목욕하고 세수하고, 혼자 옷을 갈아입고, 혼자 강인하게 살아가는 법을 이미 몸으로 체득하고 있었던 것이다.

나는 아이에게 어려서부터 공부하라는 말을 해 본 적이 없다. 언제나 제 할 일을 스스로 찾아서 했기 때문이었다. 아이는 인터넷으로 미국 사립 고등학교 전체를 다 뒤져서 스스로 자료 리스트를 작성하더니 내게 내밀면서 말했다. "엄마, 제가 2학년 때 가게 되면 늦어요. 안 돼요!" 그리고 유학을 가더라도 한국 학생이 한 명도 다니지 않는 학교로 가겠다고 했다. 그 이유를 설명하는 어린아이의 말이 참 대단했다. "엄마, 비싼 돈 주고 미국에 유학까지 가서 제가 왜 한국 아이들과 놀아야 하죠? 놀고 싶으면 한국에 와서 한국 아이들이랑 놀면 되잖아요?" 내가 이렇게 하라고 가르친 것이 아니다. 아이 스스로가 엄마인 나를 보면서 배우고 깨달은 것이다. 결국 내 아이는 2년 후 자신의 뜻대로 유학을 떠났다. 흔히 말하는 '치맛바람'으로 유학을 보낸 것이 아니라 그 애 자신의 의지로 떠난 것이다.

비단 내 딸아이 뿐만 아니라 요즘 아이들은 이렇게 의식이 앞서 가고 있는데 부모가 깨어있지 못하고 정신적인 지주가 되어주지 못한다면 부모로서의 자격이 없다고 할 것이다. 부모가 어떻게 사는 것이 우리 자녀들을 위한 길인지 다시 한번 생각해 보자.

여성은 이 땅에 남은 최후의 자원

몇 해 전 기업경영의 혁신을 위해서라면 '자식과 마누라만 빼고 모두 다 바꿔라' 고 했던 삼성그룹 이건희 회장은 21세기를 앞두고 이제는 여성이 국가 경쟁력이라며 '여성 없이 미래가 없다' 는 주장을 펴서 또 주목을 받았다. 사실 우리 나라처럼 여성 인력을 낭비하는 국가도 없다고 한다. 선진국일수록 남성과 여성 구분 없이 사회에 진출해서 힘을 합쳐 뛰고 있는데 그동안 우리 나라는 남성 홀로 고군분투하다시피 했고, 이는 국가적으로 볼 때에도 엄청난 인적 자원의 낭비가 아닐 수 없다.

다행히 근래 들어 젊은 여성들의 사회진출이 왕성해지고 정부가 앞장서서 여성에 대한 고용확대와 이를 위한 각종 제도적인 뒷받침에 나서고 있긴 하지만 아직도 여성에 대한 차별은 심각하다. 특히 미국이나 일본은 부부의 80% 이상이 맞벌이를 한다고 하는데 우리 나라의 경우 외환 위기 이후에야 비로소 맞벌이를 하는 가정이 40%에 육박했다고 한다. 그동안 우리 나라는 그만큼 귀중한 여성자원을 활용하지 못했다는 증거이다. 그러나 외환 위기 이후로 자기 아내가 집에서 살림만 하는 것을 자랑스럽게 생각하는 남성은 찾아보기 힘들다. 세상이 그렇게 변한 것이다.

밖에 나가 일을 하지 않고 집에서 시간을 보내는 중년 여성들일수록 정신적인 스트레스를 많이 받고 우울증에 걸릴 확률이 높다고 한다. 실제로 우리 화진에 나와 일하고 있는 중년 여성들의 애기를 들어보면 집에서 놀 때는 이유 없이 머리가 아프거나 몸이 찌뿌둥한데 열심히 뛰다 보니 아픈 곳도 없어지고 그런 것을 느낄 시간도 없다고 한다.

여성들은 우생학(優生學)적으로 보더라도 남성보다 우월한 면이 많다. 그 중 하나가 위대한 모성애이다. 남성이 아무리 힘이 세다고 해도 아이를 기르는 여자의 끈질김과 섬세함에는 따라가지 못한다. 거기다 뛰어난 언어구사 능력과 부드럽고 풍부한 감성, 활동성과 사교성, 적극성 등은 남성들이 갖지 못한 강점이다. 이런 강점을 가진 인력자원은 국가적으로 사장시켜도 안 되고 여성 스스로가 묻어 두어서도 안 된다.

우리 나라에 자원이 없다고 말하기에 앞서 묻힌 자원을 찾아서 개발해 활용해야 한다. 우리 나라가 갖고 있는 최후의 자원은 곧 '여성'이다. 이제 21세기를 이끌고 주도해 나갈 가장 큰 동력(動力)은 우리 여성들에게서 나올 것이라는 사실을 잊지 말자.

여성의 시대는 여성 스스로 열어나가자

'국민의 정부'를 거쳐 '참여정부'로 접어들면서 우리 여성들의 사회진출, 특히 정, 관계의 진출이 두드러지고 있다. 정부 부처의 장관은 물론이고 총선을 통해 비례대표 의원과 지역구 의원으로 당선돼 여의도에 입성한 여성 국회의원의 숫자도 괄목할 만한 증가세를 기록하고 있다. 이 중에는 자력으로 금배지를 단 여성 의원들도 있지만, 여성이라는 이유로 비례대표 의원에 많이 할당받아서 당선됐다는 사실이 결코 유쾌하지만은 않다.

"그럼 어떡합니까? 아직 지역구에서는 여성 후보들이 경쟁력이 없는 데…" 물론 이 점은 나도 어쩔 수 없다는 것을 인정한다. 아직은 현실이 그렇기 때문이다. 그러나 이런 이유 때문에 우리 여성이 어떤 배려나 시혜(施惠)를 받을 수밖에 없다는 사실이 기분 나쁜 것이다. 따라서 이제부터는 우리 여성들도 무기력하게 이런 배려 차원의 비례대표 의원 자리를 바라지 말고 지역구에 나가 당당히 승리해야겠다는 자세를 가져야 한다.

그럼 우리 여성이 당당히 지역구에 출마해 당선되기 위해서는 무엇을 갖춰야 할까?

첫째가 '경제적인 능력'이다. "나는 돈이 한푼도 없습니다! 너무 청렴결백해서 돈하고는 담을 쌓고 살아왔습니다. 나를 찍어주십시오!" 우리 나라는 사회주의 국가가 아니다. 돈 없다는 것이 무슨 자랑인가? 이건 지난 60년대, 70년대식 사고인 것이다. 명색이 국민의 대표를 하겠다는 사람들이 몇 년 동안 재산세 한푼을 내지 않았다는 게 말이 되는가? 다 그렇지 않겠지만 이런 사람을 뽑아 놓으니까 부정부패가 생기는 것이다. 경영자의 위치에서 일하다 보면 이런저런 여성단체의 높은 사람들을 많이 만나는데 내가 만난 여성 가운데는 자기 능력으로 단돈 천 원짜리 한 장을 벌지 못하는 여성도 있다.

"부회장님, 우리가 무슨 봉사를 하려고 하는데 좀 도와 주시면…"

봉사도 봉사 나름이다. 남에게 손을 벌려 얻은 돈으로 봉사를 하려면 차라리 안 하는 것이 낫다. 정 그렇게 봉사를 하고 싶으면 스스로 돈을 벌어서 하면 된다.

자신이 직접 일해서 돈을 벌 자신이나 시간이 없는 사람이라면 결정적일 때 도움을 줄 수 있는 든든한 후원자를 만들어 놓아야 한다. 이 후원자도 그냥 만들어지는 것은 아니다. 자신이 하고 있는 일에 얼마만큼 열정과 소신을 갖고 정직하게 노력하느냐가 중요하다. '저 여자, 명함만 거창하게 만들어 갖고 다니면서 무슨 후원을 해 달라고 하는데 지금까지 한 일이 뭐 있지?' 돈 있는 후원자들은 그냥 돈을 번 것이 아니다. 이들의 눈은 누구보다도 예리하고 날카롭다. 실속 없고 겉만 번드레한 사람에게는 단 한푼의 돈도 주지 않는다.

"저 여성은 정말 대단해! 무슨 일을 한다면 꼭 도와 주고 싶어!"

직접 돈을 벌 능력이 없으면 이런 소리가 나올 정도로는 살아야 한다. 이렇게 사는 여성은 돈이 없어도 된다. 열정이 자발적인 후원자를 만들고 그것이 곧 돈이기 때문이다. 그녀는 이미 경제적인 능력이 있는 사람이다.

둘째로, 정치에 입문해서 지역구에 도전하려는 여성은 '뛰어난 리더십'을 갖춰야 한다. 리더십이란 무엇인가? 이것은 무슨 거창한 것이 아닌 솔선수범 그 자체이다. 리더가 되고 싶은 사람은 매사에 남보다 앞장서서 행동하고 모범을 보여야 사람들이 그를 믿고 따라온다. 내가 직접 실천하지 않으면서 남에게만 시키는 사람은 리더로서의 자격이 없다. 말과 행동이 같아야 하고 책임을 질 줄 아는 것이 리더십이며 카리스마인 것이다.

남에게 솔선수범한다는 것은 투철한 사명감과 자기 희생이 따라야 하기 때문에 결코 쉬운 일이 아니다. 게다가 여성은 남성보다 더 많은 노력을 해야 한다. 이때 남의 도움이나 동정을 바라서는 절대 안 된다. 조국 프랑스를 위기에서 구한 '잔 다르크'처럼 여성 스스로 과감히 앞장을 설 때 그 진가는 더욱 빛난다.

'아휴, 그래도 그렇지. 내 체면이 있는데 어떻게 내가 앞장 서?'

이런 생각을 하는 여성이 있다면 정치에 대한 꿈을 버려라. 남 앞에 솔선수범할 수 없는 사람은 절대 리더가 될 수 없다.

셋째는 '조직관리의 능력'이다. 정치에 입문하려는 여성들이 가장 취약한 게 이 조직관리이다. 어느 정도 경제적인 능력이 있고, 리더십도 있는데 막상 선거에 나선다고 생각하면 조직을 어떻게 만들고 관리해야 할지 너무 요원하기만 하고 험난해 보여 엄두가 나지 않는 여성이 많을 것이다. 그러나 실상 알고 보면 남성보다 조직관리가 훨씬 더 쉽고 강점이 많은 것이 여성이다.

처음 듣는 소리일지 모르지만 이것은 사실이다. 조직관리란 따지고 보면 '정(情)'의 관리이다. 조직을 이루는 것은 사람과 사람이고, 그 조직을 관리하는 것도 사람이다. 사람과 사람 사이에 흐르는 이 정(情)만 끈끈하게 잇고 묶을 수 있다면 조직은 절로 튼튼하게 만들어진다. 동(動)적이며 투박한 남성들과 달리 여성은 정(靜)적이며 섬세하다. 이런 여성의 특성도 끈끈하고 확실한 조직을 만드는 데 큰 도움이 된다. 참고로 선거운동의 일선에서 뛰는 조직책이나 조직원들은 남성보다 여성이 많다. 사람을 포섭하고 조직을 만들어나가는 데는 남성보다 여성이 원래 재주가 더 많고 선수들이라는 말이다. 이런데도 여성들이 조직관리를 두렵게 생각하는 것은 단지 고정관념일 뿐이다.

남성들의 배려나 시대 변화에 따른 혜택을 입어서 여성들이 정계에 진출하는 일은 한두 번으로 족하다. 이제는 여성들 스스로가 '홀로서기'를 해야 한다. 여성 할당제? 달라고 해서 주는 것이 아니다. 우리 여성들이 최소한의 여건도 갖추지 않고 나서니까 '공천 주면 뭘해, 그래봤자 안 될 게 뻔한 걸!' 하는 말이 나온다. 결국 남성이 여성을 무시하게 된 편견도 많은 부분이 여성에게 책임이 있고, 여성이 그렇게 만드는 것이다.

이런 것을 보더라도 앞으로 정치에 입문하려는 여성들은 반드시 경제력과 솔선수범하는 리더십, 그리고 조직관리의 능력을 갖춰야 한다.

11

이제는
고객을 기절시켜라

100%가 아니라 200% 만족시켜라

백화점이나 일반 매장에서 파는 상품과 달리 방문판매를 하는 상품은 품질이 생명이다. 특히 까다로운 여성들의 필수품인 화장품은 더욱 그렇다. 일반 매장에 가서 원하는 상품을 스스로 선택해서 구입하는 고객들은 구입한 상품의 품질이 기대치에 다소 못 미친다고 하더라도 자기가 고른 상품이기 때문에 그것을 감수하며 사용한다. 50%의 기대치를 갖고 구입했는데 5% 밖에 충족되지 못해도 어쩔 수가 없다. 상품을 파는 입장에서는 큰 리스크가 없는 것이다.

그러나 방문판매는 고객의 'No'를 'Yes'로 만들어 파는 맨투맨 마케팅이다. 따라서 고객은 상품을 자기가 선택해서 사는 것이 아니라 세일즈맨의 권유와 설득에 의해 사기 때문에 상품에 대해 100%의 기대치를 가지고 산다. 이런 방문판매 상품은 고객의 기대치를 100%, 아니 200% 만족시키지 않으면 안 된다. 고객들은 늘 환상에 사로잡혀 산다. 세일즈맨이 권유한 상품을 산 고객들은 100%의 기대치가 나왔음에도 불구하고 왜 200%가 안 나오냐면서 100%에도 리스크를 제기하는 것이 고객들의 보편적인 심리이다. "아휴, 사라고 사라고 해서 샀더니 생각보다 못하잖아? 이럴 줄 알았으면 내가 매장에 가서 직접 골라 살걸…." 매장에서 파는 상품보다 방문판매 상품에 대해 불만이 더 많은 이유가 이런 심리적인 요인이 크게 작용하기 때문인 것이다.

방문판매 상품은 리스크가 매우 크기 때문에 첫째도 품질, 둘째도 품질로 오로지 그 분야에서 최고라는 소리를 들어야 하며 철저한 사후관리가 따르지 않으면 도저히 살아남을 수 없다. 상품을 과대 포장하거나 적당히 만들어서 팔려는 방문판매 회사는 금방 문을 닫을 수밖에 없다.

"아니, 이것도 상품이라고 팔아? 내가 앞으로 이 회사 물건을 사서 쓰나 봐!" 이런 식으로 한번 문제가 생겨서 제품을 반품한 고객은 그후로 다시는 우리의 고객이 되지 않는다. 오히려 비판이나 험담을 하지 않으면 다행이다. 따라서 역사가 꽤 오래된 방문판매 회사라면 그들이 생산하는 상품의 품질은 믿어도 된다. 그 역사만큼이나 오랜 시간 동안 고객들로부터 좋은 평가를 받으면서 신뢰를 쌓아왔다는 것을 입증하고 있기 때문이다.

'방문판매 22년!' 그렇다! 우리 화진은 화장품 방문판매에서만 22년의 역사를 가졌다. 가장 민감하고 까다로운 고객을 가진 화장품 분야에서 20년이 넘게 방문판매를 해 왔다면 솔직히 이건 상품이 아니라 명품, 예술품이라고 해도 지나친 말이 아니다.

우리는 고객을 200% 만족시킨다. 고객들을 감동시키는 것이 아니라 기절시키는 것이다. 방문판매 회사가 이렇게 되기까지에는 경영주의 확고하고도 뚜렷한 경영철학이 뒷받침되지 않으면 안 된다.

길이 아니면 절대 가지 마라

어떤 사람이라도 사업을 시작하면서 돈을 많이 버는 것만을 목적으로 하면 오래가지 못하고 반드시 실패하게 된다. 돈은 그것만을 목표로 하는 사람에게는 절대로 따라가지 않는 속성이 있기 때문이다. 그러나 최고의 제품과 최상의 품질 및 서비스를 목표로 삼고 열심히 일하면 반드시 성공을 하고 돈을 벌게 된다. 이것은 경영에 있어서는 불변의 진리이며 이 같은 정도(正道)를 걷는 사람에게는 제품의 품질에 관한 한 타협은 절대 없다.

그런 의미에서 우리 화진의 강현송 회장님은 매우 독특한 개성을 가진 분이다. 어떤 일이 있어도 장사를 포기할망정 자신의 원칙을 버릴 수는 없다는 신념이 확고한 분으로, 화진화장품을 설립하기 전까지 무려 36가지나 되는 직업을 바꾸었다. 우리 사회의 모순이 한두 가지가 아니어서 아무리 작은 장사를 하더라도 주변에서 수많은 비리와 부당한 요구에 직면하게 되는 것이 어쩔 수 없는 현실이다. 그럴 때마다 회장님은 현실의 모순과 타협하지 않았다.

'차라리 내가 장사를 그만두면 그만뒀지 절대로 타협 못 해!'

이런 철학 때문에 직업을 자주 바꿀 수밖에 없었던 것이다. 이로 인해 헤아릴 수 없이 많은 어려움과 시련을 겪어야 했지만 현실의 모순과 타협하지 않는 원칙주의 철학은 고스란히 화진의 기업경영 방침이 되어 오늘도 그대로 실천되고 있는 것이다.

한 예로 공장의 작은 실수로 기준에 미달되는 원료를 사용했다거나 기능이 품질 기준에 미치지 못하는 제품이 생산되었을 경우, 화진은 그런 불량품들은 단 한 개도 남기지 않고 모조리 폐기처분한다. 회사의 경영이 아무리 어려운 상황에 놓여 있더라도 불량품의 폐기처분 원칙에는 단 한 번의 예외도 없었다. 그 힘들었던 IMF 관리체제 하에서도 조금이라도 기준에 미달되는 불량품은 가차없이 폐기하기도 했다.

또 그 당시 수많은 기업이 쓰러졌을 때 기업은 망해도 대부분의 기업주는 살아남았지만 회장님은 결국 회사와 함께 빚더미에 올라앉았다. 그때 우리들은 너무 힘이 들어서 회장님을 원망했다. "아니, 회장님. 왜 다른 기업인들처럼 딴 주머니를 하나 차시지 않았어요? 그랬으면 이렇게까지 고생 안 해도 되잖아요?" 그러나 회장님은 불평을 하기보다는 오히려 사원들을 격려했고, 나중에 회사가 다시 정상 궤도에 올라섰을 때도 자기 집, 자기 자동차 한 대 없이 월세 집에 살며 자동차도 임대해서 타고 다녔을 정도로 청빈한 분이다.

방문판매 상품은 회사의 경영주가 자기의 양심과 목숨을 걸고 최상의 원료를 사용하지 않으면 안 된다. 그래야 무엇보다도 시장 개척이 가능하다. 우리의 제품이 고객에게 만족감을 주지 못하고 값만 비싼 엉터리 제품이라면 회사뿐만 아니라 판매사원 자신도 사기꾼이 될 수밖에 없다.

브랜드가 생명이라고 할 수 있는 화장품업계에서 그동안 우리 화진 화장품이 방문판매만 고집하면서 광고를 거의 하지 않고서도 오랜 세월 성장을 계속해 왔다면 그 이유를 한번 진지하게 생각해 볼 필요가 있지 않을까.

이제는 고객 감동이 아닌
고객 기절 시대

나는 사원들에게 강조한다. "이젠 고객 만족이니 고객 감동이니 하는 시대는 지났다. 고객을 기절시켜라! 오더는 끝이 아니라 시작이다! 판매를 뷰티메신저 개인의 이익으로 끝내지 말고, 그 고객이 우리 상품의 거래장부를 자손 만대에 남길 수 있도록 사후 관리를 철저히 하라! 고객이 자손들에게 우리 상품을 사용하라고 유언에 남기게 하라!"

그렇다! 이제는 고객들을 미시적, 근시안적, 현미경으로 보지 말고 거시적, 원시안적, 망원경으로 보아야 한다. 고객을 70년대, 80년대 수준의 안목으로 보았다가는 큰 오산이다. 오늘 당장 몇 푼에 연연해서 한번 팔면 끝이라는 생각을 가진다면 그 회사의 상품은 더 이상 고객에게 발을 붙일 수 없게 된다. 그만큼 고객들의 의식과 수준이 무섭게 변해 버린 것이다. 따라서 방문판매를 하는 세일즈맨들도 이제는 이처럼 변한 고객들의 눈높이에 맞춰 변신하지 않으면 살아갈 길이 없고 회사 역시 마찬가지이다.

우리가 사원들의 교육에 남다른 투자를 하고 있는 것도 바로 이 때문이다. 늘 깨어서 고객보다 한발 앞서가지 않으면 안되는 것이다. 우리 화진은 고객들의 철저한 관리를 위해 CRM(고객관계관리;Customer Relation Management) 시스템을 운용하고 있는데 이것은 '뷰티메신저'들의 개인용 PDA에 입력된 고객 정보가 본사 메인 전산센터에 통합 관리되는 시스템이다. 그래야 그 고객을 담당했던 뷰티메신저가 그만두더라도 지속적으로 관리할 수 있기 때문이다.

명품이란 다른 것이 아니다. 고객을 기절시켜서 소유하지 않으면 안 되게끔 만드는 것이 명품이다. 우리들의 이런 열정이 바로 명품을 만들어 나가는 것이다. 우리 화진화장품의 제품은 단순히 피부에 바르는 차원의 화장품이 아니라 바르면 피부의 체질이 바뀌는 고기능성 제품이다. 화진의 제품 가운데는 10여 년 전 처음 개발된 후로 지금까지 계속해서 잘 팔리고 있는 '이시오에'가 있는데 이런 제품이야말로 사실 제품 아닌 명품이라고 불러야 할 것이다. 해마다 브랜드와 제품의 형태가 바뀌는 화장품업계에서 초창기에 개발된 한 가지 제품이 지금까지 고객들의 꾸준한 사랑을 받고 있다는 사실만 보더라도 제품 개발 당시 그 제품의 기능과 품질에 얼마나 심혈을 기울였는지 알 수 있는 것이다.

이 때문에 우리 화진화장품을 한번이라도 사용해 본 사람은 하나같이 '정말 좋은 화장품, 최고 수준의 화장품'이라고 말하기를 주저하지 않는다. 사용해 본 사람만이 세계의 명품들을 능가하는 효능을 지니고 있다고 확실히 인정한 것이다.

우리 화진화장품은 이미 미국 LA의 동포들에게 큰 인기를 끌고 있고, 특히 '매직뷰티'는 현지 동포 여성들에게 선망의 대상이 된 지 오래이다. 그리고 IMF로 인해 진출이 좌절됐던 중국에서도 매직뷰티를 비롯한 우리 화장품이 큰 인기를 끌어 상하이(上海)에는 이미 현지법인이 들어섰고, 다른 대도시에도 지점이 속속 개설될 예정으로 있다. 또 대만에서도 관심이 높아 현지 지점 설치를 추진하고 있는 등 세계시장의 진출을 본격화하고 있다. 이런 것에서 알 수 있듯이 우리 화진화장품은 품질면에 있어서도 크리스찬 디올이나 에스티 로더와 같은 세계 유명 화장품에 뒤지지 않는, 세계인의 사랑을 받기에 충분하고도 남을 제품이라는 것을 자신있게 말할 수 있다.

바위도 움직이게 하는 화진의 교육

지금까지 강조했다시피 우리 화진은 사원의 능력 개발에 최우선을 두었고 그래서 성공한 회사이다. 우리는 판매사원들의 정신을 불가능에서 가능으로 개조하는 일에 중점을 두고 사원들을 교육시켜 왔으며, 실제로 이 같은 교육에 과감한 투자를 아끼지 않고 있다.

이 중 대표적인 것이 전국의 각 지점을 대상으로 화상방송 시스템을 이용한 사원 교육이다. 우리 화진은 1997년부터 국내 화장품업계 최초로 막대한 비용을 들여 자체 디지털 화진방송국(HBS) 시스템을 구축하고, 전국 130여 개 직영지점을 대상으로 하루 12시간씩 다양한 사원 교육 프로그램을 방송하고 있다.

서울 본사 스튜디오에서 회장님과 나, 대표이사들이 실시하는 조, 석회를 비롯한 이 교육 프로그램은 한국통신 무궁화 3호 위성을 통해 실시간으로 전국에 방송되며, 기타 신입사원을 위한 교육이나 우수사원, 팀장급 교육 내용도 수시로 녹화 방영되고 있다. 따라서 지방의 영업사원들은 서울 본사까지 올 필요가 없이 각 지점의 교육장에 앉아서도 얼마든지 정신교육과 능력개발 교육, 상품교육, 승급과 승진제도 등의 다양한 교육을 받고 화진의 정예 가족으로 새롭게 태어나고 있는 것이다. 이와 함께 우리 화진에서는 프로 세일즈맨을 양성하기 위해 20대 초반의 젊은이들을 대상으로 체계적인 세일즈 커리큘럼을 갖춘 '뷰티 아카

데미'를 운영하고 있으며 점차 이를 확대해 나갈 예정이다.

우리는 이와 같은 교육을 통해 많은 사람에게 그동안 스스로를 속박하고 있던 무능과 무기력의 고정관념을 깨뜨려 주었고, '나도 할 수 있다'는 자신감을 심어 주었다. 또 어떤 사람이라도 정신무리와 행동무리, 시간무리를 하면 인생의 성공을 적어도 20년은 앞당길 수 있다는 가능성을 제시해 주었다.

우리 회사에 처음 온 사람 가운데는 일을 하고 싶어서 온 것이 아니라 교육이 좋다는 말을 듣고, 또 사원의 성화에 못 이겨서 마지못해 온 사람이 적지 않은데 교육을 시작한 지 5분 정도만 지나면 하나같이 금방 눈이 튀어나올 것 같은 자세로 그렇게 열심히 경청할 수가 없다. 보통 일반 영업회사가 첫날 백 명이 참석하면 그 다음 날은 30명, 10명으로 줄어드는 데 비해 우리 화진은 참석 인원이 계속 늘어가는 이유가 바로 여기에 있다. 심지어 신앙심이 두터운 분들도 교육을 받고 나면 내게 이구동성으로 말한다.

"부회장님, 지금까지 설교는 우리 교회 목사님이 세상에서 최고인 줄 알았는데 그게 아니네요." "우리 목사님의 설교는 말씀은 훌륭하시지만 실천이 없는데 부회장님의 교육은 실천이 있어요!"

퇴직한 은행 지점장이나 보험사 간부들도 마찬가지이다.

"재직 중에 수많은 세미나를 다녀봤지만 너무 감동적입니다. 이렇게 살아있는 강의는 처음입니다. 제 나름대로 조직의 틀 속에서 자부심을 갖고 살아왔는데 제 자신이 산산이 깨어지는 것을 느낍니다. 제가 여태까지 세상을 너무 잘못 살아왔다는 생각이 드네요."

비단 이런 사람들뿐만 아니라 화진을 찾아와 단 한 번이라도 교육을 받은 사람이라면 어김없이 화진맨이 되었다.

"우린 세일즈맨이 아닙니다. 화진대학 대학생, 화진장학생이죠!"

스스로 자신을 이렇게까지 부르며 남다른 자부심을 갖고 내일의 꿈을 위해 열심히 뛰고 있는 것이다. 그래서 외국계와 국내 방문판매 회사들은 이런 우리 화진인을 최고의 스카우트 대상으로 삼지만 우리 화진은 지금까지 그 어떤 사람도 스카우트를 해 본 적이 없다. 우리 화진을 찾아와 교육을 받으면 누구나 성공신화의 주인공이 될 수 있기 때문에 '입사 그 자체가 곧 스카우트'인 것이다.

우리 화진이 사원 교육에 대한 투자를 아끼지 않았고, 교육을 가장 중요하게 여기는 이유가 바로 여기에 있는 것이다. 단언컨대 우리 화진의 교육은 삶의 의욕을 상실한 노숙자들의 사고도 바꿔 놓을 수가 있고, 자신이 움직일 수 없다는 고정관념에 사로 잡혀있는 바위도 움직이게 할 수 있다. 이것이 바로 우리만이 지닌 강점이다!

에필로그

부끄러운 졸저를 세상에 내보낸 지 수년이 지났는데도 아직도 많은 분들이 이 책을 읽고 있다는 이야기를 들었다. 그래도 이 땅엔 적극적인 삶을 추구하는 여성들이 많다는 사실, 그에 대한 현상학(現象學)적인 확신이 들어 속으로 많이 기뻤다.

초판 발행 후 내겐 적지 않은 변화가 있었다. 특히 내 인생을 다 바쳤다고도 말할 수 있는 H화장품을 어쩔 수 없이 정리하고 파코메리(PACOMERI)라는 새로운 회사를 창업하기까지 선택에 대한 번민과 나 자신과의 싸움을 해야 했다.

그냥 그동안 벌어놓은 돈으로 편하게 먹고 살 것인가, 18년 전으로 돌아가 또다시 험난한 여정을 갈 것인가 하는 두 갈래 길에서 고민했다. 전자는 동료와 선후배에 대한, 그리고 이 땅의 일하는 여성에 대한 배신이라는 딱지를 동반할 것이고 후자의 경우 사명감이라는 명분 앞에 놓인 상상하기 힘든 고난, 그리고 혹시라도 있을지 모를 세상의 편견과 위선이라는 딱지가 겁이 났다.

그러나 이미 내 마음 속에서 가야 할 길은 결정돼 있었던지도 모르겠다. 이미 벼랑 끝을 지나온 나였기에 나는 다시 더 험하고 가파른 벼랑 끝으로 나를 내몰 수밖에 없었다. 나에게 벼랑 끝은 이미 벼랑 끝이 아니었기 때문이다. 나는 과감히 사명감을 택했다.

그런데 창업한 지 1년이 다 되도록 아직 내가 전 회사에 근무하고 있는 줄 알고 계신 분들이 많다고 한다. 책을 읽고 나를 찾아오시는 분들, 편지를 보내주시는 분들, 전화 연락을 주시는 분들이 현재 내 근황을 알 길이 없다며 하소연하고 가신다는 소식도 제법 들을 수 있었다. 때문에 이 책의 개정판을 통해 나의 안부 정도는 알려드려야 되겠다는 생각이 들어 이렇게 책의 한쪽 귀퉁이를 빌리고 있다.

새로운 회사를 창업하였지만 살아가고, 부딪히고, 깨지면서 일어서야 한다는 내 인생살이 소견에는 한 치도 변함이 없다. 다만 파코메리를 창업하면서 지난 18년 동안 내가 느꼈던 방문 판매업계의 문제를 개선하고 싶었다. 의욕을 가지고 열심히 일하고자 하는 모든 여성들에게 제대로 된 일터를 주고 싶었다.

그래서 기존 업계가 갖고 있던 복잡한 직급 구조를 답습하지 않고 지점장과 판매 사원이라는 단순한 구조, 잿밥(완장)보다는 오로지 염불(일)에만 전념할 수 있도록 하는 제대로 된 직영점 체제를 구축했다. 나아가 판매 수당 관리에 있어서 철저한 투명성을 지켜가는 제반 원칙들을 강조했고 '융통성'으로 미화된 각종 편법들을 없애기 위해, 경영상의 부담을 각오하면서도 부정과 비리가 스며들 소지들은 원천 봉쇄했다. 여러 지인들이 무모한 모험이라고 말렸지만 열심히 일하고 능력 있는 사람이면 누구나 돈을 벌고 성취의 보람을 느낄 수 있도록 모든 지원을 다하도록 했다.

이처럼 투명한 시스템의 바탕 위에서 나는 영업 조직과 제품 칼라에 제한을 가하는 마케팅 기법을 적용했다. 전국 직영점을 100개로 제한하고, 각 직영점 당 출근 사원수를 30명으로 제한했다. 사원 한 명당 관리하는 고객 역시 100명으로 제한토록 권했다. 사원을 차별화하고 고객을 차별화하자는 의도였다. 당연히 그들을 관리하는 지점장 역시 엄선된 인성과 능력의 소유자만이 발탁될 수 있다.

제품과 직영점 인테리어 칼라는 럭셔리한 블랙과 화이트, 신뢰와 품격의 골드만을 적용하게 했다. '모던 앤 심플' 이미지에 럭셔리를 더한 것이다. 사람과 제품, 철학, 이 모든 것이 하나의 기업 정체성으로 전달될 수 있도록 내면과 외면을 통일시켰다. 진정한 럭셔리란 내면과 외면의 아름다움이 함께 있을 때만이 존재한다고 일찍이 가브리엘 샤넬이 말하지 않았던가.

창업 1주년을 맞이한 지금, 아직 갈 길이 더 멀고 험하리라 생각되지만 내 나름의 그런 의지의 표현들이 결코 무모한 모험은 아니었다는 것이 증명되고 있다. "뒷걸음질 없는 꾸준한 매출 상승", "가장 빠른 시기에 손익분기점을 넘기며 화장품업계에 자리잡은 회사" 등의 듣기 좋은 평판이 내 기운을 북돋는다. 전국 각 직영점에 유능하고 열정적인 인재들이 모인다는 소식들이 날마다 들려오는가 하면, 고객접점 확대와 유통 채널의 다양화, 멀티 패션 제품군의 확보를 통해 토탈 명품 패션 기업의 면모를 갖추겠다는 창업 때의 약속이 최근 신세계백화점 대치동 타워팰리스점 입점이라는 결실로 맺어지고 있다.

이제 한 살배기 파코메리가 그 곳에서 프랑스 로레알, 일본의 가네보와 정면 승부를 펼치려 하고 있다. 우리 제품들이 만약 사람이라면 가히 '신동 났다' 는 소리가 나올 법도 하다.

향후 파코메리는 전 세계인들에게 사랑 받는 브랜드가 될 것이라 확신한다. 꿈의 크기와 성공의 크기는 비례한다고 믿기 때문이다. 나는 파코메리를 토털 패션을 지향하며 웰빙을 위한, 사랑과 행복을 위한 모든 요소들을 담아내는 회사로 만들 것이다. '행복한 삶을 위한 모든 것이 갖춰진 곳' 하면 당장 파코메리 브랜드가 연상될 수 있도록 할 것이다. 솔직히 요즘의 나는 '벼랑 끝 여자' 박형미보다 파코메리 사장 박형미란 말을 들을 때 더 행복하다.

나의 내면을 키워주신 어머니 이야기를 다시 하겠다. 내가 전 회사에서 누구보다 주인의식을 갖고 열심히 일하고 나름대로 인간관리의 경영을 잘 할 수 있었던 것은 모두가 내 어머니 덕분이었다. 3대 독자였던 돌아가신 아버님은 그 시절에도 꽤 많이 배운 유식한 분이셨지만 봉건적이고 보수적인 성격의 당신밖에 모르는 이기적인 분이셨다. 이에 비해 어머니는 아버님과 정반대이셨다. 그런 아버님과 어머니가 소리 높여 언쟁을 벌이실 때가 있었는데 그 원인은 항상 '어머니가 남에게 많이 퍼주신 것' 때문이었다.

내가 어렸을 때 동네 사람들은 하나같이 우리 집에 와서 일하는 것을 좋아했다. 아버님을 보고 일하러 온다기보다도 어머니 때문에 오는 사람들이었다. 어머니는 하루 일이 끝나면 그날 품삯을 쌀로 주고 나서 밤이면 그 일꾼들의 집을 일일이 찾아다니며 별도로 잡곡을 꼭 나눠 주는 분이었다. 일꾼들과 옥수수 같은 밭작물을 수확하러 갔다가 돌아오시면 옥수수로 가득해야 할 리어카 안이 텅 비어있을 때가 많았다. 집에 돌아오는 길에 이집 저집 다 나눠 주셨기 때문이었다.

우리 집은 종손 집이라 제사가 아주 많았는데 우리 집에서 제사를 지내는 날에는 동네 사람들이 한 집도 밥을 하지 않았다. 또 우리 집에서 웃음소리라도 들리면 지나가던 사람들도 무슨 좋은 일이 있느냐면서 모두 들르곤 했다. 이런 것을 보면 내 주위에 사람이 많고, 또 사람을 끄는 재주가 있는 것도 어머니에게서 물려받은 것인지도 모르겠다.

내가 어머니를 모시고 여의도에서 살 때는 항상 같이 시간을 보내드리지 못하는 게 죄송해서 용돈을 넉넉히 드리곤 했다. 그런데 용돈 요구액이 갈수록 늘어가는 것이었다.

"아니, 어머니. 동네 할머니 친구분들 만나시는데 웬 돈이 그렇게 많이 들어요?"

어느 날 내가 이상해서 묻자 어머니가 말씀하셨다.

"고수부지 가서 어려운 사람들한테 봉사하느라고 그런다."

알고 보니 한강 시민공원으로 취로사업 나온 사람들에게 날마다 막걸리와 족발을 사 주시다 보니 아무리 많은 용돈이라도 늘 부족했던 것이다. 그러면서 어머니는 말씀하셨다.

"절에 가서 돈 바치며 자식 잘 되게 해 달라고 불공드리는 것보다 어려운 사람을 도와주는 것이 더 큰 공덕인 거다. 너희들 잘 되게 해 달라고 그러는 게야. 그러니 용돈 더 내 놔!"

사랑을 많이 받아본 사람만이 사랑을 베풀 줄도 아는 법이다. 나는 더도 말고 덜도 말고 우리 어머니처럼만 생각하고 실천하며 살아가면 인생을 절대 후회하지 않을 것 같다. 어머니는 우리들을 이렇게 끔찍이 사랑하시면서도 올케들이 왔다 하면 완전 며느리편이다. 조금이라도 올케의 흉을 보면 그렇게 화를 내실 수가 없다. 내가 결혼 초기 그 고통스럽던 나날들을 이겨낸 것도 어머니의 교육 덕이었다. 어머니가 우리 딸들에게 항상 강조하시는 말씀이 있었다.

"친정에 와서 시집 얘기는 하지 마라! 꼭 하고 싶으면 좋은 자랑거리나 하고 나쁜 말은 절대 하지 마라!"

그런가 하면 내가 평소 내 자신에게 엄격하고 유난스럽게 깔끔을 떠는 것도 아마 어머니의 영향 때문이 아닐까 싶다. 어머니는 우리 7남매를 낳아 기르셨지만 팔순이 넘도록 자식들에게 당신의 속옷 한번을 보여준 적이 없는 분이다. 당신이 스물한 살 때 낳은 큰언니도 어머니의 몸매를 본 적이 없다.

이러시던 어머니에게 치매 증세가 오면서 가끔 속옷에 소변을 흘리시기도 하는데 그때면 우리들에게 그렇게 미안해 하실 수가 없다. 하지만 나는 똥, 오줌을 벽에 바르시더라도 어머니가 오래오래 살아주셨으면 좋겠다. 그리고 가능하다면 어머니의 이런 건강까지도 닮고 싶다.

몇 년 전 한 30대 신참 주부사원을 면담한 적이 있었다. 결혼한 지 10년인데 그동안 형편이 어려워 부모님께 단돈 10만 원의 용돈도 드려본 적이 없다고 했다. 하지만 더 큰 문제는 올케가 셋이나 있어도 한 분밖에 안 계신 늙으신 어머니를 맡겠다는 사람이 없다는 것이었다. 나는 그녀에게 말했다.

"당신 어머니 뱃속에서 나온 당신도 효도를 않는데 피 한 방울 섞이지 않은 올케가 못 모시겠다는 것을 어떻게 합니까? 그렇지만 좋은 방법이 있어요. 당신이 열심히 뛰어서 지금 버는 돈보다 50만 원을 더 버세요! 백만 원을 더 벌면 더 좋구요. 그렇게 해서 더 번 돈을 어머니를 모시는 올케한테 부치겠다고 해 보세요. 아마 서로 모시려고 싸울 겁니다. 이 모든 건 당신한테 달린 거죠!"

"아, 정말 듣고 보니 그러네요! 바로 저한테 달린 거네요? 꼭 그렇게 하겠습니다!"

그녀는 굳은 결심을 하고 내일부터 더 열심히 뛰겠다고 다짐했다. 그러나 그런 그녀가 이상하게도 그 다음 날부터 며칠 동안 회사에 나오지 않았다. 일주일 만에 나온 그녀의 얼굴은 퉁퉁 부어 있었다. 나와 면담을 했던 바로 그날 어머니가 돌아가시고 만 것이었다.

살아 계신 부모님께 효도한다는 것, 효(孝)라는 것은 참 중요한 것이다. 요즘 세상에 남편이야 또 얻으면 되고 자식은 또 낳으면 되지만 부모님은 한번 가시면 없고 가슴 치는 후회만이 남는다. 그런데 여자는 결혼하면 남편과 자식밖에 모르니 이것이 문제다. 효도란 돈부터 벌어놓고 나서 하는 것이 아니다. 그러기엔 너무 늦다. 당장 수중에 한푼 없더라도 결심만 하면 돈 벌어 가면서 얼마든지 효도할 수 있다. 내가 돈 벌 때까지 미루다가 풍수지탄(風樹之嘆)의 우(愚)를 범하면 안 된다. 내가 사원 조회 때마다 유난히 효를 강조하는 것도 이 때문이며 이런 것도 대가족 속에서 보고 듣고 살아오며 받은 영향이지 않을까 싶다.

나는 현재 글로벌 명품 기업을 지향하는 파코메리에서 CEO로 일하고 있지만 어려서는 중학교 시절 기차 구경을 한 번도 해 보지 못한 산골 동네의 '기차를 동경하는 소녀'였다. 난생 처음 서울에 와서 엘리베이터를 타게 되었을 때는 신발을 벗고 타야 할지 신고 타야 할지, 요금을 내는 건지 어떤 건지도 몰라 당황했을 만큼 순진한 시골뜨기에 불과했다. 아는 것도 없고 내세울 것도 없는 평범한 여성이었다.

이런 나에 비해 비록 현재의 상황은 어려울지라도 새롭게 출발하기에 여러모로 조건이 좋은 분이 많을 것이다. 이분들에게 이 책을 통해 내가 전하고자 하는 메시지가 조금이라도 도움이 되었기를 간절히 바란다.

끝으로 오늘의 내가 있기까지 내 정신의 자양분이 되어 주셨던 많은 분들, 특히 20여 년 동안 국회의원 보좌관 생활을 하면서 아버님 대신 언제나 나의 정신적 지주가 돼 주신 큰오빠, 그리고 나를 아끼며 열심히 따라와 주신 사랑하는 우리 파코메리 가족과 나를 아는 모든 분들에게 진심으로 감사의 말씀을 드리고 싶다.

화장품업계에 몸 담은 이후 지난 18년 동안 나는 내 자신을 벼랑 끝에 세운 채 앞만 보고 달려왔다. 남들은 나를 성공한 여자라고 생각할지 모르지만 난 결코 그렇지가 않다. 내가 살아가는 동안 과거도 그랬지만 현재도 미래도 나는 더 큰 목표를 위해 또 다른 벼랑 끝에 나를 세우고 내 정신과 행동, 시간을 무리해야 하는 과제가 있기 때문이다.

누구나 그렇지만 인생은 정말 내 모든 것을 바쳐서 매 시간, 매 순간을 치열하게 살아 볼 가치가 있다. 그리고 나는 오늘도 그렇게 살아가는 사람들을 사랑한다.